民智国际观察丛书

需求侧崛起
新大国平衡

★ 中美自由贸易研究报告 ★

刘畅 张欣怡 严飞 主编

中国财经出版传媒集团
经济科学出版社
Economic Science Press

图书在版编目（CIP）数据

需求侧崛起　新大国平衡：中美自由贸易研究报告/刘畅，张欣怡，严飞主编．—北京：经济科学出版社，2018.5

（民智国际观察丛书）

ISBN 978－7－5141－9375－6

Ⅰ.①需… Ⅱ.①刘…②张…③严… Ⅲ.①自由贸易－国际贸易－研究报告－中国、美国　Ⅳ.①F752.771.2

中国版本图书馆 CIP 数据核字（2018）第 104932 号

责任编辑：孙丽丽　纪小小
责任校对：靳玉环
版式设计：陈宇琰
责任印制：范　艳

需求侧崛起　新大国平衡
——中美自由贸易研究报告
刘　畅　张欣怡　严　飞　主编
经济科学出版社出版、发行　新华书店经销
社址：北京市海淀区阜成路甲 28 号　邮编：100142
总编部电话：010－88191217　发行部电话：010－88191522
网址：www.esp.com.cn
电子邮箱：esp@esp.com.cn
天猫网店：经济科学出版社旗舰店
网址：http://jjkxcbs.tmall.com
北京季蜂印刷有限公司印装
787×1092　16 开　16.5 印张　240000 字
2020 年 12 月第 1 版　2020 年 12 月第 1 次印刷
ISBN 978－7－5141－9375－6　定价：68.00 元
（图书出现印装问题，本社负责调换。电话：010－88191510）
（版权所有　侵权必究　打击盗版　举报热线：010－88191661
QQ：2242791300　营销中心电话：010－88191537
电子邮箱：dbts@esp.com.cn）

编委会成员名单

韩方明　陈明键　李　永

陈凤英　袁幽微　屠新泉

序言
需求侧崛起　新大国平衡

陈明键[*]

2019年1月,美国贸易代表团来北京进行谈判,有"战"必有"和",但从"战"走向"和"后,我们如何变"伤痛"为清醒的改革?习近平总书记在博鳌论坛的讲话中指出,我们要构建开放型世界经济,推动贸易和投资自由化、便利化。在新时代,构建新大国间平衡的开放型经济,需要改变40多年来的出口导向型经济,立足需求侧崛起、供给侧改革以及人民币国际化,进行三大结构性改革,达成中美双边自由贸易协定(FTA),这将是中国加入世界贸易组织(WTO)后改革开放的又一次新飞跃。

一、中美贸易摩擦走向:由"战"到"和",终归和谈

(一)国内分歧较大,"贸易战"政策并非美国主流方向

2017年,美国对中国的贸易逆差为3 000多亿美元,这一贸易逆差数

---

[*] 民智国际研究院院长。本文完成于2019年5月11日。

据显然触及了特朗普政府的竞选承诺。针对不平衡的现状,特朗普开始接连叫价:"301条款"发出信号弹,发现我们没有真正重视,接连出牌叫价,连环加注,但是却没有打经典"贸易战",而是威慑性喊价,争取谈判中的优势。

特朗普的贸易限制政策并非美国的主流意向。就现在美国的诸多民调来看,半数以上美国人对中国持正面看法,对全球化的态度同样如此。在企业界方面,特朗普的贸易政策一经实施,美国40多个商会给特朗普写信反对他的贸易限制措施,但是他们同意美国对中国采取更强硬的措施,主要目的还是希望获得在中国公平的进入和竞争的环境。它们的区别不在于目的,而在于手段。

(二) 中国的筹码并不占优势

从商品本身来讲,会牵扯更多中国人的生计问题。中国出口的美国商品主要是低端劳动力商品,即从业人数多但利润很低,而美国恰好相反。也就是说,中国在同等额度的贸易商品上面,利润获得很低,且人工付出要远多于美国,会牵扯更多人的生计。

贸易逆差国的身份反而使美国拥有更多"贸易战"筹码。据美国商务部统计,2017年美国对中国贸易逆差为3 753亿美元。就算减掉很多离岸和转运美国的中国货物的关税,两国贸易逆差也在3 000多亿美元左右。所以,就政府而言,作为贸易逆差国的美国反而拥有更多"贸易战"筹码。

(三) 中美贸易逆差并非是中美之间竞争的问题

1990年左右,日本在美国贸易逆差中占的份额最高点为65%以上。现在日本大概占10%,中国占50%,这就是一条生产网络升级、投资、全球价值链、供应链等转移的交叉线,意味着中国顶替了日本的位置,这是中日之间的竞争问题,并非中美之间的问题。早已将美国打败的是欧洲和日本，也并非是中国。

二、实现中美大国再平衡的"金钥匙"：构建中美双边自贸协定（FTA）

（一）双边自由贸易安排可平衡两国贸易逆差

如果中美双边自贸协定达成，至 2025 年，中国每年的额外 GDP 年均增长有望达到 2.4%，对美国出口有望增加 3.8%、进口增加 4.8%[①]；而美国彼得森国际经济研究所的研究报告则指出，中美自由贸易协定有望每年刺激美国出口增长超过 4 000 亿美元，10 年间可为美国出口相关行业创造 170 万就业岗位[②]。故此，推动中美 FTA 对两国经济发展都意义重大，并可进一步夯实中美经济合作成果，一举打破诸如《瓦森纳协议》、"世贸规定第十五条"等最主要的贸易障碍。

（二）构建中美 FTA 使双方高度依存，并助力彼此的供给侧改革

对于美国来说，放弃中国就如同放弃了一个强大的增长引擎；而对于中国来说，"一带一路"倡议所涉及的国家中 62% 为中等收入以下国家，其中高收入国家也大多是主要依靠能源出口的产业结构单一的国家，故此，在中国的供给侧改革上美国必不可少。如果说美国是中国供给侧改革

---

① 常红、王欲然：《至 2025 年，中国每年的额外 GDP 年均增长有望达到 2.4%，对美出口有望增加 3.8%、进口增加 4.8%》，人民网，http://world.people.com.cn/n1/2017/0711/c1002-29397078.html，2017 年 7 月 11 日。

② Maurice R. Greenberg (C. V. Starr and Co., Inc.) and C. Fred Bergsten, The United States Needs a Free Trade Deal with China, https://www.piie.com/commentary/op-eds/united-states-needs-free-trade-deal-china, Peterson Institute for International Economics study, December 14, 2014.

的动力，那中国就是美国需求侧的引擎。中美FTA的建立将缓解两国贸易冲突，使两国经贸高度依存，为两国经济发展注入新的活力。

（三）构建中美FTA将带来中美深度融合的深远意义

在汤因比和池田大作纵览古今的对话中，汤因比曾指出，中国文化代表稳定，西方文化代表活力，两者相结合，将是中美送给世界的一个礼物。中美FTA的构建也可促进两者文化的融合，届时，G2将转换成C2（C即culture），用中、美代表的东、西方两种文化的结合，来解决人类未来面临的困难，实现"人类命运共同体"的目标。

此外，按照国务院发展研究中心副主任隆国强的说法，"构建中美自贸安排，不仅有利于化解当前中美经贸关系中的突出问题，也有利于释放两国互利合作的巨大潜力"①。中美双方唯有合作，才能从中受益，互利共赢。

三、三大结构性改革：供给侧改革、需求侧崛起、人民币国际化

（一）新旧动能转换，实现供给侧改革

就目前我国产业结构来看，多为产业链上的苦活、累活。由此，进行产业链升级成为目前我国供给侧改革的首要任务之一。这一方面，需要依靠新时代的内在动力，加快培育新产业新动能，大力发展航空航天、新材料、智能创造、生物医药、新能源等"大国重器"产业。另一方面，顺应外部国际压力，通过更多市场化、法制化手段淘汰落后过剩产能：美国限制我国铝、铁出口也正是我国压缩产能的方向，降低铝、铁初级制品的产

---

① 《隆国强：构建中美贸易平衡稳定发展的新机制》，载于《中国经济时报》2018年4月2日。

量正好有利于我国减少消耗和污染。

(二) 需求侧崛起从乙方到甲方,建设美丽中国

世界强国都是长期贸易逆差,如19世纪的英国、20世纪的美国。我国改革开放40年的基本策略是出口导向与引进外资。40年河东,40年河西,出口导向经济到了不得不改变的时候,中国要从世界工厂变为世界市场,从乙方变为甲方,让全球其他国家从中国的需求崛起中受益。例如,扩大对美国的农业产品、医药、能源的进口:农业方面,美国是世界上最大的农产品出口国,中国农业生产效率还比较落后,特别是粮食和肉类多进口一些,对我国彻底改变食品安全问题也是有利的;生物医药方面,过去10年,在美国FDA批准的全球54款癌症新药中,中国大夫处方进口的只有5个,且全是8~10年前的老药,使得中国癌症病患经常错过最佳治疗时机,如果能够进口更多美国新药,就能使患者多一线生的希望;能源方面,中美能源特别是中国在进口美国液化天然气方面有着巨大的市场与增值空间,有助于保障中国大范围长期降低PM2.5值,减少燃煤带来的资源破坏和大气污染。

(三) 推动人民币成为国际结算货币,实现国际货币关系结构性改革

人民币在国际支付中硬起来,需求侧崛起才是过硬的。中国应以目前特朗普奉行"美国优先"政策让出了一部分国际空间以及我们此时推出的"一带一路"倡议为契机,从商品输出、资本输出阶段进入货币输出阶段,极力推动人民币国际化,并可以以印度为突破口,中印贸易使用人民币进行全面、广泛的直接结算,而不仅限于特定区域,从而进一步推动人民币国际化。如此一来,就会使中国的对外贸易回归到贸易本质属性,即用"真金白银"换"真材实料",还可摆脱美国货币霸权控制。

中国国内市场终将明显大于美国的市场,成为美国企业的重要海外市场。中国的金融、电信等服务业在货币竞争中将更为成熟,人民币会更有信用,也会逐渐地向低贸易顺差以至贸易平衡的经济模式转变,这将是一个双赢的前景。

Contents 目录

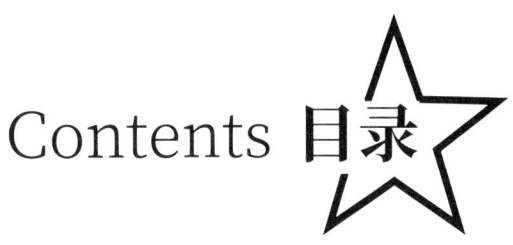

I 中美自由贸易协定（FTA）研究篇 /1

中美 FTA 的可行性 　　　　　　　　　　　　　　　　　林桂军 / 3

"习特会"后中美经贸关系的重要动向和政策 　　　　　李 永 / 5

走出奥巴马语境，用新战略谈判中美 FTA 　　　　　　陈凤英 / 9

亟待将建设中美自贸区作为前瞻性研究任务 　　　　　周 密 / 13

II 特朗普贸易政策研究篇 /15

美国"特别 301 条款"与中美争端 　　　　　　　　　　李明德 / 17

真正实现弯道超车，反制蓄谋已久的"301 条款" 　　　陈凤英 / 31

"301 条款"或是特朗普访华筹码 　　　　　　　　　　李 巍 / 34

美国税改对我国的影响及对策 　　　　　　　　　　　　李 永 / 36

政治视角下的特朗普税改 　　　　　　　　　　　　　　刁大明 / 40

特朗普税改全球冲击波 　　　　　　　　　　　　　　　徐 瑾 / 45

美国税改影响全面客观评估 　　　　　　　　　　　　　余 翔 / 51

战略竞争下的中美关系未来 　　　　　　　　　　　　　陈定定 / 55

III 行业研究报告篇 /59

总论 　　　　　　　　　　　　　　　　　　　　　　　　　　/ 61

中美 FTA 框架下能源问题研究 　　　　　　　　　　　　　　/ 66

中美 FTA 框架下高科技问题研究　　　　　　　　　　　　／112
中美 FTA 框架下生物医药问题研究　　　　　　　　　　　／159

Ⅳ 中美经贸政策建议篇 /205

着眼"一带一路",放眼中美自贸　　　　　　　陈明键／207
以特朗普访华为契机,推动构筑中美双边自贸协定

民智国际研究院／213

关于美国使用"301 条款"对中国知识产权调查的应对建议

民智国际研究院／215

关于特朗普减税计划的应对建议　　　　民智国际研究院／219
三大结构性改革与中美经贸关系新飞跃

屠新泉　蔡中华　陈明键／221

中国的市场经济地位和 WTO 的未来　　　　　　屠新泉／227
"大重置"在新一轮全球化的地平线上升起　　　　李　永／243
跋　创新发展　较量美国　　　　　　　　　　　朱相远／250
致谢　　　　　　　　　　　　　　　　　　　　　　／252

Ⅰ 中美自由贸易协定（FTA）研究篇

中美 FTA 的可行性

林桂军[*]

中美之间达成双边投资协定（Bilateral Investment Treaty，BIT）的可能性很大，可以通过以下途径实现：以周边为基础辐射"一带一路"，面向新兴经济体，特别是发展中国家，最终形成面向世界的自贸区网络。想要达成中美自由贸易协定（FTA）的难度比较大，但我们顶得住。中美推进FTA 不仅可以降低资源配置的成本，同时也为两国提供了新的市场机遇。

从中美贸易争论的多维视角来看：

第一，对于贸易赤字问题，中国在现有水平上再增加 2 000 亿美元的贸易逆差，可使中美关系中的主导天平发生转变，使得中国在贸易问题谈判上拥有更多话语权。

第二，我们也研究美国在产业政策上是否存在问题，比如美国的航天支持计划，美国政府对高技术的出口限制，频繁使用的反倾销、反补贴措施，限制中国企业并购，鼓励绿地投资的倾向，还有地方政府大量支持企业的政策。

第三，在投资上，美国追求的目标是准入和对我国的歧视性待遇。目前中美经贸关系由于缺少 FTA 或 BIT 等制度上的约束，美国一般采取下列方式来处理中美之间的问题：双边磋商、技术援助、通过国际组织和非政府组织、多边协议、制裁威胁。

---

[*] 对外经济贸易大学副校长。本文完成于 2017 年 7 月 9 日。

第四,从关税角度来看,2017年中国关税总水平为9.8%,相较美国的3.5%,仍旧处于高位。① 所以,中国要突破解决关税问题,其中在农业关税方面具有最大潜力,如果能实施成功,一定程度上可以扭转中美之间的贸易失衡问题。然而,目前中国在农产品方面的开放度和全世界任何一个国家都不同。

2015年,我国提出了以周边国家为基础的自贸区战略,但至今仍有很多人不赞同此战略。因为我们这代人的惯性思维是邓小平时代延续下来的对西方开放,对欧美、日本开放,对中亚、拉美都没有太强的开放意识。但是直到2015年,"一带一路"的提出改变了整个过去30年的开放策略,即向发展中国家开发,然后才是发达国家。关于这一点,一直存在分歧。

总体来看,中国在贸易谈判进程中还将遇到许多自身不足的问题,比如中国的农产品存在着抗生素和化肥的过度使用问题;比如环保标准;比如中国抗生素滥用在全世界都有名,未来是否可以禁止使用。这些都事关中国在全世界贸易谈判的话语权问题,需要中国做出改善。

---

① 李栋、朱一梵:《财政部:我国关税总水平由2017年的9.8%降至7.5%》,http://money.people.com.cn/n1/2019/0116/c413544-30544237.html,2019年1月16日。

"习特会"后中美经贸关系的重要动向和政策[*]

李 永[**]

从中美经贸关系的本质来看,中美两个经济体有制度上的根本冲突。美国在任何一个场合都会提到"共产主义"这个词,这个词使它的西方联盟不用动员就会找到一个共同的"敌人",当然这个"敌人"不一定是军事上对立。

1999年,兰德的研究报告曾提出:"要让中国进入世界经济体系,通过和国际经济体系的融合将一些所谓的西方价值引入中国,然后实现改变。如果这一步做不到就要遏制中国,如果遏制也不能实现的话,就通过周边国家和中国直接发生冲突。"从今天的情况看,确实是这样,美国不太想直接与中国发生冲突,而是通过周边国家来和中国发生冲突。中国虽然融入了国际经济体系,但没有按照美国期待的方式,也没有出现美国期待的结果。

中美经贸新型关系及特朗普"重心"正在发生转移。中美新型大国关系里的经贸关系是三角框架,围绕着三个点:美国利益、贸易投资规则、全球公共产品,事实上中美经贸所有的内涵都是这三点。特朗普提出"使美国再伟大",提出美国优先、要买美国货、雇美国人。政策上的变化,

---

[*] "习特会"指的是中国国家主席习近平应美利坚合众国总统特朗普邀请,于2017年4月6~7日,在美国佛罗里达州海湖庄园同特朗普总统举行的会晤。

[**] 中国国际贸易学会专家委员会副主任、中国世界贸易组织研究会常务理事。本文完成于2017年6月4日。

使得中美贸易之间的三角关系发生扭曲，重心和关注的范围收缩了，主要变成了围绕美国本土的就业增长和产业稳定。

就全球公共产品提供而言，特朗普对联合国的义务、对发展中国家援助的义务、对气候变化的义务全部都在收缩。而中国公共产品提供最重要的一项内容就是"一带一路"。因为美国的收缩政策，原来中国与其讨论"一带一路"的基础又发生了新的变化，尽管奥巴马时代对"一带一路"也从未相信过，但是特朗普对"一带一路"有新的理解和新的想法。

我认为"习特会"之后，在中美最高层领导人之间建立了一种新的博弈关系。可能会产生七个判断：

第一，新的重点，经贸关系向解决"美国问题"倾斜。过去中美间讲合作、讲共赢，现在美国的重点是要解决国内问题、就业问题、产业回归的问题。

第二，新选项。中美经贸过去叫作互利共赢，我们会解决很多问题。虽然经贸不平衡问题已经存在很多年了，而且事实上这也并不是造成美国失业增加的主要原因，但现在美国强调的是要加大对中国的出口。

第三，新主张。首先要讲公平贸易，这个公平贸易已经要摒弃WTO的标准，所谓的多边、诸边标准都要放弃，完全由美国掌控，所以叫作美国式的公平。其次就是对等，要保持一种对等的贸易关系，因为美国一直认为中美之间的贸易关系是不对等的。

第四，新关切。提出安全威胁，其实安全威胁一直以来都是一个关切的选项，但是过去这么多年来，全球几乎没有国家把它作为纠正贸易不平衡的主要策略。另外一个重点放在执行，这对于中国来说也应该是一件好事。

第五，新战术——若即若离。奥巴马政府的战术是疏离，比如在双边投资协定（BIT）这件事情上，美国始终没有明确的态度，其最根本的原因和"美国优先买美国货、雇美国人以及产业回归"的政策是直接相关的。

第六，新机制。首先是建立四个对话机制：外交和安全对话、全面经济对话、执法和网络安全对话、社会与文化对话。其次就是提高对话机制的监督级别，即由特朗普和习近平主席直接来监督跟进这件事，这和以往的中美对话机制完全不一样。

第七，新打法。新的打法就是"胡萝卜加大棒"，从与蔡英文通话，到"习特会"之后，已经看到特朗普在很多场合谈到与习近平主席的关系很好，而且都不是在有中国人的场合，因为他知道这些话我们很快就会听到。

特朗普经济学背景下，美国对中国的"小动作"从来没断过。

第一，传统的反倾销和反补贴调查没停过。

第二，提出安全问题的时候又提出来6个核心或者叫关键，包括：钢铁、铝、造船、半导体、汽车、飞机。钢铁和铝已经开始了，下一个会是半导体、造船。美国商务部部长罗斯曾表示：将会采取更积极、更具侵略性的贸易措施。

第三，对等关税。在这之前美国讨论过边境调节税的问题，因为实施起来很复杂，影响面也大，所以现在又把对等关税提到议事日程。

针对此，可以采取的对策有：

第一，建立跨部委常设沟通及决策机制，加强应对"预案"的协调与沟通，同时要对预案多做分析，就未来可能出现的问题多考虑。

第二，重视"安全威胁"审查的滥用，准备反制预案。

第三，通过减少中国的出口来解决中美贸易平衡问题，要将"蛋糕"做大。

第四，为高科技出口限制寻求突破点。

第五，加强与美国各州之间的合作。州政府发展地方经济的意愿高于中央政府，中国可以从这个角度上多推进，包括我们自己的省市和它们的州之间。

目前，中美经贸关系定位有所转变。多年来，我们一直在说中美经贸关系是压舱石、助推器，是锚。而如今，中美合作要有一个新的话语体系：SMART。

S – sustainable China U. S. economic and trade relations for the stability of world economic order，即可持续的中美经贸关系与维护世界经济秩序；

M – multilateral cooperation in the context of multilateral trading system，即多边贸易体系下的多边合作；

A – aspiration for inclusive development in Asia Pacific and the rest of the world，即追求亚太及全球的包容性发展；

R – re – globalize with responsible actions，即以负责任的行动推动再全球化；

T – trade and investment environment without protectionism of any form，即没有保护主义的贸易投资环境。SMART是一个大家都能听得懂的、清晰的语言。

从美国人的角度来看，希望我们更加开放，而我们在开放市场问题上将涉及很多部门的利益。而且，特朗普并不是可以随心所欲的，他所用的每种战略都是有一套程序、一套制度在保证的，保证美国政府在基本政策不变，或者是变的时候是有延续性的根本制度化。

关于自由贸易的问题，美国有优势，知道中国对美国市场的依赖。所以这导致我们在有些地方，比如"百日计划"里做出的让步或者平衡，主要还是考虑到希望中美经贸关系平稳过渡。同时，研究中美经贸关系的时候要从细节开始，有细节准备，就不会被对方的细节打败，要知道未来我们在这种竞争当中怎么胜。

比如我们在创新能力方面存在短板，如果没有平台、设备，甚至基础研究方向，光有人才是不够的。要"斗而不破"就是这个原因，肯定是要斗，但是不能破，一旦破的话那就不是和平的发展环境了。

走出奥巴马语境，用新战略谈判中美 FTA

陈凤英[*]

在金融危机前谈判自由贸易协定（Free Trade Agreement，FTA）是按部就班的，当时全球没有发生巨大的格局性变化，进一步而言，那时候结构性变化、量变都还没有完全开始。现在，环境发生了巨大变化，我认为，FTA 是可以谈的。我们要从奥巴马语境走出来，进入特朗普语境。因此，现在不能采用当时谈判 FTA 的战略，而是应该用新的战略，因为世界格局已经发生了天翻地覆的变化。在谈判 FTA 的过程中，制度上，共产党领导不会变，但是会出现很多其他制度性的变化。

中国提出引领全球化——我们会不会还是赢家。如果这次真的签了 FTA，我们可能会在制度上有些让度，会有适当的再平衡，但结果是否是我们仍然是赢家？换而言之，在谈判之后，世界格局是否真的变成了中美领导全球？

过去是量变，现在是质变。如果能做到再平衡，FTA 谈判成功是有可能的。企业劳工标准和环保都是大问题，尤其是劳工标准，即工会问题。如果中国在意识形态和政治上能真正跨越，那么仍然有可能签订中美 FTA。

美国在 2017 年 3 月发表了总统贸易政策议程，很多核心问题谈的是中国，认为 2001 年中国加入世界贸易组织（"入世"）以后，美国经济和就业增长放缓，制造业岗位骤降，美国从中国"入世"以来贸易逆差倍增，对中

---

[*] 中国现代国际关系研究院世界经济研究所原所长。本文完成于 2017 年 7 月 7 日。

国贸易逆差增加3倍以上，制造业流失370万个就业岗位。① 美国表示，制定总统贸易政策是要促进美国对美国人民更加自由、更加公平的贸易。包括五大目标：第一，营造公平竞争环境；第二，要打破贸易保护主义，使美国的商品"走出去"；第三，要加强知识产权保护及劳工条例；第四，加强双边执法力度，甚至要采取内部的政策促进贸易；第五，以双边的协议替代多边。同时，还包括五大行动计划：第一，维护美国的贸易权；第二，加强贸易执法；第三，利用各种资源打开海外市场；第四，商谈更好的贸易协定；第五，最大限度地弥补美国商业利益以及劳动者的利益，甚至出台更加具体的政策。

从目前来看，特朗普新政存在着诸多不确定因素。特朗普经济学的核心内容是"减税＋基建＋放松监管＋重振制造业＋公平贸易"，原则是美国第一，"买美国货、雇美国人"，目标旨在"让美国再伟大"。特朗普经济学具有供应学派的特点，重商主义和保护主义色彩浓厚，利益之上、敌友不清，更显实用主义理念。特朗普新政具备经济、社会、权力、环境等基础，虽受"三权分立"、现行体系、既得利益、国际环境等掣肘，但前景不悲观，除非发生意外。

从美国国内政策来看，关键字有：减税、基建、放松监管和重振制造业。全面减税是特朗普新政的核心，也是其重振制造业、创造就业、实现经济高增长的主要手段。扩大基础设施投资主要集中在道路、桥梁、机场、港口、铁路、管道、能源等基础设施的新建与更新。融资方式：向投资这些项目的私人投资者发放税收抵免的政策优惠。另外，我认为，特朗普政府会放松金融经济监管。还有，美国将继续推行能源结构改革，释放产能。

应该承认，特朗普是特殊时期造就的特殊人物。特朗普的个性特点值得

---

① China's entrance into WTO cost U.S. 3.4 million jobs, new study finds, https://www.marketwatch.com/story/chinas-entrance-into-wto-cost-us-34-million-jobs-new-study-finds-2018-10-23. Growing China trade deficit cost 3.7 million American jobs between 2001 and 2018, https://www.epi.org/publication/growing-china-trade-deficits-costs-us-jobs/.

我们深究：(1) 强硬高效。特朗普政府新设白宫国家贸易委员会、国际谈判特别代表的职位，与美国商务部和贸易谈判代表密切合作，进而加强对外贸易执法、谈判的效率和力度。(2) 不择手段。对美国贸易伙伴违反贸易协定、损害美国经济利益的行为，将依据国际法和美国国内法律，采用一切工具和手段加以反制和应对。为提高效率，特朗普主张贸易谈判回归双边，直接以面对面的形式施压，要求他国开放市场。(3) 雷厉风行。特朗普本人说到做到、雷厉风行的办事风格，加之强悍、自信的秉性。特朗普行为鲁莽，但思维缜密，缺乏从政经验，但不乏开拓精神，其意志坚定、决策力强等因素决定特朗普政府将会不惜一切推进其政策主张。(4) 逆向思维。其反制行径虽违背常规，但迎合"大危机、大衰退、大变革"时代的总体发展趋势。

特朗普政府全面调整美国对外经贸关系，包含重新评估多边贸易协定、聚焦"公平的"双边贸易协定、实施促进制造业回流的国际产业政策，以及强推"买美国货、雇美国人"政策。对华经济政策是特朗普经济学的重要组成部分。特朗普始终认为，由于中国的"不公平"贸易行为，让美国经济利益损失严重，必须采取强硬措施扭转中美经贸失衡现象。"公平贸易"是特朗普经济学的核心理念，他发誓要从中国等国家夺回工作、财富，认定"只有保护，才能带来繁荣富强"。

"习特会"的效果已经远超过我们的预期，从目前情况看，我认为中美双边投资协定（Bilateral Investment Treaty，BIT）及双边投资和贸易协定（Bilateral Investment and Trade Treaty，BITT）是很容易谈下来的，之后就要进入自由贸易协定（FTA）谈判。我们对特朗普经济学不悲观，主要还是基于现实问题。过去40年，美国四任总统的兑现承诺均值为47%。受金融经济危机特殊背景影响，奥巴马时期履行承诺率最高超71%，小布什时期最低只有16.67%，里根和克林顿时期均为50%。[①]

---

① 数据来源：笔者根据相关资料整理。

鉴于特朗普内阁构成极端，国际社会不能低估其履行承诺的能力，对经济拉动作用也不可小觑，短期阻力虽大，问题也多，效果难显现，但中长期前景不悲观。事实上，在抱负与雄心方面，特朗普与普京类似，也与我国"伟大复兴"相近，都希望自己国家强大，特朗普本就雄心胜于里根，其患有履行承诺的狂热症。

一方面，全球层面加快推进以我国为主大战略：第一，可顺势接过全球化推手，继续推进以 WTO、国际货币基金组织（IMF）、世界银行和联合国等多边合作机制，大力推进新型大国关系和国际经济关系、人类命运共同体建设。第二，可顺势重启中美 BIT 实质性谈判，乃至大力推进 BITT 等双边贸易与投资安排的谈判，在亚太加快推进《区域全面经济伙伴关系协定》（Regional Comprehensive Economic Partnership，RCEP）谈判进程。第三，全面推进中欧经贸合作框架，包括 BIT 等，与英国加快推进金融合作及自贸区建设谈判。第四，顺势推进人民币升值，以助我国稳定国内贬值预期，减轻资本恐慌性外逃压力，同时加快与纽约人民币离岸市场建设工作，借势推进人民币国际化进程。第五，利用特朗普政府倒逼我国开放市场，顺势推进国内经济改革，加快产业结构调整与升级，促进服务开放并借势做强做大服务业。

另一方面，双边关系以我国为主，主动出击探寻新支点。特朗普时期，中美经贸关系的战略支点应是经贸平衡。需抓住美国战略收缩和"逆全球化"的历史机遇，推进贸易自由化和全球化。一是加快推进 RCEP。二是拓展亚洲基础设施投资银行和"一带一路"影响力。三是打造好二十国集团（G20）等多边合作平台。四是向世界发出推进全球化的中国方案。

总体而言，中美关系万变不离综合国力竞争。一是增强硬实力；二是保护微观利益；三是慎用外汇管制措施。

亟待将建设中美自贸区作为前瞻性研究任务

周 密[*]

从特朗普对外经济战略来看，他不会在短期内把签署自贸区再作为对外经济战略的核心内容，所以在这样一个背景下，中美自贸区可以作为智库前瞻性研究，为未来的谈判未雨绸缪并提前奠定谈判基础，但是要成为现实还有相当长的时间。个人感觉，从美国角度来讲，起码从特朗普层面来看，包括美国国会在内，可能现在还没有那么迫切的愿望想要推动FTA。

但是，中美自由贸易协定（Free Trade Agreement，FTA）的推动，未来应该是一个好的设想，因为这个跟我们"一带一路"倡议也是完全一致的，可以降低资源配置的成本。另外一个角度，从大量企业到美国投资来讲，我们也需要跟以前单纯防御的理念做很大的转变，我们也需要建立这样的FTA。但这个规则是什么样的规则，这个FTA是按照谁的模式来推动，我们从中美双边投资协定（Bilateral Investment Treaty，BIT）谈判中看到，我们坚持了很长时间，最后美国有模板，很多东西是不是还是要参考他们的做法，像负面清单等。BIT谈判过程中也要面临这样的问题。

中美自贸区问题并非不可研究，也并非不可谈。我们首先要转变观念，为未来可能的变化提前做好准备，正视中美在谈FTA过程中的很多现实挑战，如特朗普的理念、中美BIT以及《跨太平洋伙伴关系协定》（Trans – Pacific Partnership Agreement，TPP）里面涉及的很多内容等。

---

[*] 商务部国际贸易经济合作研究院美洲大洋洲研究所副所长。本文完成于2017年7月7日。

此外，中国自由贸易区战略研究中还存在明显的人力资源不足问题，确实有着非常大的挑战。当年韩国官员在推动 FTA 的时候，很多韩国人都不知道什么是 FTA，谈判部门只有一两个人，但是现在达到两三百人。反观我国谈判部门的压力很大，商务部有两个司局专门负责 FTA，两个司共有十多人。人少活多，压力很大，疲于应付，难以保证有质量的研究成果。促进中美自贸区合作，从研究到实务，我国在人力资源保障上还有很大的欠缺，会制约我们谈判和深度参与的能力。我认为，可以适当补充一些人员进来，可以采用更加灵活的从地方借调的方式，以为智库或其他相关利益方参与谈判提供更多的便利支持。

II 特朗普贸易政策研究篇

美国"特别301条款"与中美争端

李明德[*]

2017年8月14日,美国总统指示贸易代表调查中国有关知识产权的法律、政策和做法是否损害了美国的知识产权创新和技术研发。三天之后,美国贸易代表就决定依据1974年《贸易法》第301条发起调查,而且同时按照相应的程序在美国国内发布公告,征求产业界的意见,这个意见的截止日期是10月20日。

随着特朗普和美国贸易代表办公室的行动,中国和世界各国都有很多的报道,不同的专家也有不同的解读方式。本文从法律制度的角度遵循法律规则进行剖析,并且引申出一些结论。

一、"301条款"的制定

首先,简单回顾一下"301条款"的制定。第二次世界大战以后,以美国为主导建立了关税及贸易总协定(以下简称"GATT"),这方面美国的做法和原来的那些帝国主义国家做法不一样,它是奉行自由贸易,但是在GATT框架内,自由贸易其实在某种程度上是被扭曲的,任何一个国际条约缔约国之间不可能没有争论。但是GATT也有争端解决程序,它的争端解决首先是协商,协商不成有专家小组,专家小组做出决定,理事会采

---

[*] 知识产权法首席专家、中国社会科学院研究生院博士生导师、中国社会科学院知识产权研究中心主任。本文完成于2017年9月2日。

纳，说服败诉方去执行。很多情况下败诉方是不执行的，其中包括很多案例，像欧盟，当时的欧共体和美国有一些争端，争端解决小组，包括理事会做了决定，就是不执行。

到了20世纪60年代，美国在GATT之外自己另外建立了一套机制，我想我们应该理性地对待，它建立这套机制不是贸易壁垒，仍然奉行贸易自由主义，其实是以自己的市场为武器，确定新的规则。但是我的市场也很大，你要进入我的市场必须遵守和我差不多的规则，也就是我们说的以自己市场为武器，确立新的规则。

1974年修订的《贸易法》制定了"301条款"，对于损害美国贸易利益，外国贸易法律政策有问题的可以授权总统进行贸易报复。但实际上我们知道，美国总统其实在更大程度上相当于外交部部长，因为国内的事情主要受国会左右，总统发挥的作用很小。授权美国总统去决定采取还是不采取，总统往往会有外交的考量，在当时效果就不好。

到了1988年美国制定了《综合贸易竞争法》，修订了"301条款"，把总统的权力授予了贸易代表，成立贸易办公室，直接对国会负责。总统大概还有权干预，但是贸易代表主要是向国会负责，这主要是列举外国的法律、政策和做法，是不是损害了依据贸易协议应得的利益，是不是损害了美国的利益，包括出口补贴、否定工人基本权利、默认不正当竞争等。我后来看了下为什么否定工人基本权利，如果工人应该工作40小时，你让他工作60小时，生产出来的产品因劳动力成本较低，相比正常地维护工人利益，价格肯定更有市场竞争力，所以说也关心工人的权利，从这样的角度出发，且有一个严格的程序和时间表。这种情况下它是强制性的贸易保护措施，总统一般情况下是不会否决的，贸易代表就可以决定。当然按照现行法律也有例外，比如涉及世贸争端解决程序，有关国家正在或者即将采取措施解决有关问题等。制裁措施首先是和知识产权有关的贸易制裁，除此之外可以是其他产业。

我们回顾一下1992年中美第一个谅解备忘录达成之前，双方所发布的制裁清单。美国人涉及我们的仿制品、自行车、电子玩具、大宗贸易出口，也就是说他施加压力，使我们必须接受他的标准。而且是这样，"301条款"涉及贸易方面的法律法规、政策、做法，这是一般"301条款"。在这个框架之下，后来又有了特别"301条款"，就是知识产权方面。还有超级"301条款"，这是关于贸易自由化的。还有电信"301条款"，如果不允许我的电信企业进入你的市场，这个也是不公平的贸易做法。还有政府采购做法：歧视性的做法。在这方面，我认为我们的部分行政机关没有十分注意这个问题，政府采购优先采购中国软件什么的，其实这个东西很容易授人以柄。其实任何国家、任何政府采购的时候都会照顾本国企业的利益，但是它不会说，只有我们的某些政府部门上来就宣布，结果被别人抓住把柄。

"301条款"这个机制在关贸总协定乌拉圭回合的谈判中签订的世贸组织协议里就形成了一个针对"301条款"的争端解决机制，叫作争端解决程序的谅解。这个争端解决程序实际上就是"301条款"的程序国际化，比如它也有磋商，有专家小组，有上诉机构，有监督和制裁，最后可以授权胜诉方制裁不同的范围。但是有一点我们仍然要理性对待，制裁不是目的，并不是以发起贸易战争为目的，而是让相关贸易方回到大家认可的知识产权保护规则或者贸易规则上，这点媒体有时候可以有不同的解读。2001年中国加入世界贸易组织（以下简称"世贸"），按照世贸相关的规定，"301条款"不应当再针对中国。在这方面"301条款"仍然对非世贸成员起作用，美国、中国都是世贸成员，我们在这个范围内解决争端。但是对于如俄罗斯、伊朗等这些国家加入世贸组织之前，必要的时候还是会引用"301条款"。2000年前后，欧盟针对美国的"301条款"在世贸发起争端解决程序的案件，专家小组做出裁定之后出现了一个奇特的现象，美国人说我们赢了，因为小组说我们"301条款"还可以存在。欧盟说我们也赢

了。后来我到欧洲访问欧盟，问为什么你们说你们赢了，他们说是因为争端解决小组说这个"301条款"不应当针对欧盟，不应当针对世贸成员。

二、"特别301条款"

第二次世界大战以来，科技在各国经济发展中的作用越来越突出，与此相应，各国经济越来越依赖于技术、信息和服务，版权、专利、商标和商业秘密等成了重要的社会财富形式。20世纪七八十年代，面对贸易地位下降和国际收支逆差，再加上贸易伙伴未能有效保护美国的知识产权，知识产权和体现知识产权的产品是美国对外贸易的主要产品，美国企业界要求在"301条款"的框架之内，推动贸易伙伴对自身知识产权的保护。美国在1988年修订《综合贸易法》，制定"特别301条款"，授权美国贸易代表确定未能有效保护知识产权的国家，还有对不让美国知识产权进入其市场的国家进行贸易制裁。它有一个具体程序，大概就是每年3月31日这一法定时间，美国贸易代表办公室（United States Trade Representative，USTR）必须公布国别贸易报告，比如中国在电信方面有什么问题，在知识产权方面有什么问题。在这个报告当中就知识产权来说美国贸易代表应当指定重点国家或者重点观察国家等，它一旦指定以后，比如重点国家30天之内必须发起调查，同时征求公众意见，然后进入磋商，磋商不成，确定是否调查，这个时间从3月31日算起6个月，如果比较困难可以是9个月。我们可以理解为什么第一个谅解备忘录是1992年1月，它用了9个月时间。到次年1月决定是否制裁，如果中国妥协了或者某个贸易伙伴妥协了，不要以为暂时躲过去了，它还有"306条款"进行监督。如果做得不好，随时再制裁，不需要再次进行调查。

这样一个程序实际上使贸易工作代表压力很大，对贸易伙伴的压力也是很大。除了重点国家又创造出来了重点观察名单、特别提及、其他观察、世贸争端解决程序名单、不定期审查等新花样，中国这次应该属于不定期审查的范畴。本来2017年3月31日的报告我们是重点观察，不是重要国家。特朗普指令USTR要调查，还有《与贸易有关的知识产权协议》（TRIPs协议）审查等。

"特别301条款"的另一个作用，就是推广美国的标准。其实1995年世贸TRIPs协议在很大程度上就使美国知识产权保护标准国际化。1986年开始的《关税及贸易总协定》乌拉圭回合，力主将知识产权纳入谈判议题，将美国和其他发达国家的保护标准纳入其中，形成了知识产权协议，将知识产权保护与贸易和贸易制裁挂钩。

"特别301条款"之后有很多的争端，中美之间有三次，与中国台湾和泰国涉及知识产权保护标准和实施，与印度、巴基斯坦、土耳其的争端，与巴西、阿根廷、洪都拉斯、巴拉圭的争端，与欧盟及其成员国的争端，几乎所有贸易伙伴都涉及"特别301条款"中的各种条款。这些都是产业界基于贸易利益的推动。

以下两点是我的体会：

第一，不是美国政府对中国不友好，是美国的产业界在推动政府去做，包括如软件保护联盟、制药行业、出版业等这样一些产业联盟在推动政府。

第二，美国并不只针对中国，是出于贸易利益，不是政治考量。1995年中美达成第二个谅解备忘录，签字协议仪式上中方都是政府官员，而美国方面除了美国政府的贸易代表外，制药协会、美国知识产权保护联盟等企业的代表也在里面。如果总是把中美"特别301条款"争端上升到政治高度，我觉得我们自己的思路是有问题的。

三、"特别301条款"与中国

美国"特别301条款"于1989年实施，1989年和1990年没有重点国

家，为了不影响关贸总协定有关知识产权的谈判，列举了重点观察国家（中国在内）和观察国家；1991 年第一次列举重点国家名单：中国、印度、泰国；1992 年 1 月中美知识产权谅解备忘录（第一个谅解备忘录），修改《专利法》，加入《伯尔尼公约》和录音制品公约，制定反不正当竞争法，保护商业秘密；1994 年，再次将中国列入重点国家，只有中国；1995 年谅解备忘录（第二个谅解备忘录，USTR 给了一个观察期，检查哪些没做），重点在于法律实施；1996 年，中国为唯一的重点国家，不需要发起调查，可以直接实施制裁；1996 年 6 月谅解备忘录（第三个谅解备忘录），主要是重申 1995 年谅解备忘录之中的内容；1997 年、1998 年、1999 年、2000 年的"306 条款监督名单"，地位与"重点国家"相同，随时可以制裁。

2001 年 12 月，中国正式加入世界贸易组织，中美之间的贸易争端，包括知识产权方面的争端，应当在世界贸易组织争端解决机制的框架内解决，相关的适用标准是 TRIPs 协议。但是，"301 条款"或者"特别 301 条款"还在起作用：每年的《国家贸易评估报告》，有关中国的部分，有关知识产权的部分，仍然可以把中国列入重点国家，或者争端解决程序国家，在世贸争端解决机制的框架内发起相关行为；还有 1996 年初的报告，以及对某些发达国家的争端解决也是例证。所以，我们每年还会面临"301 条款"的问题，但是与加入世贸组织之前不同，中国愿意保护知识产权，解决相关的问题。

四、TRIPs 协议与争端解决

制裁不是目的，而是通过争端解决机制让有关方面回到相关的协议，回到大家认可的规则。所以我想对于后面面临的情况我们一定要有理性的理解，不要从政治上解读。从法律规则上说就是回到现有规则上。所有成员都要依据有关程序真正努力解决争端。

发起争端以后磋商，磋商之后有专家小组。磋商若超过 60 天，磋商不成，专家小组成立之后 6 个月之内做出裁决，可以延期 3 个月，但是最多不能超过 9 个月。上诉机构通常情况下是 60 天内发布报告，不得超过 90 天。最后是监督与制裁，最终目的还是回到世贸组织协议。

以印度的药品案为例，按照 TRIPs 协议，世贸组织成立之前没有对药品和农业化学品提供产品专利保护的国家，应当制定措施让外国人能够申请专利，并且提供至少 5 年的行政保护。印度是 1991 年和中国一起达成协议，印度政府达成协议修改《专利法》，提供对化学品、药品、产品专利保护，但是回去以后印度国会推翻了这个决定。印度当时不提供给外国人的行政保护，按照协议的要求，政府让议会通过修改《专利法》，但是议会投票没有通过。美国在 1996 年 7 月启动了争端解决程序，先磋商，争端解决小组相当于一审，然后进入二审，上诉机构都维持了争端解决小组的决议。这很显然是违反 TRIPs 协议的。1997 年 12 月做出裁决，到了 1998 年印度就表示愿意执行，美国暂缓制裁。一直到 1999 年美国才颁布了一项临时行政命令，3 月修订法律规定，也就是说，自上诉机构做出裁决以后还有 15 个月，在此之前磋商 60 天，专家小组大概有 9 个月，再加上上诉机构 3 个月，以及中间的程序性。所以当时在 2007 年争端的时候，好像觉得今天美国人在发起诉讼，明天就面临灭顶之灾，我说没有那么严重。通过印度这个案例可以看到，真的是有这样程序上的空间值得我们去利用。

五、2007 年中美争端案件

2007 年 4 月 10 日，美国针对中国盗版问题在世贸组织启动了争端解决程序，当时提了四个问题，分别是：（1）为使某些商标假冒和盗版行为受到刑事诉讼和处罚，必须达到的门槛；（2）侵犯中国海关知识产权的货物，特别是去除侵权特征后处置的；（3）对未经许可复制或擅自发行受版

权保护的作品的刑事诉讼和处罚范围；（4）对未经批准在中国境内出版发行的作者、录音、表演等创作作品，拒绝著作权及相关权利保护和强制执行。①《刑法》第二百一十七条、第二百八十一条也是很恶劣的先端。本来第二百一十七条是某一个人群复制发行，中间没有顿号，也就是说这个企业既复制又发行，第二百一十八条是销售盗版的，结果美国人提出这个问题后我们匆匆忙忙去法院发了司法解释，说第二百一十七条复制、发行中间有一个顿号，既包括复制企业，也包括发行企业和销售，因为销售又是发行。新华书店在销售当然也是在发行，这样中国学者惊呼这让我们的《刑法》第二百一十八条没用了，因为第二百一十八条专门讲销售。

再就是刑事门槛，在 2007 年 4 月，最高人民法院和最高人民检察院（"两高"）发布了司法解释，原来的门槛是 10 000 份以上，大概 10 万元以上。后来又赶紧发布了司法解释把量和金额降了一半——5 000 份以上，5 万元以上。有些学者说美国人还是不买中国人的账，照样起诉。政治考量有时候会促成这样没有必要的举措。

还有一个是海关拍卖，罚没的盗版的，尤其是假冒的商品，我们觉得把上面的标志去除，然后再拍卖，然而这是违反 TRIPs 协议的。罚没的假冒的东西不得再次进入商业渠道，当时跟现在差不多，媒体的关注也是铺天盖地。

随后，日本、欧盟、加拿大都参与这个争端，当时是 2006 年发起争端，到 2007 年 4 月争端解决机构受理了 341 件争端案件，有关知识产权的有 25 件，占 7.3%，这是我当时为相关部门做的分析，就说绝大多数是发达国家与发达国家，发达国家诉发达国家有 17 件，发达国家诉发展中国家只有 7 件，发展中国家诉发达国家只有 1 件，它反映的还是经济利益。磋商阶段解决了 13 件，专家小组裁定之后解决 9 件，上诉机构之后解决 3

---

① DS362：China—Measures Affecting the Protection and Enforcement of Intellectual Property Rights，https：//www.wto.org/english/tratop_e/dispu_e/cases_e/ds362_e.htm.

件,没有一件授权制裁。现在最新数据是 528 个案件争端已经被解决,知识产权方面的有 37 件,大概占 7% 多一些。[①]

这些反映的还是经济利益之争,尤其是美国人诉欧盟,诉葡萄牙、希腊、丹麦、瑞典、奥尔兰,其实和发达国家的争端不多。实际上与中国相关的无非就是 25 件有关知识产权的争端案件,在此之前还没有争端。那么有一类针对中国盗版,还有可能发展到仿冒,所以这个时候时任副总理吴仪当时说了"奉陪到底",但是她说的是经济上、法律上。"特别 301 条款"不仅仅针对中国,现在 WTO 争端也不仅仅针对中国,我们才是第 25 个,不要老把自己装扮成受害者的模样,觉得自己好像很委屈,没有必要把这个问题政治化,只是经济和法律问题,是经济利益之争,我们应冷静对待。

2007 年 4 月 10 日起诉,6 月 5 日双方开始磋商,磋商 60 天,之后 9 月 25 日成立专家小组,又过了一年多到二年,2009 年 1 月争端解决小组拿出了裁定的意见,关于裁定意见讲了几个问题,因为我们《刑法》第二百一十七条已经改了。[②] 关于刑事责任门槛的问题,没有有力的证据表明

---

① 数据来源:笔者根据相关资料整理。
② WTO 文件原文提到的裁定意见为(未提及刑法):(1) 2009 年 1 月 26 日,专家小组报告分发给各成员。专家小组的结论是,《著作权法》,特别是第四条的第一句话,不符合中国根据《伯尔尼公约》(1971 年)第 5 条第 1 款所订的义务,该义务由《与贸易有关的知识产权协定》第 9.1 条合并。同时还不符合《与贸易有关的知识产权协定》第 41.1 条。(2) 关于海关措施,专家小组确定,《与贸易有关的知识产权协定》第 59 条不适用于这些措施,因为它们适用于运往出口的货物,而且美国没有确定这些措施不符合《与贸易有关的知识产权协定》第 59 条,因为它纳入了《与贸易有关的知识产权协定》第 46 条第一句中规定的原则。(3) 专家小组还认定,海关措施不符合《与贸易有关的知识产权协定》第 59 条,因为它纳入了《与贸易有关的知识产权协定》第 46 条第 46 条所规定的原则,而且美国没有确定犯罪门槛不符合《与贸易有关的知识产权协定》第 61 条第一句规定的中国义务。(4) 专家小组根据《伯尔尼公约》(1971 年)第 5 条第(2)款、《与贸易有关的知识产权协定》第 9.1 条、《与贸易有关的知识产权协定》(关于版权法)第 61 条的主张以及《与贸易有关的知识产权协定》第 41.1 和《与贸易有关的知识产权协定》第 61 条第二句(关于刑事门槛)所纳入的索赔,行使司法经济。(5) 专家小组的结论是,如果《版权法》和海关措施与《与贸易有关的知识产权协定》不一致,它们将根据该协定应给美国的利益无效或损害,并建议中国行使《版权法》和海关措施符合《与贸易有关的知识产权协定》规定的义务。资料来源:https://www.wto.org/english/tratop_e/dispu_e/cases_e/ds362_e.htm。

这种刑事门槛责任违背了知识产权协定。关于海关规定，当然有问题，中国后来是改了，就是罚没的假冒的商品立刻销毁，不得去除标志再次进入商品流通渠道。

六、有关此次调查的分析

此次调查分析仍然应当关注程序问题和实体问题。这次少了许多民粹主义的东西，中国的自信增加了，至少官方的表态没有太急迫。"301条款"背后实际上是一个产业集团在推动美国政府，其实在奥巴马时期企业就已经有这种诉求，但是奥巴马进行了压制，而特朗普为了表现他的政治倾向就释放了这种需求，并不是说特朗普是没有依据的，这点我们一定要理解。包括他向产业界征求意见，这个我们要看2017年10月20日USTR在网站上公布的意见。

再有一个，我们仍然说不是仅仅针对中国。不管是政治上的考量、贸易上的考量还是外交上的考量，一旦进入"301条款"调查，将来有可能进入世贸组织争端解决程序的调查，美国必然需找几个法律点，在这方面我们要做好充分的应对。实体法律上就算是有问题，制裁的目的还是大家都回到实体法律规定上，制裁本身不是目的。会不会伤及中美贸易？这个结果我觉得几乎不存在。就像1992年、1995年、1996年贸易大战马上要爆发了，我们最后做出了退让。

先来看程序问题。在中美两国都是世界贸易组织成员的背景下，在中美两国都是TRIPs协议成员的背景下，本不应该发起这样的调查。美国为什么没有发起世界贸易组织争端解决程序？就像2007年一样？这充分反映了美国的不自信，不是很确定中国的相关做法是否违反TRIPs协议，所以发起国内法的调查，以便查清相关的问题，在这方面，美国人会想方设法找出一些问题。

这里存在两种可能：

第一，美国直接威胁制裁，抛开世界贸易组织程序，中国可以发起争端解决程序，但可能性不大。

第二，可能性比较大的一种是美国带着调查结果说你有问题，发起争端解决程序。如果发起争端解决程度以后那就是前面所说的时间表了，发起以后有 60 天的磋商，磋商不成有 6~9 个月的专家小组决定，再不成有 2~3 个月上诉机构，之后还有 1 个月左右时间决定认可不认可，认可之后大概还可以有 12 个月、15 个月。我们可以充分利用程序和程序上的时间节点，获得最大的经济利益。另外，建议人大和政府是不是可以"演双簧"，为什么政府一答应了，人大就举手表决通过了。有时候既然西方讲民主政治，我们也可以稍微做一点这样的东西，这个对我们没有什么坏处。

关于实体问题。中美两国都是世贸组织成员。关于 TRIPs 协议，我们 2000 年修订《专利法》，2001 年修订《著作权法》《商标法》，1993 年制定《反不正当竞争法》，已经符合 TRIPs 协议的基本原则和达到最低要求。第一个中美谅解备忘录是按照 TRIPs 协议的草案起草的，所以说你看里面专利保护期申请之日前 20 天，药品化学品专利保护、产品专利保护，包括商业秘密、计算机软件作为文字作品受到保护这些内容。我们执行 TRIPs 协议并不是到 2001 年加入世贸组织之前才执行，从 1992 年开始达成第一个谅解备忘录，修订《专利法》，我们制定《反不正当竞争法》对商业秘密提供保护，加入伯尔尼公约、加入世界版权公约、录音制品公约其实已经在执行 TRIPs 协议。

在这方面中国作为一个主权国家，我们加入了相关的组织和协议，所以肯定不接受美国人提出的高于 TRIPs 协议的知识产权规则，美国要提出无理要求，我们完全可以驳回，美国不能用国内法的标准要求我们必须这样做。

实体法律的问题是应当以 TRIPs 协议为准，但是会不会有问题，我还

是回到特朗普先生说的，"美国是世界上高科技产品研发的领导者，而侵犯知识产权和采取其他不公平的技术转移①措施，会在事实上损害美国企业在全球市场上的公平竞争"②。"中国某些做法有可能限制了美国的出口，剥夺了美国人通过创新应得的回报，将美国的就业岗位转移到了中国，增大了美国对中国的贸易赤字，从而损害了美国制造业、服务业和创新。"USTR 的公告指出，此次调查将确定中国与技术转移、知识产权和创新有关的法律、政策和做法，是否不合理地或者歧视性地妨碍或者限制了美国商业。

而来自中国媒体的一些说法，我认为在事实上是不存在的。例如，"中国强迫合资企业交出核心技术，作为准入中国市场的条件，而这一做法违背了 WTO 的有关技术专利保护的规定"。对此，商务部和工信部已经明确表态，中国现行法律规定中，没有对外国投资者强制性技术转让的要求；中国鼓励中外企业在技术领域加强合作与交流，但是从未强制。

知识产权通常就是著作权、专利、商标、商业秘密，商业秘密在反不正当竞争中。此次竞争我们很清楚，似乎不涉及版权、商标，因为美国说是技术转移方面的一些东西。专利不存在公开交出的问题，patent 就是公开，申请专利的时候就把你的技术方案公开了，在美国申请是公开的，在中国申请还是公开的，即便没有在中国申请，我查到美国专利局的相关的文件公开了，你那个技术在中国没有专利，在中国就是公有领域当中的技术，我就可以用。可能比较有问题的是涉及商业秘密，具体所指主要是技术秘密。这个技术秘密有三个要件，TRIPs 协议规定得很清楚，我们《反不正当竞争法》规定得也很清楚，"不为公众所知悉、具有商业价值、信

---

① 注意"transfer"是转移而非"转让"，国内很多记者翻译成"转让"，这是要做区分的。
② Section 301 Investigation Fact Sheet, https：//ustr.gov/about－us/policy－offices/press－office/fact－sheets/2018/june/section－301－investigation－fact－sheet, Office of the United States Trade Representative.

息所有人采取了合理的保密措施",这不是当事人自己说了算,而是要经过司法程序去确定。

怎么理解技术转移方面的问题?我们可以自查是不是有不公平技术转移的措施或者强迫行为,相关法律法规是不是有问题,或者企业签订合同的时候是不是受到了政府压力。至少在我了解的范围之内,好像这些东西都不存在,至少我们没有一些公开的报道。像我刚才说,工信部的采购做法是属于有些事可以做,但是不能说,咱们是还没做,先开始说,让人家抓住把柄。这种事情以后要小心谨慎,尤其是在技术秘密方面。美国知识产权局国内生产总值(GDP)贡献率,专利每年是 0.9% 左右,商标也是 1% 左右,而技术秘密是 50%~60%。但是我不确定这个数据的真实性,好像是美国商务部有一份文件叫作《知识产权与美国经济》,这里面提到过。

我们应当从法律的层面上考虑问题,无论是程序的问题,还是实体法律的问题,我们都应当自信,充分利用相关的程序,争取最大的政治、经济利益,如果实体法律有问题,我们也愿意改正。我们的法律有问题吗?判决有问题吗?美国人气势汹汹来指责我们的时候,说我们盗版率是多少,说我们仿冒率是多少,我们应该问他一个问题,你有没有到行政执法机关去主张权利要求查处,有没有到法院提起诉讼,你提出来哪一个行政机关做出的哪一个决定不符合法律规定,哪一个法院做出的哪一个法律判决不符合法律规律,如果你只是泛泛而谈,我们这些法律人是不接受的,因为我们是做具体法律的。所以这方面我们要做最大的争取和努力。

从程序上分析,从实体法律上分析,我个人觉得基本上不存在中美两国进行贸易战的可能性,也更不存在由此引发世界范围内的全球贸易战的可能性。包括打击盗版和假冒、加强知识产权保护、一些公平的市场竞争的做法、技术转移方面的做法等,将更多地保护中国权利人而非外国权利人的利益,更多的是符合中国的根本利益(今天,中国的法院诉讼 98% 以上都是中国人对中国人,中国人现在发明专利申请量 2007 年超过 50%,

现在是60%~70%，授权量前两年发明专利也超过50%，其实是我们自己需要这样的东西①）。

中美之间一直就是这样争争吵吵，有和也有斗，最后的结局在于在这个问题上两国能否圆满地解决。中美之间可以合作，解决相关的争端，最终回到公正、公平的解决程序上。

---

① 具体数据可参考《2017年中国专利调查报告》，https：//www.cnipa.gov.cn/module/download/down.jsp? i_ID = 166219&colID = 88，其中提到企业专利权人创新成果中申请专利的总体比例在62.4%。

真正实现弯道超车，反制蓄谋已久的"301条款"

陈凤英[*]

从中美两国竞争实力角度来考察此次"301条款"问题，调查背后的确有企业家推动，美国政府帮企业家说话，是一种经济利益驱动下的调查。

特朗普政府2017年贸易政策议程中写道：美国有四大优先任务，第一，保护美国的国家贸易主权。第二，要求严格执行国内贸易法。第三，用一切手段促使其他国家开放市场。第四，商讨更好的贸易协定。其中一条指出，中国加入世界贸易组织（入世）以来，美国经济增长放缓了，就业放缓了，制造业岗位骤降，赤字增加了1倍多，对华赤字增加了3倍，制造业流失岗位500万个。从中可以看出，此议程已经暗示着美国发起对华侵害美国专利权调查是美国总统有意为之，蓄谋已久。

另外，美国此次调查的确不是完全针对中国，因为它是每年都有的惯例性报告。但是在2017年"特别301条款"当中，报告的重点观察名单的11个国家中，被列在第一位的就是中国。所以，此次美国对华启动"301条款调查"还是有一定针对性的，因为中美技术竞争到了关键期。

中国入世是量变，国内生产总值（GDP）十几年来从1万亿元变成11万亿元，现在是质变了，弯道超车，这时候不是使用一般的"301条款"，

---

[*] 中国现代国际研究院世界经济研究所原所长。本文完成于2017年9月2日。

这时采取的"301条款"绝对不是1974年的《贸易法》，1988年当时叫《综合贸易与竞争法的修订补充条例》，第1302条是针对知识产权保护和准入问题。它还有超级"301条款"的影子，而超级"301条款"有一条是针对重点国家政策障碍。

现在我们一直说它是"301条款"，我理解是再平衡的普通"301条款"。美国扣除服务贸易顺差2 700亿美元，依然有4 995亿美元的贸易逆差，而中国的贸易逆差，如果没有把服务贸易算在里面，刚好是5 100亿美元，也就是两个数字接近5 000亿美元，这是再平衡的第一目标。就第二目标而言，我认为技术或者现在说的是有没有技术转移，有没有知识产权保护，有没有创新当中的实践、政策、法律上的偏失。20世纪80年代的日本没有意识形态因素，日本与美国之间第一次用的1989年的条款，在卫星、超级计算机方面，日本当时说要科技立国，赶超美国，时间上与现在的中国有点儿像。而我们是弯道超车，到美国投资。这次技术进步不是意识形态，也就是说，班农下台之前讲的话非常真实，5~10年不采取措施就遏制不住中国。我们的量超过美国，如果自己不出问题，5~10年真的没有问题，我们说GDP，不是人均GDP。班农下台前的话很有意思，两天他就辞职了，他说出了这次"301条款"的主要目标，不允许中国弯道超车。量已经遏制不了，就算5.5%的增长率中国也迟早会超过美国。它就有点儿像当时对日本采取措施，在经济增长量上，已经遏制不住中国的增长了，只能从技术上找问题，制定一定的障碍，不允许中国在技术上真正超过美国。

这次应对可能不是一般应对，首先要看美国究竟打我们哪个地方。也就是说我们一直说两个巨人在瞪眼，看对方谁先眨眼，他已经眨到你的技术上了。一个非常巧合的地方就是同时宣布，同时启动了一年期的全面经济对话。

所以，中国在应对上也不能只采用一般的应对方式。第一，加快与美国全面经济对话的进程，可以进行多方面的深入对话，如中美双边投资协定（BIT）、中美双边投资和贸易协定（BITT）、自由贸易协定（FTA）以及探讨核心的知识产权问题。第二，美国的调查会促进中国因势利导，真正成为法治下的创新国家，我国应该重视这个问题，国家应当进行知识产权的全民教育，真正实现弯道超车当中的创新。同时，虽然此次调查对中国有一定针对性，但也并不完全是针对中国，美国也提到了韩国的 FTA，所以中国可以联合韩国对美国的专利权调查进行反制。

"301条款"或是特朗普访华筹码

李 巍[*]

在特朗普上台之初,我们便知道,中美之间经贸关系肯定不会像奥巴马时期那样风平浪静,因为奥巴马有求于中国,奥巴马也代表着全球化力量。然而,特朗普竞选那年发表的都是反全球化的言论,最主要是针对中国。

我们之前判断中美之间绝对会爆发冲突,冲突表现形式有可能是大规模的"双反"——反倾销、反补贴,也有可能发起针对中国国有企业在美国大规模投资的调查,也有可能是知识产权。但是,最终在这三项当中,美国选择的是知识产权。我们也认为他的选择是对的,因为这三者当中知识产权是中国最大的弱项。

从国际关系的角度来说,特朗普这场针对中国的调查是必然会到来的,因为特朗普认为美国是全球化的输家,中美贸易逆差是3 700亿美元,这一数据占美国整个贸易逆差的48%左右。所以,这次"301条款"就是针对中国,因为美国名单当中就是针对中国的。

此外,这次的调查应该不会只涉及知识产权问题,这只是特朗普的第一步,以表达对全面经济对话的不满。战略经济对话以来,每次中美双方经济谈判之后都会发共同的成果清单,而这次是近十年来唯一一次没有发布最终成果清单,这反映出双方经贸气氛并不太好,而这次给中国半年时间其实是给中国调整的机会,这也是特朗普2018年下半年访问中国之前讨

---

[*] 中国人民大学国际关系学院副教授。本文完成于2017年9月2日。

价还价的筹码准备。

从国际关系上来说，法律是政治家的工具。如在《跨太平洋伙伴关系协定》（TPP）中，在《巴黎气候协定》中，特朗普只是把法律协定当作工具，一旦与其政策意图相悖，就会不按相关协定规则做事。所以，我个人觉得在这次特朗普任期内，中美经贸关系会面临重大挑战。

美国税改对我国的影响及对策

李　永[*]

一、特朗普税改背景

第一，特朗普要税改其实是要兑现他竞选时的承诺，竞选承诺里希望通过竞选来帮助中产阶级。第二，很显然作为一个商人，他意识到了美国竞争力的问题，所以他希望能够通过税改提高美国的国际竞争力。第三，他要通过税改带领美国实现前所未有的经济增长，即实现6%的增长。可以看出，特朗普对恢复美国经济是雄心勃勃，然后通过这个所谓的前所未有的增长在8年内消除联邦债务。可现实的状态是：

首先，美国的税率的确也是很高，这是毕马威的资料，美国的企业所得税是所有经济合作与发展组织（OECD）国家里最高的，为40%，OECD平均是24.8%，这是2015年的数据，明显就要高出其他国家很多，税负高，企业的利润就要比在其他国家低，负担肯定重，产品的价格自然也就高。

其次，美国的企业赚了钱不往美国放（PIRG，非政府组织，专门监控大的跨国公司怎么逃税，有什么事儿作弊）。PIRG发现，有多家财富500强企业在避税天堂设立分公司，荷兰50%以上的公司都在这里设分公司，

---

[*] 中国国际贸易学会专家委员会副主任、中国世界贸易组织研究会常务理事。本文完成于2017年11月4日。

中国香港也是避税天堂。荷兰、新加坡、中国香港、卢森堡，之所以有那么多企业在当地设立分公司，是因为这些国家（地区）税率较低。其实一个重要的原因就是价格转移、利润转移。这样的话因为美国税率高，美国企业就不将利润放在国内。到 2015 年的时候美国在海外的跨国公司、各种公司留下的利润有 2.5 万亿美元，这个规模相当大了。

二、税改给美国将带来什么

第一，"one page"[①]，这张纸的抬头下面几个字——"税改的目标是更多的就业，更公平的税收和更大的工资单"，就是为小企业创造一个新的、更低的税率和结构。90% 以上向中国出口的企业是中小规模的企业，中国 80% 以上都是中小企业，它们为我国税收贡献了 5.60%，就业贡献了 8.90%，其实这个力量是社会最活跃的力量，所以美国税收其中一个目标就是为了这个。第二，企业有了活力，就要创造更多的就业，成本降低了，就能够提高竞争力，要降低税率。第三，促进经济，允许资本投资"费用扣减"。第四，提高竞争力，向美国模式转变。第五，要把利润带回国。

三、在这些背景之下，对中国有什么影响？

对于中国来说，意味着新的挑战，新一轮的竞争要来了。过去我们是依赖美国。随着中国变成世界第二大经济体之后，尤其这两年我们对外的投资，特别是对美国的投资在大量迅速增加的同时，美国人开始对中国人的投资有些警觉，开始发现我们投资的目标，中国投资商盯着的企业都让美国人

[①] one page：2017 年 4 月 26 日白宫发布的《为促进经济增长与就业，2017 年税收改革方案》，由于全部内容打印出来只有一张 A4 纸的篇幅，故称"one page"。

感觉胆战心惊。我们现在跟美国的竞争关系或者对抗关系,原来是贸易战,现在转换成技术战,如果这个税改通过了,又是一个税务方面竞争的问题。

(1) 这次没有把我们过去担心的边境调节税纳进来。

(2) 要考验的是中国政府能不能有效利用和实施公共政策,运用公共资源,表现良好的治理能力,实现党的十九大目标。

(3) 资本外流的问题。有人说叫虹吸效应,你的税低就会吸引投资,就能够把别人的资本吸过来,这是毫无疑问的。

(4) 企业或业务迁回美国,对就业产生影响。

(5) 有竞争力的进口企业对国内企业的压力。

(6) 价值链的替代。

(7) 部分出口面临价值竞争。

(8) 人民币贬值压力。

四、中国的应对策略

静观其变,没有必要被牵着鼻子走。坚持习近平的"四个自信"。

(1) 要有"抢跑"意识。2017年4月国务院常务会议上,李克强突出强调了"全球竞争"。他讲出在全球竞争大背景下,我们要增加紧迫感。逼迫我们未来要走我们自己创新的道路。

(2) 减少个人所得税,减完个人所得税就有这样一个测算,大概会释放出来3 000亿美元的个人消费支出。除了挑战外,也意味着出口/投资的机会。如果美国政府的钱越来越少,它就没有那么多的钱要投资,而特朗普的政策中有一个和美国经济制度一致的就是要大规模在基础设施上投资。这是在给我们创造机会,而这个机会我个人认为是需要我们的政府,加上我们的企业推动的,而且要利用地方的合作机制。

(3) 还是要继续扩大开放。中国只要能够开放,中国的市场前景和发展前景一定是能够吸引外资的，而且需要有连续性、稳定性。

（4）通过试验区多去试验，去解决目前行政收费等这些压力问题。

（5）监控各国的税务竞争状态，防止税务竞争的失控。必要的时候采取措施，保护我国税收主权。

（6）OECD 2013年的时候公布了就有关税基侵蚀和利润转移（BEPS）问题开展多边合作的15项行动计划，中国现在已经做得不错了，但是我个人认为随着税收情况竞争的加剧我们应该要防止税基侵蚀和跨国公司利润转移。

（7）国际社会倡导税收重力型，反对"扭曲型"税务竞争引发的新的不公平。

政治视角下的特朗普税改

刁大明[*]

从 2017 年 10 月 2 日特朗普政府的减税法案提出之后，中国国内的声音和讨论似乎比华盛顿激烈得多。华盛顿 11 月初讨论的焦点聚焦在福林认罪之后特朗普如何应对，而不是减税。我们国内讨论很激烈，或许是因为美国减税更像是一面镜子，为中国国内的不同观点提供了交锋的空间。

面对众说纷纭的情况，我今天仅仅想选取政治学的视角或者美国政治视角来讨论一下这一轮特朗普政府的减税。政治是交谈，可能会说到三个层次的事情。

第一，减税事关特朗普首年执政成绩单。

减税立法落地之后，有些观点认为，特朗普瞬间成为伟大的总统了，甚至连《纽约时报》都开始变调了。但无论如何，这次减税立法更多的是一场政治胜利，是特朗普政府首年执政成绩单上最急需的一笔。或者说，政治意义目前看有积极的一面，但是不是经济胜利很难说。

从政治成绩单上看，虽然特朗普自称如何伟大、如何兑现承诺、如何从"特没谱"变成"特有谱"，但特朗普无疑面对着众多巨大短板，首当其冲的当属最低、最负面的民调状态。1950 年开始的总统支持率每日民调显示，从来没有过任何一个首次当选的总统上台之后就面对如此负面的低民调。按照美国有线电视新闻网（CNN）的数据，特朗普上台时的满意度

---

[*] 中国人民大学国际关系学院副教授。本文完成于 2018 年 1 月 6 日。

为 45%，不满意度为 45%；执政一年满意度为三成左右，不满意度为六成左右，堪称是历史最负面、最低的民意开局。这就意味着，特朗普急需一场能够兑现承诺的、回应选民诉求的立法创举。

同时，特朗普政府的政策落实情况极为不理想。截至 2017 年 12 月 20 日，也就是他上台 11 个月后，特朗普只签署生效了 95 个立法，算上减税立法才 96 个，这是过去 40 年以来的最低水平。政策落实的困境，促使特朗普要急于做兑现承诺的重大立法。相比之下，以往总统在执政第一年都会实现一些重大立法，但特朗普的首年执政中，在减税立法之前，只有迫于国会两院高票通过而不得不签署的《以制裁方式应对美国敌对势力法》一项重大立法。

此外，在兑现竞选承诺意义上，退出《跨太平洋伙伴关系协定》（TPP）、退出《巴黎气候协定》等单边方式做到了，打击宗教极端主义组织（ISIS）最终取得了效果，但与经济和就业关系最为密切的税改如果不落实的话，的确无法形成好看一些的成绩单，甚至是不及格的状态，所以特朗普政府有很强的紧迫性，他在 2017 年内宣布耶路撒冷迁馆的决定，其实也就是要增加兑现承诺的议题。如今，税改立法通过了，特朗普首年执政的成绩单至少能交代了。

第二，减税显然是政治胜利，但不一定是经济胜利，或者公共政策的胜利。

为什么说不是经济或者政策效果意义上的胜利？因为其经济与社会效果还需要很长期的观察。简单举几个例子也可以说明减税立法到底是不是可以实现积极的经济效果，即提振经济与就业。

比如制造业的回流问题。一方面，回流的资本极可能更多进入了资本利得或者分红，而不是发展实体经济。另一方面，制造业回流本身也是奥巴马时代反复强调的，但绝对是系统性的长期工程，不是减税的方式可以一劳永逸解决的。同时，美国劳动力本身的技能水平也有待提高、需要更

长时间。换句话说,简单通过税改的方式重振美国制造业,恐怕很难奏效。税收调整只是"组合拳"的一步而已。

比如联邦赤字问题。根据目前的预测,联邦赤字一定会涨上去的。对不断提高军费又不断减税的政府而言,债台高筑的结果是一定的。虽然按照里根经济学的意思,减税刺激了市场、增加了税基,从而会补充财政空缺,但这只是一个理想化的推测,其实很难实现。而且如果对比前两次大规模减税,1986年是必须迎战巨大的经济滞胀,2001年是坐拥巨大的财政盈余,特朗普的减税虽然也背负着刺激经济与就业的意味,但美国经济毕竟已经在奥巴马时代进入了缓慢复苏的通道,而且不存在盈余作为基础,所以为什么要采取减税做法而不是延续呢?我个人觉得有问题,经济与社会效果上一定有很大不确定性。

为什么说政治上的胜利呢?因为这次减税立法是所谓的"迅雷不及掩耳盗铃"。虽然在经济和社会效果上可能是"掩耳盗铃",但在立法速度上可能真的是"迅雷不及掩耳"。与1986年里根减税的立法过程耗时11个月相比,特朗普的减税立法只用了50天。这说明国会共和党人与特朗普本人都存在着很强的诉求,共同努力实现这么一个重大的政治胜利。虽然所有人都说特朗普和共和党之间、反建制派和建制派之间存在着难以逾越的鸿沟,但这次立法的合作足以向外界说明他们之间完全存在合作的空间和可能性。这对特朗普政府而言是一个积极的信号。

在推翻奥巴马医改努力失败之后,减税立法至少是共和党重新获得国会两院多数票之后能够兑现的一大承诺。其实,也是让美国笃信里根经济学的共和党人将理想变成了现实。通过减税立法的第115届国会众议院中只有2.1%的共和党人参加过1986年里根的那次税改投票。这就意味着,绝大多数国会共和党人并不清楚减税立法的后果,但却更希望具有历史性地参与其中。当然,国会众议院共和党的反对票也存在,主要动机是选举因素。因为减税法案中涉及了州税和地方税的抵扣问题,导致纽约州、新泽西州、加利福尼亚州等高税收州的收益受损,进而导致了这些州的国会议员跨党派的反对。

在整个减税立法中,特朗普的作用是一个非常有意思的现象。在推翻奥巴马医改的努力中,特朗普的作用非常负面,并不理想,表现为并没有与国会议员实现有效的讨价还价。而其中不奏效的原因完全可以归结为特朗普本人对医改的内容、政策细节等极度缺乏了解。他根本搞不清楚自己在推动什么东西,当然也就根本搞不清楚这些议员反对的是什么、通过什么方式能够有效交易,最终导致了立法的失败。而在减税立法过程中,因为商人背景而对税收实务较为熟悉的特朗普找到了发挥作用的平台。

第三,减税立法的最大政治影响应该就是对 2018 年中期选举的影响。

特朗普的减税立法毫无疑问地会成为民主党人反扑、试图赢得中期选举的抓手议题。事实上,即便没有减税立法成为核心议题之一,民主党在国会众议院翻盘的可能性还是比较大的,反而共和党在国会参议院维持多数的可能性也还可以。在这个大背景下,特朗普减税立法整体上似乎对民主党人而言增加了利好,因为特朗普减税是有民调以来的历史上民意评价最为负面的税收改革计划:在 2017 年 12 月即减税立法得以通过之际,该立法的满意度甚至低于特朗普作为总统的满意度。当然,值得持续密切关注的是,这种对减税立法的负面看法有可能会在 2018 年 4 月之后有所变化,税改不仅仅是个税、企业税、抵扣等变化,也包括税收程序减免到了一个卡片上。这就意味着,2018 年 4 月时,民众体会到报税环节的相对简化,而且也切身体会到减税的福利之时,可能会增加好感度。但这种积极变化,可能不会让特朗普减税立法获得满意度超过不满意度的积极评价,更不会跨越"驴象党争"的鸿沟。

这其实是一个历史周期性的变化。2016 年中期选举中在国会众议院出现了 65 个席位的变化,原因就是奥巴马政府推动的涉及 7 870 亿美元经济刺激计划和奥巴马医改,这两个政策断送了民主党在国会众议院的多数席

位。7 870亿美元项目的支持度开始还可以，后来因效果有限而民意支持跳水；奥巴马医改是经历了长期积淀之后才在2016年之后实现了满意度超过不满意度的正面民意评价与支持，但仍旧没能挽救民主党在国会众议院的颓势。现在看，特朗普税改对共和党而言极可能会重蹈覆辙，即便民意有变化也来不及扭转整体负面态势了。如果共和党真的因为减税立法等原因而在2018年中期选举中丢掉了国会众议院乃至国会两院的多数地位的话，那么特朗普任期的后两年就将彻底进入所谓的"跛脚"状态。届时，减税立法极可能将成为特朗普本任期内唯一一个重大国内政策成就。而造成这一状况的逻辑，则是由特朗普减税立法本身引发了恶性循环。

特朗普税改全球冲击波

徐 瑾[*]

就 2018 年美国经济而言,其经济数据并不糟糕,就业也已恢复到了金融危机之前。但是,其人均收入并没有恢复到 10 年前的情况,所以,大家对于美国现在的经济数据会觉得失真,特朗普的税改也由此在美国国内得到了一定的响应度。

一、税改内容

美国的税率分为两部分:个人税率和企业税率。其个人税率在经济合作与发展组织国家中并不高,还是比较温和的。但是,美国的问题是公司税比较高,在发达国家中负担还是比较重的,这在过去商界也有很多反映,但确实是积重难返,也只有在特朗普非建制派总统的情况下翻盘了。在税改之前,很多人对于税改在国会通过并不乐观,这件事可以看出是从主流传统的政治环境来分析特朗普的。但是,目前恐怕需要重新改变对他的分析框架了。

特朗普税改内容可简单概括为"两减、两增、两废、一改":"两减",是个税和公司税税率向下调;"两增",是抵扣门槛低了;"两废",是废除税改一些医保;"一改",主要是把全国征税改成属地征税,标准的抵扣额

---

[*] 英国《金融时报》中文网财经版主编。本文完成于 2018 年 1 月 6 日。

翻番，做简化，比较重要的是特朗普对于奥巴马遗产税的态度。

二、税改的历史渊源

谈到减税，两党都有自己的经济逻辑，共和党减税有一整套的历史渊源和经济理论作为支撑。民主党也有自己的经济理念，则主要源于凯恩斯经济学。

（一）共和党的历史渊源和经济逻辑

1. 20世纪80年代，"拉弗曲线"成为共和党的基本纲领

"拉弗曲线"主要是指，当税率在一定的限度以下时，提高税率能增加政府税收收入，但超过这一限度时，再提高税率反而导致政府税收收入减少。其虽然只是假说且并无模型支撑，但契合共和党一贯的经济理念，20世纪80年代出现以后，共和党人就以此作为自己的基本纲领。

2. 共和党的基本经济理念

共和党一直信奉：国家的长期福利，取决于该国的经济竞争力。经济竞争力主要取决于能否提供一个企业家精神能够得到充分发挥的环境，鼓励创业、投资，只有企业能盈利，经济才能发展，就业才能增长。

3. 大政府主义背景下，诞生了里根经济学

相对而言，共和党的经济政策更符合经济学逻辑。大政府主义必然强化监管、恶化市场环境，长期是对经济不好的，而且高福利政策也是在鼓励养懒人。在这种情况下，就出现了20世纪80年代的里根经济学，主要是分为几部分，除了减税以外，很重要的是放松监管，打破了对电信、航空行业的监管，政府采购里强化了一系列措施。当时美国联邦储备系统（美联储）主席推出了一系列控制通胀的措施，里根上台的时候是美国经济最差的时候，是滞胀的情况，沃克（音）是美联储历史上最成功的主席

之一,使通胀水平很快得到降低,这跟里根关系不是很大,但也是里根经济学的成就。施压贸易伙伴以降低美国贸易赤字,80年代美国与日本的关系和现在与中国的关系十分相像。

"拉弗曲线"之所以到今天还没破灭,很重要的原因在里根总统任期内得到了验证:一方面,税率降低了;另一方面,政府财政收入也随之上升,大家的财政负担也在下降。但是,也出现了一些问题,如大量财政赤字。赤字上扬对经济有影响,而且扶持房地产会导致高房地产泡沫,以及金融危机。

(二)民主党经济理念

1. 民主党经济理念的渊源

民主党的经济理念,主要是来自凯恩斯经济学。经济不景气时需求不足,需求不足是由于收入分配不均,只有高税收才能保证政府有充足的财力实施再分配,改善分配不公。高税收、高福利不仅是道德要求,也是经济要求。政府监管,尤其是金融领域,金融危机中民主党得到很多加分,放松监管,带来的后果是全球性的金融危机。

2. 民主党经济理论面对的问题

第一,高福利面临通货膨胀和滞胀。高税收可能会带来低速的增长,这在20世纪70年代和奥巴马时代的美国都有出现。第二,贫富不均。在这种情况下,发达国家中美国的收入分配不均情况是最严重的。

三、特朗普税改对美国的影响

(一)正面影响

1. 控制美国政府规模

美国政府相当于全球最大的资金使用方,如果没有人控制美国政府的

花钱情况,它的规模就会无限制膨胀下去。今天美国政府的规模比第二次世界大战之前大了很多,特朗普减税能够使政府规模减小。

2. 增强美国企业竞争力与资本开支意愿

美国企业投资可以作为抵扣,有利于实业和资本回流美国,这主要是对跨国公司的税收方面有一些好处。

(二)负面影响

1. 扩张财政赤字

因为美国预算中刚性支出是61%,"盘子"非常小,特朗普能够做的就是削减至39%左右。这种情况,在这里面削减,要不然削福利,要不然削开支,要不然再发债,财政赤字扩张的可能性非常大。根据税收联合委员会(JCT)的测算,自2018年起,10年内减税总额约1.4万亿美元,赤字增加约1.0万亿美元。

2. 贫富分化加剧

在这种情况下,美国财富前10%的人承担了70%的税负,财富前10%的人减得更少一点,减同样的税,则富翁减得更多,这是很多人反对的原因。

四、税改对世界的影响

第一,日本这些国家已经出现跟随减税的情况,这带来的影响冲击比较大。第二,欧洲国家个税以及很多税种要比美国有更大的减税空间,也会对世界带来比较大的影响。

五、中国的经济实践、税收特征及应对措施

(一)中国的"拉弗曲线"实践

(1)1979~1995年中国的"拉弗曲线":税率在降低,财政收入在增加。

(2) 2007～2016年后的拉弗实践：金融危机之后出现了逆转，这时候国内生产总值（GDP）往下走，政府收入仍在往上，政府从税收"盘子"中分走的东西越来越多，税率越高，收入反而不一定同步增加。

（二）中国高税收特征

1. 征收增值税和所得税，对薪资成本不予抵扣

中国税收除了收取各类名目的费用以外，还有增值税等，相当于只要有开支就都要缴税。这种情况下，是引导企业以资本替代劳动，不利于就业。

2. 五险一金、土地出让金等收费项目加重企业实际税负

我看到有一个计算，如果在中国建立10亿元的企业，增值税、各种减免算下来，占毛利润大概60%，但是，在美国最多25%左右。就算在目前美国减税之前的情况下，中国税收也相当于美国的2倍，出现曹德旺"跑路"现象也就并不意外了。五险一金、土地出让金等收费项目让企业的税负负担十分沉重。

（三）应对措施

1. 增强经济竞争力

（1）归根到底，真心实意"发挥市场在资源配置中的决定性作用"。

让企业去探索如何最快地改善其经营效率与创新速率；让国有企业（以下简称"国企"）与民营企业公平竞争，破除国企的政府担保与资源倾斜，松绑国企的各种负担，让国企成为企业。

（2）降低企业税负。

2. 减少政府开支

（1）国资真正负担起社保职责。

（2）减少地方政府以支出求政绩的动力，放弃 GDP 增速目标。

（3）简政放权。

（4）提高政府绩效考核。

（根据民智讲坛内容整理）

美国税改影响全面客观评估

余 翔*

目前国内对美国税改问题分歧很大，我想从政策研究的角度，分别从税改的时间线、税改对美国经济的影响以及税改的外部性影响三个方面对此次税改进行一个全面客观的评估。

一、税改的时间线

2017年4月和9月分别推出了税改框架，但都十分简单；10月整改税改开始发酵；11月，两院分别推出自己的税改方案，至12月初分别通过了自己的方案；12月15日，形成最终完成的税改方案，至12月20日两院通过，22日，特朗普签署法案。最终通过的版本还是存在共和党跟白宫之间的很多妥协和退让。

从美国税改的整个时间线，也可以得到以下几点观察：第一，通常认为，税改在美国关系重大，需要较长时间的准备和酝酿，而此次却速度非常快。一方面反映了特朗普本身溢价能力很强；另一方面也说明了美国国内社会认为税改积重难返，需要改革。第二，依据之前民调对其外交政策的看法，显示民众对特朗普执政经验信心不足，但就目前税改看来，大家明显低估了特朗普的能力。第三，特朗普或者特朗普政府和国会不可调和

---

* 中国现代国际关系研究院美国所经济室主任。本文完成于2018年2月3日。

的矛盾实际并没有很大，这是我们未来对美国社会或者政策观察的时候，需要注意的问题，下一步除了税改外还应观察的是特朗普的基建。

二、税改对美国经济的影响及其蕴含的风险

1. 对美国经济的积极作用

（1）税改方案让美国企业和个人能够受益。在企业层面，对新的税改法案，美国各个大企业还是持乐观的态度。如达美（Delta）航空认为，2018年利润将增加8亿美元，美国金融业在税改中获益最大。花旗等也坦言，企业所得税下降以后，导致整个利润增加15%，如果降到20%，利润增加幅度十分大。在个人层面，每个家庭都在受益，只是受益的幅度不一样。最富的人从税改中受益最大，但是低收入阶层也有2%的受益。

（2）特朗普的计划有助于修补当前税制中的漏洞，为联邦政府财政增收。目前美国3 300万家企业中有3 100万家为避税将自己注册为"小企业"（S类），新的税收法案将企业税率降至21%，且只有这一档。此外，企业在21%的税率基础上，还能享受研发、设备投资等各项抵扣优惠，能够使实际税负进一步降低，这样就使企业没有必要为了避税而改变自己的企业性质。此外，有助于更多企业在美国注册进行生产。

（3）推动海外资本回流。新税法规定，企业带回海外收入只需一次性纳税：对现金类资产征税15.5%，对固定资产征税8%，比之曾经高达35%的企业所得税，对海外公司的确产生了非常大的吸引力。最近苹果公司就表示要向美国本土投资300亿美元，即其部分海外资本盈余将回归美国。

（4）向废除奥巴马医保迈出实质性一步。新税法当中废除奥巴马健保法强制个人购买医保的条款，可能彻底解体奥氏医保。根据国会预算办公室和税务联合委员会的预测，2018~2027年，通过这个办法可以减少联邦

预算赤字 3 380 亿美元。

2. 对美国经济蕴含的风险

（1）短期内让美国经济过热。美国经济 2017 年预测增长 2.6% ~ 2.8%，此外整个社会也进入了充分就业状态。目前美国社会不仅担心的是美国过剩产能问题，还有美国经济开始过热的问题。在此前提下，美国税改又给美国经济打了一针"强心剂"，进一步增大了这一风险。

（2）进一步吹大美国金融泡沫。从特朗普到任到 2018 年 1 月 19 日，美国股市一共涨了 4.9 万亿美元，其中 2.8 万亿美元都是在税改框架提出到通过这一阶段实现的。如果大牛市未来的经济、股市利好消息出尽以后，美国股市存在无法继续上涨的可能性。此外，美国股市长期债券利率跟短期利率倒挂，又随着美联储进入了加息周期，会使大家更愿意选择短期博弈，导致现在美国经济陷入长期的平庸性增长。

（3）加剧美国国内贫富差距。美国低收入阶层不持有股票，只有高收入人才持有股票，当美国股市繁荣起来以后，获益最大的还是中高收入的群体。

（4）加剧已严峻的债务形势。此次税改让美国债务总额增加 1.4 万亿美元，当然也有更多的预测，有的认为是 5 万亿美元甚至是 7 万亿美元。但总体看来，税改导致美国经济增加赤字、增加债务总额是一个趋势。

三、税改的外部影响

（1）在特朗普税改的提振下，世界经济将受提振。

（2）美国经济形势的向好将吸引国际资本向美国集聚，博取美国经济增长的红利。

（3）对中国经济影响有限。

第一，中国政府做出政策反应。2017 年中国政府减税降费 1 万亿元，

在整个 2016 年中国上市公司利润为 2.5 万亿元，如果在 2017 年减税 1 万亿元，相当于占了 20%，力度非常大。

第二，中国经济也进入了新时代，经济有望继续保持 6% 以上稳定增长，并且前景看好。在此种情况下，国际资本完全可以在中国获得 6.5% 的红利，没有必要把资本投到美国获得 2.8% 的收益。

第三，特朗普税改是否真的能大幅推动制造业回流美国，有待观察。国际产业链要考虑成本、配套服务、消费市场以及供应市场等综合因素，中国在配套产业链方面显然更胜于美国。

第四，特朗普减税的冲击已被国家范围内的竞争性减税所分担。在特朗普推出减税之前，各个国家，诸如英国、法国、德国都在进行减税。所以，美国税改对中国的正面冲击，一定会被国家群体性减税分担，直接正面冲击没有那么大。

四、中国应重视的其他问题

（1）企业效率问题。中国企业效率一直呈下降趋势，而中国经济如果要做强做大，国有企业需进一步加强。中国企业效率问题是需要重视的。

（2）收入分化问题。中国日益加剧的收入分化问题可能会威胁到一个国家长期的增长潜力问题。如国际货币基金组织（IMF）提出，长期增长潜力取决于一个国家是否有非常良好的分配体制。

（3）产业转移问题。国内生产成本上升速度不断加快，大量的企业都开始"东南飞"，南部企业、东南沿海产业也开始空心化。此外，中美"贸易战"问题也值得重视。

（4）国际形象问题。随着中国的崛起，我们的邻国已经感受到了威胁，并表达了不满。中国应进一步考虑如何安抚邻国情绪，如何处理好国内发展与周边发展等问题。

战略竞争下的中美关系未来

陈定定[*]

目前，中美两国已经进入了一个全面战略竞争的新时代，中美贸易战就是其中一个部分，而且我们现在看到的还只是序幕。美国的政策转变会促使更多发达国家转而重视与中国的竞争。这场竞争是全面的，不仅局限于贸易战，还会涉及军事安全、政治外交、社会经济、意识形态等领域。一般而言，可以从全球层面、国内政治层面、官僚政治层面来分析国际关系，特朗普的出现，则又增加了一个层面，这四个层面叠加起来就可以折射出中美关系的未来。

全球层面：中美关系将进入5~10年黑暗期

从全球力量趋势的转变与分布来看，据预测，中国经济规模将超过美国的黄金交叉点大概会落脚在2026~2027年，最晚则会是在2035年左右。而若远望2050年，金砖四国和印度的力量也不容小觑，目前经常被忽视的印度，其实经济实力已经排到前十，发展现状与我国80年代的情况很相似。就此而言，在未来十年，唯一有能力能够挑战美国的国家的确只有中国，而且也只有中国在各项指标上都与美国保持着不断缩小的状态。故此，美国衰落论，也仅是相对于中国的相对衰落论。近日来，美国在连续

---

[*] 海国图智研究院院长、暨南大学国际关系学院教授。本文完成于2018年7月1日。

发布的几份报告中将中国定位为"战略竞争对手"的逻辑自然也就容易理解了。在此背景下，中美关系或将在 5～10 年内进入黑暗期，过了这一关卡，随着全球力量的变化，两国关系便会得到缓解。

此外，从贸易的观点来看，中美关系将会进入一个逐步和部分领域脱钩的过程，不仅体现在经贸领域，在战略、政治、军事、意识形态上都会得以全面体现。脱钩不是坏事，部分脱钩反而有可能促进中美和平走向更好的合作。

美国国内政治层面：矛盾加剧，政治极化

全球力量趋势的转变与分布十分重要，但是美国国内政治的状况也十分重要。因为美国的国内政治导致了特朗普的出现，而特朗普现象的出现所导致国际关系的变化则十分令人担忧。美国政治在近三十年的三大特点就是：社会矛盾加剧；政治极化；党派之间的瘫痪或者合作基本消失。

第一，社会矛盾加剧。据调查，有 1/3 的美国人认为钱不够，而且看不到希望，虽然这是十分主观的认知与判断，但关键在于，这种心理认知会反映到国民投选票时的取向上面，后果比较严重，如铁锈地带就是特朗普能够赢得大选的重要原因。可以说，美国社会矛盾加剧以新一轮政党重组趋势的出现为标志，这反映了美国社会深层次的经济和社会问题。

第二，政治极化。其实，美国的政治极化也与现实的社会、经济问题有关联。美国政治体制就是选票制度，有民众对现实不满就会通过选票反映，由此左右两翼逐渐爆发。目前，美国政治对决就是在两翼之间，特朗普代表的右派思想立场与建制自由派形成了尖锐的对立，那些所谓的中间派、建制派，在未来 8～10 年的美国政治空间里面应该是没有希望的，这导致了美国政治极化趋势逐步上升。

第三，党派之间的瘫痪或者合作基本消失了。从 2016 年的大选和今年

11月的中期选举来看，支持民主党的仅剩东西两岸、德州、佛州和芝加哥等几座大城市，其他基本如我们曾经所说的"全国江山一片红"了，中期选举若再有扩大之势，民主党基本会面临着四面楚歌的境地。

美国国内的政治对立在以后会更加激烈，未来也一定会影响所有政党的口号、人选以及议会的政策，包括对华政策。

官僚政治层面：披着鸽派外衣的鹰派，裹胁政策

目前，一场冷战结束之后，规模空前的对华战略大辩论、大反思、大调整正在美国上演。美国政府内部在对华政策一事上，也进行了集体反思。美国国内对"中国威胁"带来的挑战有了共同的忧虑感，不仅否定了对华政策的前提，而且美国战略界对中美两国的全面竞争有了高度警惕和准备，美国决策层或将在经济、军事、科技各个层面开展对华竞争政策。

美国对中国的战略定位，使得鸽派逐渐变成鹰派，或者是变成披着鹰派的鸽派，这种趋势已经开始出现。对于《与台湾关系法》，众议院反对票0票就是个例子，虽然个中因素很多，但是再没有一个人愿意站出来为中国说话的现实体现也是十分麻烦的，以后会不断出现这种政策决策被裹胁的现象。

结论

通过从全球层面、美国国内政治层面以及官僚政治层面的分析，我们发现，对美国（西方）而言，"中国模式"对西方的利益、地区和国际秩序形成了威胁，东西方之间的模式、道路之争已经上升到战略和安全的高度。未来中国联欧制美、联俄制美、联日联印制美的预想可以期望，但可能性不大。

在未来 5~10 年内,中美关系都将经历一个困难期、黑暗期。从经贸层面来看,中美贸易争端将继续常态化,美方在经贸问题上对华施压将是一个长期的过程,中美贸易博弈还有诸多回合。例如,美国将通过反倾销和反补贴调查继续打击中国的低端产业;对中国赴美投资实施更为严厉的安全审查;美国将在知识产权问题上对华全面发难,利用"301 条款"打击中国的知识产权问题等。此外,中美经贸会步入"脱钩"阶段,贸易不再是中美关系的"压舱石",两国之间的摩擦甚至冲突会增多。从战略层面来看,美国对华战略的"包容"路线可能已经走到尽头,美国将在经济、安全、区域、意识形态等各个层面开启对华政策的强硬转向。

Ⅲ 行业研究报告篇

总　　论

2002年中国加入世界贸易组织之后，中国对美国出口增速加快，明显高于美国对中国的出口增速，导致美国对中国货物贸易逆差的规模明显扩大。按照美国的统计，2016年美国对中国出口1 156亿美元，进口4 815.2亿美元，美国逆差3 659.2亿美元（中方统计：中国对美国出口3 856.8亿美元，从美国进口1 351.2亿美元，中国顺差2 505.6亿美元）。长期存在的贸易不平衡是造成中美经贸关系紧张的重要原因之一，并引发出对汇率、双边贸易的公平性等一系列问题的争论。

中美之间密切的贸易与投资关系，长期被视为是中美两国关系的"压舱石"。但是特朗普就任美国总统之后所采取的一系列保护主义举措以及在朝核问题、台湾问题上的动向，使人们开始怀疑这一"压舱石"是否仍然有效。

在处理中美经贸关系问题上，美方存在一个误区。第一，受重商主义思维的影响极大。许多美国人认为美国对中国出口少、进口多，所以在同中国的贸易中美国吃了亏。忽视了出口和进口对于一国经济同等重要这一普遍的道理。因此，美方必须改变只观察对中国出口依存度这一指标（2016年为7.9%），更重要的是看美国进出口贸易对中国的依存度（2016年为16.%以上）。第二，美国将本国贸易不平衡的问题等于两国之间的贸易不平衡。美国需要调整的是自身贸易的不平衡，而不是两国之间的贸易不平衡。美国自身贸易的不平衡来自美国经济中的过度需求，不是由于其他国家的保护。第三，美国错误地认为，通过提高关税等保护措施可以扭

转美国的贸易逆差。这实际上是不可能的。美国对国内产业进行保护，会导致美元升值，打击美国出口，对于解决美国的贸易逆差是无效的政策。

中美两国同属具有规模经济优势的巨型经济体，产生贸易分歧的一个重要原因是两国的出口产品重叠程度较高。美国具有显性比较优势的出口产品（如消费品、化工、生皮、杂项产品、塑料和橡胶、运输车辆和木材等）大多对中国均存在逆差。经济全球化（即全球价值链）是理解中美贸易不平衡的关键。中国作为世界工厂，向美国出口的产品中包含了相当比例其他贸易伙伴所加工的零部件。按照常规统计，2015年美中贸易逆差占美国贸易逆差总额的50%，但是由于中国出口中37%的中间品是从国外进口的，因此，实际上中国占美国逆差的比重只有16%。

在政策方面，中美双边贸易长期存在两个突出的问题。一是双方关税水平的差异。中国对美国存在贸易顺差的产品，其关税水平均明显高于美国。美国占有绝对竞争优势的汽车，中国最惠国进口关税水平高达25%，而美国仅有1.25%。在中国主要机电产品关税税率表中，中国零关税产品有14个，美国有17个。中国有17个产品的关税高于美国，其中，中国在国际市场上极具竞争力的家电产品，关税却处在很高的水平，类似产品中，美国进口关税高于中国的只有两类产品，且税率不到1%。双方关税水平的差异是中方与美方展开FTA谈判的一个障碍。贸易减税谈判一般以"互让"（reciprocal）的方式进行。鉴于美国的关税已经降到较低的水平，我国则无法同美国按照"互让"的模式展开谈判。解决这一困境的方式只有两个：一是我方单方面降低关税，待关税降到双方同意的水平之后，再开始谈判。二是用关税降低换取美国在其他方面的让步。但此时美国让步可能坚持平衡"互让"的条件，要求我国与美国的开放度总体保持一致。

在政策方面存在的另一个问题是美国对中国实施的复杂的高技术产品出口行政限制程序。美方一方面指责中国的政策导致美国存在巨额贸易逆差；另一方面对华高科技出口产品实施严格的限制。美国对华高科技出口限制所涉及的第二个问题是以合法的手段导致事实上的不公平。长期以来，美国在国际贸易体系中积极倡导取消出口限制，以中国违反"入世"承诺为由，多次向WTO起诉中国政府在稀土、钨等具有战略和军事意义的矿产品上所实施的措施，而将自己的高科技出口限制置于WTO争端解决机制之外。美国对华高科技出口限制所涉及的第三个方面的问题是，由于西方发达国家在执行"瓦森纳安排"上口径不一，结果使一些美国出口的高科技产品被其他发达国家替代。例如，受控产品HS84类（核反应堆、锅炉、机器、机械器具及其零件），2016年美国对华出口为145亿美元，而日本和德国同类产品对中国的出口额则分别为272亿美元和178亿美元。又如，HS90类（光学、照相、电影、计量、检验、医疗或外科用仪器及设备、精密仪器），美国对华出口为112亿美元，日本为143亿美元。所以，美国对华的高科技出口限制实际上为其他国家制造了获利的机会，结果使美国自身的利益受到损害。

美国是世界第一大直接投资输出国，2016年美国对外直接投资2 990亿美元，占世界总量的20.59%。中国是世界第二大直接投资输出国，同年占比为12.61%。美国是中国第五大直接投资来源地，截至2016年，美国对华累计直接投资总额为798.56亿美元，占我国利用外资的比重为4.28%。对比起来，中国在美国的对外直接投资地位并不那么重要，2016年仅是美国第11大投资目的国。目前美国在华投资的企业总数约为6.7万家。从增加值角度，2014年美国在华投资企业创造了661.44亿美元的增加值，在世界排第五，雇用了167.2万人，销售额同2015年美国对中国的贸易逆差非常接近，约为3 412亿美元。

中国在美国直接投资起步较晚，但是近年来发展迅速。2006年中国在美国直接投资金额约为7.85亿美元，2015年增长至148亿美元。2016年中国是美国第16大投资来源国。截至2014年，中国在美国投资企业雇用美国工人的人数约为4.4万人，销售额约为221亿美元。

虽然中美两国都是世界上对外直接投资的大国，都拥有巨大的国内市场，但是由于政治、文化和体制上的障碍，这一潜力远未发挥出来。2016年中国对美国直接投资只占美国直接投资流入的不到1.0%，美国对华投资也只占中国吸收外资的1.8%，美国对外直接投资的0.8%。两国投资者对于扩大双边投资均抱有迫切的希望。2013年中美两国政府决定以负面清单和准入前国民待遇为基础，重启中美双边投资谈判。这一举措大大加快了我国外商投资体制改革的步伐。2013年9月~2017年3月，经国务院批准，我国先后建立上海、广东、天津、福建等11个自由贸易试验区，自由贸易试验区所包括的区域不只局限在沿海地区，还包括中西部等内陆省份。2017年公布的《外商投资准入负面清单》项目从2013年的190项减少至95项，其中制造业从63项减少至14项。习近平同志在党的十九大报告中又进一步强调了"凡在我国境内注册的企业，都要一视同仁、平等对待"。这为我国外商投资管理体制改革注入了新的动力。

2014年，美国服务业增加值占GDP的比重约为64.3%，雇用9 026.5万工人，服务出口占贸易总额比重约为30%，吸收外国直接投资1.59万亿美元。中国服务业增加值占GDP的比重仅为44.5%，雇用工人7 025.8万人，服务出口占贸易总额比重约为9.4%，吸收外国直接投资8 615亿美元。美国服务贸易顺差呈不断扩大的趋势，相反，中国的贸易逆差则呈同样趋势。美国服务贸易规模及总体竞争力世界排名第一，其中最有竞争力的应属知识产权。知识产权贸易是美国与世界各国唯一保持顺差的产业。美国强大的服务经济使其在全球价值链布局中处于优势地位。减少经常项目逆差，进一步打开他国尤其是新兴发展中国家的服务市场，并在区域经济合作中建立服务贸易的高标准合作，一直是美国贸易政策的重要组成部分。

美国对中国服务贸易顺差较大的依次是教育、专有权使用和特许费、旅游、金融，而中国只在通信和计算机及信息服务部门对美国是顺差。从部门的竞争力看，中国只在建筑服务上的优势强于美国；在专有权使用和特许费、金融服务上同美国的优势相差悬殊，前者差距最大。总体上，中美两国在服务贸易彼此相互之间的竞争并不强，而且产品的相似程度呈不断减弱的趋势。在中美贸易谈判中，美国将会尽力拓展自己具有优势的产业在中国的市场份额，这些部门大致包括金融、知识产权以及电信。

中美 FTA 框架下能源问题研究

从短期看,世界能源市场供给充裕,但是从长期看,能源短缺仍然是全球将要面临的严峻挑战。解决美国长期存在的贸易逆差和产品竞争力低是特朗普当选的基础。2017 年 1 月特朗普就任美国总统后,全球改革热潮由于美国撤出《跨太平洋伙伴关系协定》(TPP)而消退,保护主义势头上升。他改变前总统奥巴马以区域性贸易集团和新贸易规则抑制中国贸易和投资增长的策略,撤出 TPP 协定,整合谈判砝码,以"双边"方式对中国施压,以求在贸易问题和/或陷入僵局的朝核问题上取得突破。

2017 年 11 月特朗普访华,中美签订了 2 500 亿美元的贸易大单,其中能源类项目的投资占一半,超过 1 400 亿美元,这反映出双方在能源合作上存在着较强的意愿。长期以来,美国出于能源安全方面的考虑,对出口一直实行严格的控制。随着美国"页岩气革命"的成功,美国国内能源供给出现过剩。为此,美国能源企业需要通过出口调整国内供需关系,要求允许向中国出口天然气的呼声日趋升高。按照美国法律,美国只能对已与美国签署自由贸易协定的国家出口天然气,其他出口均需要获得能源部的批准。2011 年起美国首次开始向中国出口天然气,出口量为 73.27 亿立方英尺,2012~2015 年交易中断,2016 年对中国的天然气出口恢复,数量增至 172.2 亿立方英尺,仅 2017 年 1~5 月,美国对中国天然气出口数量就达到 172.43 亿立方尺,占美国液化天然气总出口量的 8%,仅次于对墨西哥与韩国。目前澳大利亚是中国最大的天然气进口来源国,占中国天然气总进口的 42%,之后依次是卡塔尔、马来西亚、印度尼西亚、巴布亚新几内亚。美国目前排在巴布亚新几内亚之后,排在第 6 位,占中国天然气进口的 2%。

从经济角度,美国向中国出口天然气具有以下几个主要效应:(1) 有助于缓解中美之间由于贸易不平衡而产生的紧张关系。(2) 随着美国"页岩气革命"的出现,中美之间的能源关系正在出现实质性的变化,从过去的"竞争为主、合作为辅"转变为"合作为主、竞争为辅"。(3) 可以将能源合作作为一个切入口,推动中国能源体制的改革。(4) 对于中国来说,从美国进口天然气是能源供给多元化战略的一个组成部分,也是推动能源消费结构调整所需要的,除此之外,还可能给中国企业带来参与美国基础设施建设的机会。(5) 从地缘政治角度,美国通过向中国出口天然气,可以牵制俄罗斯,避免中国在能源进口上过度依赖俄罗斯。根据估算,到 2020 年,如果从美国进口天然气数量占中国天然气进口总量的 10%,美国对中国的天然气出口将预计增长 24.16 亿美元,美国的贸易逆差将减少 22.54 亿美元,美国国内生产总值(GDP)将增加 3.66 亿美元。

进一步推动中美油气贸易合作虽然潜力巨大,但是也面临四个主要方面的挑战。(1) 复杂的国际能源地缘政治博弈。(2) 复杂的国际能源价格定价体系。(3) 美国油气出口基础设施的缺乏和偏高的运输成本等。(4) 美国可能以能源合作为契机,向我国能源体制改革施加压力。为此,提出了以下建议:

①为我国能源市场深层次改革做好充分准备。目前,中美之间的能源合作只涉及表面,随着进程的加深,不可避免地要触及贸易政策改革方面。美国将可能以公平竞争为借口,向我国提出国有企业贸易垄断、政府市场定价、技术转让等方面需要进行改革的问题。我国也会向美国提出取消能源出口限制、消除能源审批导致的对国外厂商的歧视、基础设施的准入和招标、自然人流动等方面的问题。除此之外,双方都会从不同视角针对政府采购,向对方提出问题。为此,我们必须做好充分的调研和准备,

积极推进能源领域的改革，从而为中美能源合作奠定更坚实的基础。

②积极应对美国内部利益集团压力带来的不确定性。取消天然气出口审批、扩大对中国出口天然气，可能使美国国内天然气价格上升，增加企业和消费者的成本。另外，页岩气提炼技术具有较高的环境风险。这些都会引起美国一些利益集团强烈反对向中国出口天然气，使中美在能源领域的合作陷入不确定状态。

③加强环境合作。美国向中国出口天然气最终必然涉及环境规制问题。中美双方应拓宽合作领域，推动在能源效率、减排技术和清洁再生能源开发等方面展开合作，形成彼此认可的规制。

④夯实中石化与阿拉斯加州的液化天然气项目，推动美国加大对西海岸油气基础设施的投资，使我国在今后的价格谈判中掌握更多的主动权。

⑤积极推动国内能源企业与美国的国际大型能源公司进行先进技术交流合作。通过参与海外能源市场投资、合作开发等方式，密切企业之间的合作，缩小发展差距，提高对美国市场的了解。

⑥通过与美国进行油气能源合作，增加加拿大对于参与中国能源市场竞争的急迫性，从而为我国正在进行的中加 FTA 谈判增加砝码。

⑦从地缘政治角度，谋划我国与美国的能源合作。具体地说，能源是俄罗斯的核心利益，保持我国对俄罗斯能源的依赖是中俄关系的基础。因此，不能因为从美国进口能源而使俄罗斯感到我们在减少对其能源的需求。同样，增加我国对美国能源出口的依赖，也有助于稳定中美关系。建议在中国和平崛起阶段，我国只可制定能源自给的战略，但绝对不付诸实施，并一直保持对外部能源依赖的态势。

一、全球油气发展现状：天然气在能源消费结构中的地位趋升

近年来，由于全球经济整体增速放缓，油气行业发展受供需失衡及国际政治经济博弈影响，整个行业高成本油气勘探开发项目投资逐步减少，

油气价格也相应开始大幅下落。但是，据国际能源署（IEA）的预测，除煤炭外，全球一次能源消费都将保持稳定增长，能源消费结构也将转移向更低碳的能源。IEA假设了三种不同的情景对未来的能源结构进行预测。如图1所示，若维持当前气候政策不变，到2035年，煤炭在一次能源消费中的比重基本没有发生变化，石油降低的比重被核能及可再生能源所取代，天然气的比重略有上升；若在现有的基础上逐步改进气候政策，化石燃料总体比重将从2013年的86%降至2035年的81%，但显然，大部分的全球能源需求仍将继续依赖化石燃料，值得一提的是，天然气的消费比重仍然在保持增长。若各国执行最严格的气候政策（IEA 450），煤炭的比重将跌至15%，而可再生能源的比重将大幅上升到26%左右（EIA，2017）。英国石油公司（BP）的预测则与EIA在现有的基础上逐步改进气候政策的情况预测基本一致（BP，2017）。

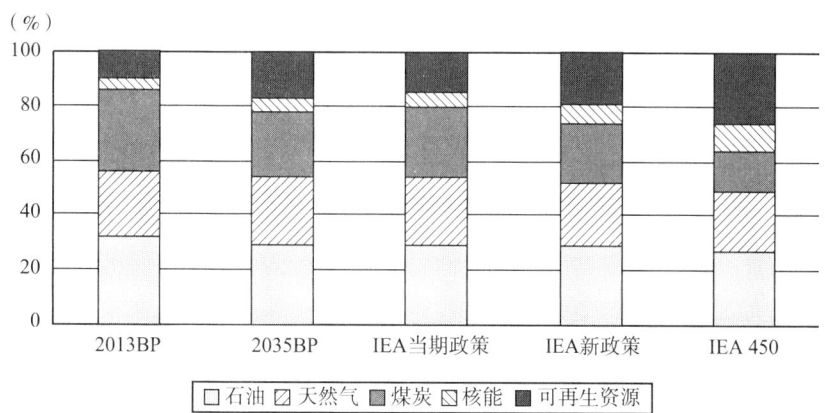

图1 世界能源消费结构

资料来源：《2017年世界能源展望》（IEA）。

从能源消费结构的改变可以看出，无论在哪种条件下，天然气始终是世界消费的主要能源之一，这主要是因为与其他化石燃料相比，天然气兼具灵活性和环境效益。基于天然气在消费结构上所处的重要地位，本文接下来将重点分析美国与中国的天然气发展现状与合作前景。

二、美国油气发展现状

（一）美国天然气产量

美国石油和天然气等化石能源的探明储量、产量、消费量以及贸易量在世界能源版图中占据着举足轻重的位置。据《BP世界能源统计年鉴》统计，截至2015年底，美国石油探明储量占世界总储量的3.2%，而包括中国、印度尼西亚、印度、澳大利亚等国在内的亚洲太平洋区域储量仅占世界总储量的2.5%。2015年，美国石油产量占世界总产量的13%、日均产量同比增速达8.5%；美国石油消费量占世界消费总量的19.7%、位居世界第一，远高于第二名中国12.9%的水平。

同时，截至2015年底，美国探明天然气储量约占世界总储量的5.6%，仅次于伊朗（18.2%）、俄罗斯（17.3%）、卡塔尔（13.1%）、土耳其（9.4%）。图2显示，2006~2016年，美国天然气的产量呈现直线上升的趋势。2016年，美国的天然气总产量达到了26.46万亿立方英尺（tcf）。

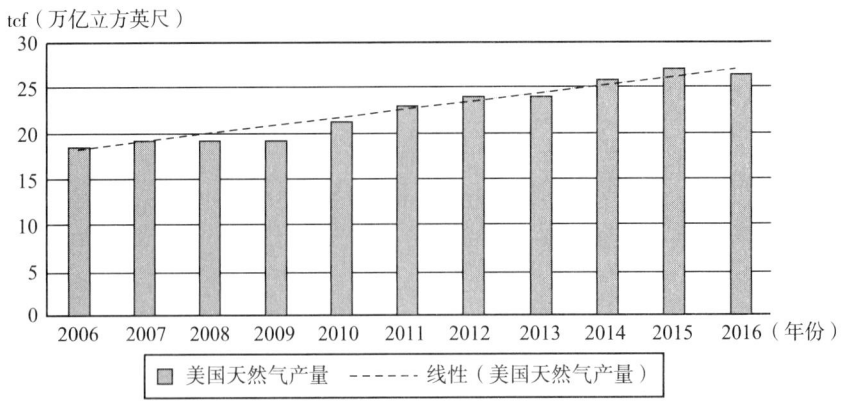

图2　美国天然气产量

资料来源：美国能源信息署（EIA）。

据 EIA《国际能源展望2017》发布的最新预测数据显示，美国的天然气产量在2015~2047年将居于世界第一，产量的大幅度增长主要归功于页岩气产量的提升（BP，2017）。虽然在2047年之后，中东的天然气产量将逐渐赶超美国，但是一直到2050年，中东与美国之间的天然气产量差距仍然不大，约为2万亿立方英尺（tcf）左右。同时期，中国、俄罗斯、澳大利亚以及加拿大的天然气产量都远远低于美国，具体见图3。

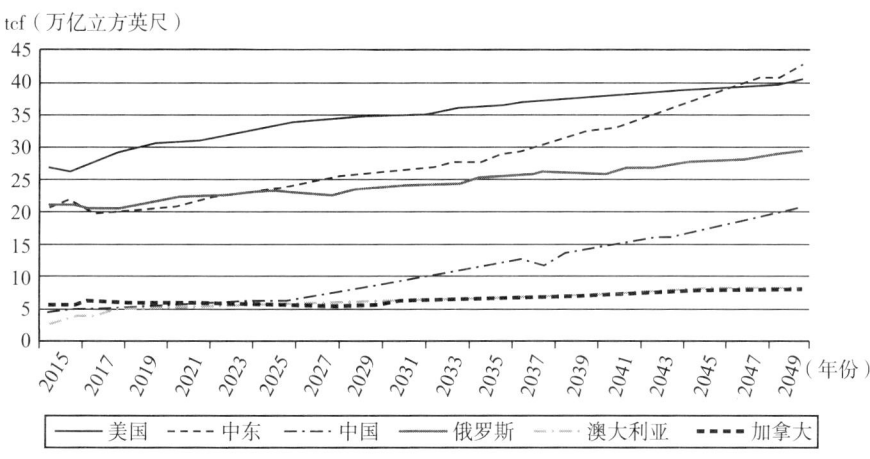

图3　世界天然气产量及预测

资料来源：《2017年世界能源展望》（EIA）。

（二）美国天然气进出口现状

随着美国天然气的产量不断增加，美国对进口能源的依存度在不断降低。图4显示，自2010年以来，美国的天然气净进口量不断下降，到2016年降到了历史以来的最低点（EIA，2017；Braziel，2014）。同时，相较于2015年，美国天然气的出口量在2016年增加了30%，达到了2 315十亿立方英尺（bcf），也是历史以来的最高水平。美国能源署的天然气月报（EIA，2017）指出，在2017年2月、4月以及5月，美国天然气的出口量已经超过了进口量。这些数据说明美国在不断地从一个天然气进口国转变成天然气出口国，能源署甚至预测美国将在2020年成为天然气净出口国。美国从天然气进口国到出口国的转变主要有三个方面的原因。首先是美国从加拿大进口的管道天然气数量在不断减少，其次是美国出口到墨西哥的管道天然气数量不断增加，最后也是最重要的是美国液化天然气（LNG）的出口量也在不断增加。就现在来看，由于中美可能进行的天然气贸易形势主要集中在液化天然气（LNG）的出口上，所以接下来，本文将对美国液化天然气出口的具体情况进行详细分析。

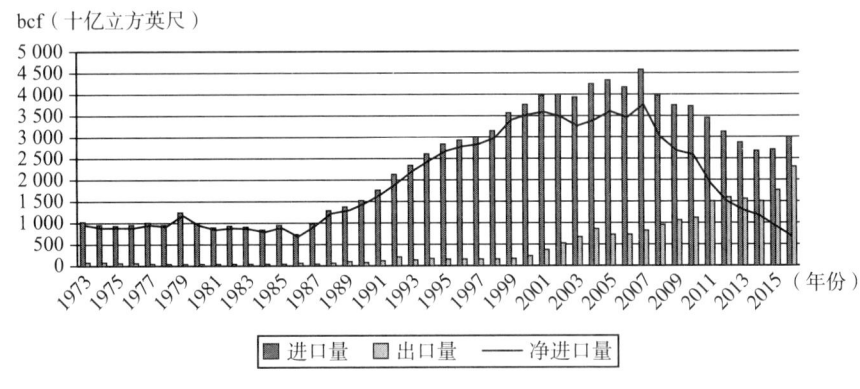

图4 美国天然气进出口情况

资料来源：美国能源信息署（EIA）。

（三）美国液化天然气（LNG）出口

截至2015年底，美国进口的管道天然气和液化天然气（LNG）分别占全球总量的10.6%和0.8%，出口的管道天然气和液化天然气（LNG）则分别占全球总量的7.1%和0.2%。从全球天然气贸易看，进口管道天然气最多的是德国（全球占比14.8%），进口液化天然气（LNG）最多的是日本（全球占比34.9%）；出口管道天然气最多的是俄罗斯（全球占比27.4%），其次是挪威（全球占比15.6%），出口液化天然气（LNG）最多的是卡塔尔（全球占比29.9%）（EIA，2017）（具体见图5）。具体就液化天然气（LNG）的出口而言，据国际天然气联盟（IGU）2017年的年报统计，2016年美国LNG的出口份额在世界排在第16位，仅占世界出口总额的1.1%。但是据EIA预计，未来美国液化天然气（LNG）的出口额将保持快速增长，在2020年达到近700亿立方米，2030年达到1 400亿立方米。

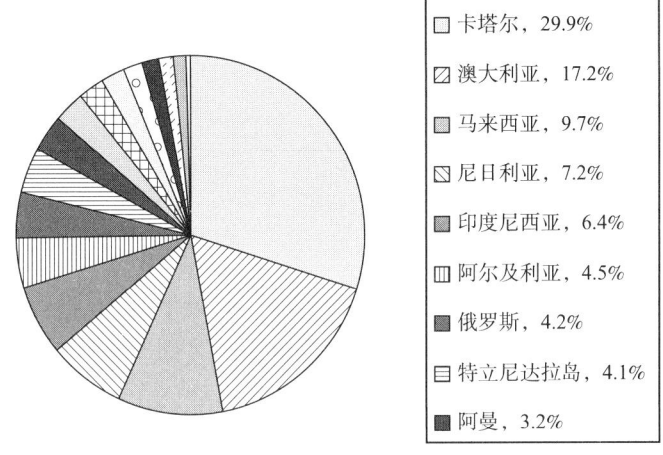

图5　世界液化天然气出口国家份额（2016年）（部分图例）

资料来源：《国际液态天然气年报2017》（IGU）。

如上所述，由于液化天然气（LNG）贸易具备灵活性的特点，液化天然气（LNG）的出口不仅打破了原来以管道天然气为主的长期合同垄断的局面，而且将全球的天然气市场联系在了一起。这也使液化天然气出口可能在未来发展成为天然气出口的主导模式。但是，虽然美国的LNG出口增速很快，在实际出口过程中还是面临一系列的问题。这些问题主要分为三个方面：（1）LNG出口许可问题；（2）LNG接收站和出口站存在的"瓶颈"；（3）天然气的价格问题。

1. 美国LNG出口许可证流程的演变：行政审批及不确定性

在早期的美国天然气市场中，管道公司具有买方和卖方的双重身份，并均处于垄断地位。为防止跨州管道公司滥用市场力量，保护消费者利

益，1938 年美国国会通过了《1938 年天然气法案》。该法案（NGA）第 3 节的法定条款规定，所有美国液化天然气出口项目必须得到化石能源部和联邦能源管理委员会（FERC）的双重批准。在 2014 年之前，申请相关项目被要求必须向能源部（DOE）提出初步申请，并由能源部确定该项目中的液化天然气出口符合国家利益，然后再由 FERC 审查该项目是否符合所有的监管考虑，只有完全符合才能批准建立相关的出口设施。出口到与美国有自由贸易协定（FTA）的国家自动被视为符合国家利益，能够很快地得到美国能源部的许可。但是对于没有与美国签订自由贸易协定的国家，出口 LNG 首先需要得到化石能源局出具的出口许可证。如果在联邦公报（Federal Register）上公布申请和征求公众意见之后，有抗议出售或反对出售的各方提出这种出口可能对国家利益造成不利影响，那么出口许可证则不会被开具。这个程序的一个主要缺点是用来确定"国家利益"的定义是非常模糊的。此外，在监管过程中，能源部可以先颁发许可证，在 LNG 出口达到一定量后，声称因为这种额外的出口使国内市场条件变紧张从而损害了国家利益来否认之后的申请。最终，美国能源部的这种低成本、不严格的申请制度很容易就使大量的出口申请陷入僵局。即使项目得到了能源部的批准，之后所有 LNG 输出设备的选址、建造或者运行，以及对原来已得到 FERC 授权的内容进行二次修改等，还需要得到 FERC 的重新授权。对涉及 LNG 出口的一些离岸设备还需要得到海岸警卫队和交通部的一些特定的、额外的监管审批。如果所有的相关机构都做出了同意的决定，那么该申请才能获得所有必要的合同和证书以保证项目顺利建设和运营（Boersma，Ebinger and Greenley，2015）。

在特朗普总统上台以后，围绕振兴油气工业，特朗普政府将出台一系列新政策。其核心就是通过扩大石油天然气的出口，重新振兴美国的油气产业，并将美国国内油气出口市场进一步放开。在原油贸易领域，2015 年 9 月美国就通过了取消原油出口禁令，开始出口少量凝析油，2016 年美国的液化天然气 LNG 也开始出口至欧洲、中东及亚洲的日本和韩国，预计在未来将会有更多的美国油气走向国际市场。同时，为进一步扩大美国页岩气产业的优势，促进美国的能源独立，新政府主张放松天然气项目的监管政策，主要包括放松天然气港口、管道等基础设施的兴建，直接减少天然气的运输、储存和使用成本。政府对相关基建进行补贴以激励天然气生产商扩大生产，从而有利于美国在未来参与国际天然气出口份额和定价权的争夺。从联邦政府预算办公室发布的报告（Congressional Budget Office，2017）来看，1950~2016年，联邦政府为促进天然气产业的发展提供的补贴总额达到了1400亿美元，占所有能源补贴总份额的14%。在2017年的"习特会面"以后，美国提出在LNG出口许可上，将给予我国不低于其他非FTA国家的待遇，并允许我国企业可以在任何时候与美国LNG出口商进行谈判，商讨进出口事宜（陈占明，2017）。但值得一提的是，在特朗普新政之后，虽然政府对出口项目批准的效率得到了提高，但原先的出口审批制度仍然存在。

2. 美国LNG接收站和出口站发展现状

"页岩气革命"带来的发展使美国目前可开发的天然气资源超过了2200万亿立方英尺（tcf），以美国目前的消费水平计算，可开发的天然气总量超过了该国国内天然气消费量的87倍。丰富的天然气资源促使FERC批准了一系列的液化天然气出口项目。从表1中可以看出，在2017年，有7个出口站已经在建设中，此外，还有4个项目批准建设（FERC，2017）。

表1　　美国LNG输入站和输出站项目批准情况

进口站
已批准—在建中（联邦能源管理会FERC）
1. CorpusChristi（科帕斯港，得克萨斯州）进口能力41.344亿立方米/年
已批准—未建（联邦能源管理会FERC）
2. Salinas（萨利纳斯，加利福尼亚州）进口能力62.016亿立方米/年

续表

进口站
已批准—未建（美国海事局 MARAD/海岸警卫队 CoastGuard）
3. GulfofMexico（墨西哥湾，美国南部）进口能力 103.36 亿立方米/年
4. GulfofMexico（墨西哥湾，美国南部）进口能力 144.704 亿立方米/年
出口站
已批准—在建中（联邦能源管理会 FERC）
5. Sabine（萨宾湾，路易斯安那州）出口能力 72.352 亿立方米/年
6. Hackberry（路易斯安那州）出口能力 217.056 亿立方米/年
7. Freeport（得克萨斯州）出口能力 221.19 亿立方米/年
8. CovePoint（卡尔弗特县，马里兰州）出口能力 84.755 亿立方米/年
9. CorpusChristi（科帕斯港，得克萨斯州）出口能力 221.19 亿立方米/年
10. Sabinepass（萨宾帕斯，路易斯安那州）出口能力 144.704 亿立方米/年
11. ElbaIsland（格鲁吉亚州）出口能力 36.176 亿立方米/年
已批准—未建（联邦能源管理会 FERC）
12. LakeCharles（查尔斯湖，路易斯安那州）出口能力 227.392 亿立方米/年
13. LakeCharles（查尔斯湖，路易斯安那州）出口能力 111.629 亿立方米/年
14. Hackberry（路易斯安那州）出口能力 145.738 亿立方米/年
15. SabinePass（萨宾帕斯，路易斯安那州）出口能力 217.056 亿立方米/年

资料来源：联邦能源监管会，美国能源部。

这些已经批准的项目主要集中在路易斯安那州、得克萨斯州以及马里兰州。这些区域都位于美国东海岸的墨西哥湾沿岸，这是因为东海岸不仅拥有墨西哥湾等大型天然气气田，还拥有大量的港口便于 LNG 的海上运输。从 2017 年批准的 LNG 项目来看，如果所有项目建成完工，美国将至少增加 1 700 亿立方米/年的出口能力。这将使美国成为全球 LNG 市场的主要供应商之一。

3. 美国液化天然气 LNG 价格

目前全球天然气市场主要分为北美、欧洲和亚太三大区域市场。由于全球天然气生产和消费的区域分割，天然气国际贸易多数是通过管线或船运来运输的。地理上的限制和运费的高低使得世界各地形成了具有明显区域特性的天然气价格体系，主要有四种代表性的价格，分别为美国亨利天然气交易中心价格、德国平均进口到岸价、英国NBP天然气价格和日本液化天然气价格。从定价机制来看，北美与英国采用市场定价，欧洲大陆采用天然气与油价挂钩的方式，日本液化气采用与原油进口平均价格挂钩的方式，部分地区仍采用垄断定价。

自20世纪40年代以来，美国政府开始对天然气市场实行一系列自由化改革，通过开放输气管道的准入，以及逐步放松对天然气市场的管制来不断提高天然气市场的市场化程度。市场化程度的不断提高，导致美国的天然气市场价格的形成完全取决于市场竞争。天然气市场通过24个天然气交易中心来为市场交易提供服务。而美国天然气价格的形成主要是基于亨利（Henry Hub）天然气交易中心（以下简称"亨利中心"）的现货价格。亨利中心是美国建立时间最早、规模最大的天然气交易中心。截至2016年，亨利中心的市场参与主体已超过200家，主要包括天然气生产商、管道公司、区域分销商、独立交易商、大型终端用户等（EIA，2016）。与亚洲和欧洲的天然气交易中心定价方式不同，美国的天然气价格只与亨利中心的现货价格挂钩，而与国际油价没有挂钩关系。随着美国天然气出口量的不断增长，亨利中心极强的交易流动性也使它成为对国际天然气市场有重要影响力的价格标杆。

鉴于亨利中心现货价格在国际天然气市场定价上所处的重要地位，各机构和各国政府在对美国天然气出口的盈利和收益状况进行全面分析的时候，都采用了三个基于亨利中心现货价格的假设来开始所有的分析和预测。

第一个假设是亨利中心的现货市场价格将继续保持在低位。然而实际上，亨利中心的价格现在虽然一直保持在较低水平，但大部分机构都预测

该中心的价格在未来几年会稳步上涨。只有天然气的液化过程、运输和再气化的成本进一步降低才有可能推翻这种上涨的预测,但是目前来看成本降低的可能性很小。

第二个假设是亚洲和欧洲的 LNG 价格将保持高位。这个假设的成立将为套利创造充足的空间。目前,亨利中心的价格一直维持在 3 美元/百万英热单位。亚洲现货价格在 2015~2016 年则维持在 6~7 美元/mcf,而欧洲的现货价格则在 2014 年开始出现下滑。欧洲现货价格的下滑主要是因为欧洲市场的 LNG 现货价格与国际石油价格相连,而国际石油价格由于经济增长放缓,出现了较大的跌幅。同时,天然气与其他燃料的激烈竞争,对欧洲的天然气需求产生负面影响。所以,以目前的实际情况来看,美国的 LNG 价格在欧洲市场不存在优势,而在亚洲市场还存在一定的套利空间。

第三个假设是继续使用美国以外的定价方法,即将液化天然气价格指数转为油价,再加上油价将持续保持高位的假设。在这种假设下,当油价在 2014 年 10 月以后下跌 50% 时,许多液化天然气项目的资金偿付能力受到质疑。即使后来价格略有回升,投资者对新项目仍然持谨慎态度。目前为止,只有正在建设中的美国液化天然气项目是被追捧的,因为美国的定价方式是基于亨利中心的现货市场价格(Monge, Gil – Alana and Pérez de Gracia, 2017),与国际石油价格没有直接关联(Boersma, Ebinger and Greenley, 2015)。

根据 BP 统计,自 2008 年起,由于美国"页岩气革命"的成功,美国天然气产量不断上升,使亨利中心的天然气现货价格持续走低,并一直低于其他主要天然气出口国家。在 2010 年以后,美国与其他国家之间的天然气现货价格差距还在逐步扩大。虽然在 2013 年前后,德国、英国以及日本的天然气现货价格也出现了较大幅度的下降,但是仍然远远高于美国的价格。德国、英国、日本等国的天然气现货价格下降主要是因为这三国的天然气价格都与国际油价或油价相关指标挂钩,而 2013 年前后正是国际石油生产过剩的阶段,这种生产过剩的局面,直接导致了油价的下跌。数据显示,截至 2016 年底,下跌后的德国、英国、日本等国的天然气现货价格仍然高于美国亨利中心的现货价格。这说明美国的天然气价格在现阶段与上述国家相比还是具有很大的优势,具体见图 6(BP,2017)。

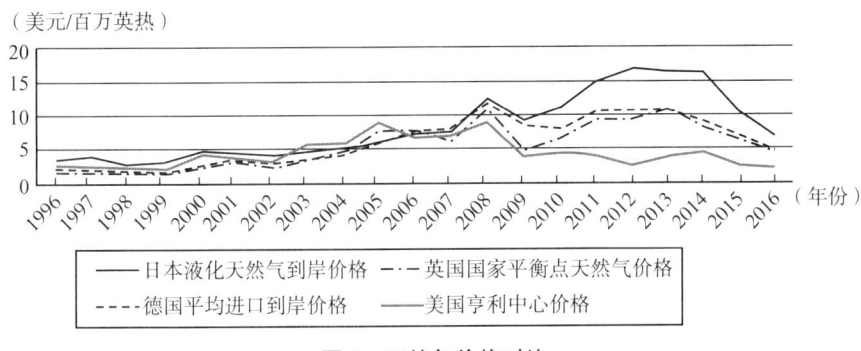

图 6　天然气价格对比

资料来源:《BP 世界能源统计年鉴 2017》。

除此之外,作为世界第一和第二大天然气出口国,澳大利亚和卡塔尔两国的天然气定价也是与国际油价直接挂钩。由于 2017 年上半年油价处于高位,所以澳大利亚在 2017 年 4 月公布的 LNG 平均离岸价格为 6.9 美元/百万英热。基于澳大利亚现有的 LNG 出口合同主要是与油价相关指标挂钩的长期协议,2017~2018 年,澳大利亚 LNG 的平均出口价格为 9.3 澳元/千兆焦耳。到 2019 年,国际市场上 LNG 出现供过于求的情况,澳大利亚的平均出口价格降低到 6.8 澳元/千兆焦耳。但是相较之下,美国的 LNG 价格还是较低。[①]

[①] 资料来源:Department of Industry, Innovation & Science. Gas inquiry 2017 – 2025, https://www.accc.gov.au/regulated – infrastructure/energy/gas – inquiry – 2017 – 2025/lng – netback – price – series.

总体来看，美国的天然气无论是在产量还是在价格上都十分具有竞争优势，这也为中国与美国在天然气贸易方面开展合作提供了前提。

三、中国油气发展现状

（一）中国天然气供需现状

中国作为世界上最大的能源消耗国，2016年的国内能源消耗量占到了世界能源消耗总量的23%。电力规划设计总院发布的《中国能源发展报告2016》中显示，我国能源消费总量在2016年虽然保持着低速增长，但是能源消费结构更趋合理，清洁能源比例不断提高。与2000年能源消费结构相比，煤炭消费比重下降了6.8%，石油的消费比重下降了约4%，而天然气和水电消费则分别提高了4%和7%，具体见图7。

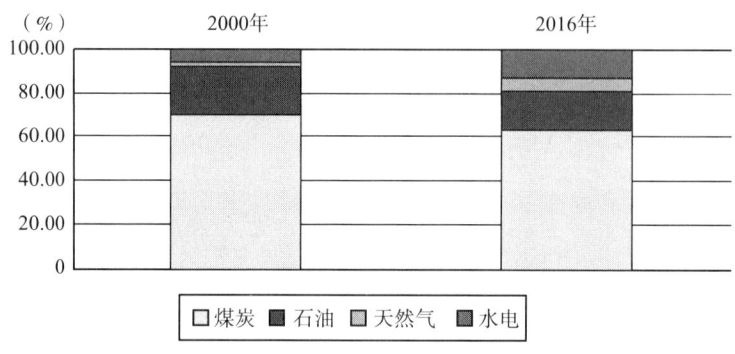

图7　2000年和2016年中国能源消费对比

资料来源：国家统计局。

为推动能源消费结构的进一步升级，天然气作为重要的清洁能源，面临的需求问题不断凸显。根据《能源发展"十三五"规划》要求，我国到2020年非化石能源占一次能源消费比重将达到15%，天然气比重力争达到

10%，煤炭消费比重控制在58%以内。之后发布的《能源生产和消费革命战略（2016~2030）》中又提出，到2030年，天然气在我国一次能源消费中的比重将达到15%左右。不断提高的天然气消费需求使进口成为一个必然的选择。这主要是因为：（1）国内产能不足；（2）与进口天然气相比，国内天然气开采成本高；（3）战备考虑。

1. 国内天然气产能不足

根据BP世界能源统计数据显示，2006~2016年，国内天然气产量在逐年稳步增加，2016年达到138.4十亿立方米（bcm），相比2015年增加了4.8%，其中煤层气、页岩气产量均创历史新高，具体见图8。《BP世界能源展望报告》还指出，到2035年，中国将成为仅次于美国的第二大页岩气生产国，产量将增至12.4十亿立方英尺/日（bcf/d）。但是与此同时，国内天然气的消费量也在不断增长。2006~2009年，天然气的产量和消费量保持基本持平，消费量只是略有超出。但是2010年之后，天然气消费量开始大幅增加，2016年就比2015年增加了7.7%，成为中国消费增长最快的能源。中国国家发展和改革委员会（NDRC）的数据显示，2017年前6个月的天然气消耗量就比2016年增加了15%。主要有两个原因造成了天然气消费量在短时间内的快速增长。一是政府为达到提高低碳清洁能源在能源消费中比例的目标，通过发电和工业部门来实行煤制气的转换。具体措施包括增加燃气电厂的需求、增加交通行业的消费等。二是2017年夏天中国中部地区和南部地区的洪水导致了水力发电的减少，需要燃气发电厂的额外发电。事实上，中国天然气年需求增长率从2018年起就在15%左右，未来将持续增长。

2. 国内天然气开采成本高

虽然美国的"页岩气革命"十分成功，但是中国、印度、波兰、南非、澳大利亚和乌克兰等许多国家都还处于评估页岩气资源的早期阶段（Wang et al.，2014）。其中许多国家，尤其是中国，都希望能够和美国一

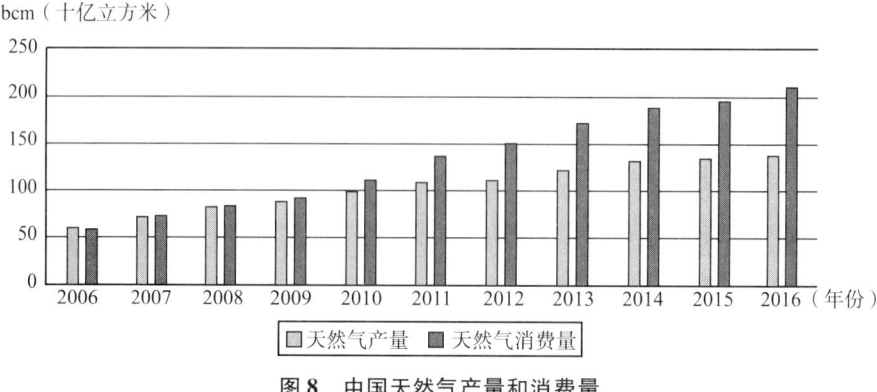

图 8 中国天然气产量和消费量

资料来源：《BP 世界能源统计年鉴 2017》（包括来自 Cedigaz 的数据）。

样，通过实现对页岩气的大规模提取，来应对自身日益增长的能源需求，从而减少对进口化石燃料的依赖。根据 2015 年国土资源部资源评价结果，全国页岩气技术可采的资源量为 21.8 万亿立方米，其中海上 13.0 万亿立方米、海陆过渡地段 5.1 万亿立方米、陆上 3.7 万亿立方米。但是在实际操作中，中国的页岩气开发面临三个方面的问题。

第一是能源体制问题。中国能源体制市场化水平低，体制问题是制约中国页岩气开发的重要因素之一。美国天然气体制市场化改革为"页岩气革命"的成功提供了体制保障，政府开放天然气市场的措施如降低勘探开发门槛、矿权交易市场化、勘探开发主体多元化、避免天然气生产商拥有管网导致垂直垄断等为"页岩气革命"扫清了体制障碍。而中国天然气的勘探开发、供气、输配、管网及销售领域则均为垄断经营，形成了由中国石油化工集团有限公司（中石化）、中国石油天然气集团有限公司（中石油）、中国海洋石油集团有限公司（中海油）三大国有公司控制市场的局面。市场垄断是中国开发非常规天然气的体制障碍。长久以来，中石油、中石化、中海油三大国有石油化工企业都是中国唯一的液化天然气进口企业，非国有资本在中国的天然气进口和开采领域受到很多限制。近年来，液化天然气进口的限制开始逐渐减少，中国政府开始鼓励私营和外商投资企业投资页岩气、煤层气、液化天然气和终端天然气供应等领域，并为这些企业提供优惠政策（姜福杰等，2012），部分非国有企业也逐渐被允许进口液化天然气，并建造液化天然气接收站，但是总体上来看国有企业垄断的局面仍然存在。

第二是地质条件方面的问题。美国的页岩气层埋藏深度相对较浅，单层厚度大、基质渗透率高、成熟度适中、碳含量较大、页岩脆度较好，所以较其他国家的页岩气更加容易开采。而中国页岩气的储量虽然理论上很大，地质条件却远不如美国。按照美国页岩气业界划分标准，埋藏深度低于1千米的属于浅层页岩气藏，深度在1~4千米的属于深层页岩气藏，超过4千米的属于超深层页岩气藏。美国页岩气层平均深度为0.8~2.6千米，中国页岩气层平均深度则为1.5~3.5千米，其中最大的页岩气生产基地——川南地区50%以上埋深超过3.5千米。虽然中石化在四川盆地开发页岩气取得了初步成功，但是相对于美国的页岩气开发点而言，这里的地质条件要差得多。况且把天然气从四川偏远的山区运输出去也面临一定困难。总的来说，美国页岩气地质条件使其开发难度小，开发成本也相对低，而中国页岩气地质条件使得开采的难度大，开发成本自然也相对高。以目前国内的页岩气开发进度来看，短期内无法满足国内对天然气的大量需求（王世谦，2013）。

第三是开采技术存在困难。美国"页岩气革命"的成功得益于水平钻井和水力压裂技术的成熟和广泛应用。页岩气作为非常规天然气的一种，存储于孔隙率和可渗透率较低的页岩中。由于无法顺利离开烃源岩形成气田，需要以外力将页岩压裂碾碎才能抽出气体。而中国由于地质条件的限制，埋深超过3.5千米以上的地区对水平井钻井和增产改造技术及装备有更高的要求，目前中国对此类区域的页岩气勘探开发技术尚未完全掌握。

因此，这一系列的困难和问题都是造成相比于进口天然气，中国国内天然气开采成本更高的原因。

3. 战备考虑

天然气作为重要的一次性清洁能源之一，也是国家重要的战略性资源，对国家的经济安全和发展具有重要的战略意义。但是由于国内的天然气生产（常规生产和非常规生产）产量难以满足日益增长的需求，天然气的进口依赖程度不断加深。从2006年开始，天然气的对外依存度快速上升，到2015年已接近32%，更有预测指出，到2035年，中国的天然气进口依存度将从30%升至40%（Shaikh et al., 2017），这将严重影响中国的天然气供应安全。虽然以目前来看，我国的天然气进口组合较为多样化，但是部分天然气的运输需要通过政局不稳定的地区。比如，在中东的伊拉克、叙利亚、也门等国大规模的军事冲突仍然存在。中东地区不断升级的地缘政治风险不仅可能导致国际石油供应链的崩坏，还会导致新一轮的难民潮在欧洲等地区的再现（Adhikari, 2013）。水资源稀缺与食品安全问题也在不断加剧中东地区以及撒哈拉以南的非洲地区的不稳定性。与此同时，尼日利亚、索马里、南苏丹和也门等国由干旱和战乱引起的饥荒也将使叙利亚的动荡局面持续下去。除了中东地区存在动荡因素以外，朝鲜半岛所带来的地区和全球战争威胁也在不断提高。这些潜在的和已经发生的地缘政治问题都将对我国的石油天然气资源供应造成极大的风险和不确定性。因此，出于战备考虑，进一步丰富我国的天然气和石油供应渠道和来源十分必要。

（二）中国LNG进口

如上所述，虽然国内的天然气产量有大幅度的提升，但是总体来说，仍然无法满足国内的天然气消费需求。2015年，中国总共进口了33.6bcm的管道气和25.8bcm的液化天然气。到2016年，管道气的进口额增加了12%，达到了38bcm，液化天然气（LNG）的进口额增加了33%，为34.3bcm。在2017年的前7个月，中国的液化天然气（LNG）进口量平均为 4.3bcf/d，比 2016 年同期高出 45%。这一系列数据说明，对于进口天然气消费的主要区域——中国沿海省份而言，液化天然气（LNG）比管道气进口更具有吸引力。由于管道气都从我国西部地区进入国境，需要横穿整个中国才能到达东部主要天然气消费市场，而 LNG 则可以直接抵达东部发达城市，距离消费市场更近。以 2016 年全年的数据为例，美国 LNG 到岸价为 1.4 元/立方米，而管道气均价为 1.27 元/立方米（石油 link，2017）。很明显，0.13 元/立方米的差价并不足以抵销管道运输的成本。所以，LNG 是我国进口天然气的最优选择。

中国液化天然气进口国家主要包括澳大利亚、卡塔尔、印度尼西亚、马来西亚、巴布亚新几内亚等。2017 年 1~7 月，我国液化天然气进口量排名前五大市场为澳大利亚、卡塔尔、马来西亚、印度尼西亚、巴布亚新几内亚。其中，进口量最多的是澳大利亚，为 546 万吨，比上年同期增长 33.6%；其次是卡塔尔，为 311 万吨，比上年同期下降 1.5%。同年的 1~5 月，中国一共从美国进口了约 40 万吨液化天然气，价值 1.66 亿美元，平均进口价格为每吨 401 美元，具体见图 9。尽管美国与前两大进口国（澳大利亚和卡塔尔）之间的液化天然气进口量存在巨大差距，但新推出的"100 天行动计划"（Sino – US 100 – Day Action Plan）使其仍有望成为进口资源的主要进口国（Research and Markets，2017）。

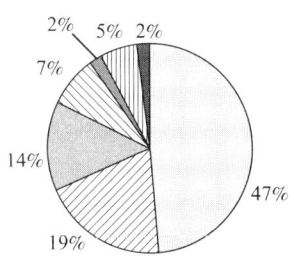

□ 澳大利亚　☒ 卡塔尔　▨ 马来西亚　▧ 印度尼西亚　▥ 美国　▦ 巴布亚新几内亚　■ 其他

图 9　2017 年 1~7 月中国进口 LNG 来源及份额（部分图例）

资料来源：中国海关。

(三) 中国 LNG 接收站的投运现状

从液化天然气的接受情况来看，2013 年中国分别从 11 个国家进口了 245 亿立方米 LNG，占天然气总需求量的 15%。截至 2016 年，全国已经有 13 座 LNG 接收站投入运营。所有这些接收站都分布在沿海地区，其中广东和江浙地区最为密集。截至 2016 年底，全国的 LNG 总接受能力达到 5 040 万吨/年。在所有市场参与者中，中海油不仅在接收站建设环节处于领先地位，也是 LNG 进口商中的先驱。自 2006 年中国第一个接收站大鹏 LNG 投产以来，中海油共有 7 个 LNG 接收站，约占全国总接收能力的 53%（2 670 万吨/年）（CNOOC，2015）。中石油约占 32%（1 600 万吨/年），中国石化进入时间较晚，拥有 2 个接收站，接收能力 670 万吨/年，占比 13%。除以上三大国有石油公司以外，东莞九丰是迄今为止仅有的两个民营参与者之一，接收能力约 100 万吨/年，具体见表 2（Shaikh et al.，2017）。

表 2　　　　　　　　中国已投运的 LNG 接收站（2016 年）

接收站项目名称	公司	接收能力（万吨/年）	拟投运时间
广东大鹏	中海油	680	2016 年已投运
广西	中石化	300	2016 年已投运
珠海	中海油	350	2016 年已投运
福建	中海油	520	2016 年已投运
浙江	中海油	300	2016 年已投运
上海	中海油	300	2016 年已投运
江苏如东	中石油	650	2016 年已投运
天津浮式	中海油	220	2016 年已投运
青岛	中石化	320	2016 年已投运
大连	中石油	600	2016 年已投运
唐山	中石油	350	2016 年已投运

续表

接收站项目名称	公司	接收能力（万吨/年）	拟投运时间
东莞九丰	九丰	100	2016年已投运
海南	中海油	300	2016年已投运
粤东	中海油	200	2017年
深圳迭伏	中海油，深圳能源	400	2017年
江苏启东	新疆广汇	一期60，二期300	2017年
天津	中石化	300	2017年

资料来源：《石油观察》。

2017年，中国有4个LNG接收站投入运营，新增接收能力960万吨/年，分别是中海油粤东、中海油迭福、广汇启东和中石化天津。其中新疆广汇实业投资集团有限责任公司建设的启东LNG是国内第二个民营接收站。2014年4月，国家发展和改革委员会正式颁布了《天然气基础设施建设与运营管理办法》和《油气管网设施公平开放监管办法》，释放出以三大石油公司为主导的LNG进口政策将逐步松绑的积极信号，明确提出"国家鼓励、支持各类资本参与投资建设纳入统一规划的天然气基础设施""允许第三方借用天然气基础设施（包括LNG接收站）"，切实推进民企融入。但是，从现状来看，除去中石油、中石化和中海油三大巨头，民营企业所占比重仍然较轻。

（四）LNG接收站利用率

LNG接收站的利用率在不断的降低，从2010年的76%下降到2016年的52%。在2017年，全国LNG接收站的利用率只能达到50%左右。据预测，即使到2030年，利用率也难以超过60%。发展中市场能源研究组（Emerging Market Energy Research）的相关报告指出，出现利用率下降的原因主要有两个，第一个是接收能力增长速度高于LNG进口量的增长，第二

个是国有企业长期的约束（O'Sullivan，2015）。

2010～2017年，国内LNG接收站的接收能力在不断增加，据预测，到2030年将会增加到110百万吨/年。但是LNG进口量的增长速度却低于接受能力的增长速度。与此同时，在全国范围内扩大的天然气管网建设一定程度上提高了天然气的使用成本。所以随着天然气价格上涨，石油价格下跌和廉价煤价上涨，接收站的使用率自然会出现一定程度的下滑。另外，大部分的接收站都建在原本使用天然气管道的省份，所以液化天然气站需要更多的时间来建立市场份额。具体来看，中海油在2014年底拥有的7个营运接收站有6个处于全年运营的状态。虽然这些接收站总的使用率几乎达到了60%，但实际的情况却相对极端。在6个接收站中有1个接收站（在上海）的使用率达到了容量的98%，2个接收站只达到了10%的使用率，其余的3个接收站则低于10%的使用率。而中石油的3个接收站，1个的使用率是容量的60%，另外2个的使用率则低于容量的50%。

从国有企业长期的约束来看，为了确保液化天然气的长期供应，中国签署了一系列的长期液化天然气供应和采购协议。截至2016年6月底，中石油、中石化和中海油一共签署了5 110万吨/年的长约量，央企共签署了160万吨/年的长约，再加上民企签订的，中国企业一共签署了5 680万吨/年的长约量。签署的长约主要来自澳大利亚、卡塔尔、印度尼西亚和巴布亚新几内亚的不同公司，预计都在2020年左右到期。虽然长约的签订保障了国内LNG的长期供应，但是在现货市场中，自从美国的"页岩气革命"成功以后，液化天然气的现货价格一直保持在低位，而长约的价格则相对较高，较高的价格会使中国天然气的消费成本提高，从而导致液化天然气更难开发市场。广东九丰集团有限公司作为少数进入LNG接收站建设项目的民营企业之一，唯一独立拥有的液化天然气接收站在2016年的产能利用率只有6%。这意味着民营公司由于与长期合同供应价格和现货价格之间的巨大差距，市场开发比预期更为困难。目前来看，管道天然气仍然在中国占据主导地位，虽然比现货 LNG 运输的价格高出 50%，但是与合约 LNG 相比，管道天然气的价格便宜约 16%。国内的 LNG 供应商只有通过调整价格来拓展国内的消费市场。中国需要两种形式的天然气，政府只有使两者取得平衡，才能维护本国的能源安全（O'Sullivan，2015）。

（五）中国 LNG 价格

由于政府控制着行业的每一个分支，中国的天然气行业具有自然垄断的显著特征。因此，在中国，天然气价格并不完全取决于市场供求。据何和林（He and Lin，2017）的研究指出，中国天然气价格的形成机制与西方发达国家存在明显的不同。如之前介绍的，欧洲、日本等国的液化天然气项目一般是以石油或石油相关产品为指标的，美国的定价方式则是基于亨利中心的现货市场价格。而在中国，一般来说，各个阶段（从生产到销售）政府监管都起着十分重要的作用，相比之下，市场所起到的作用则相对较小（He and Lin，2017）。

通过各国天然气价格的对比可以看出，截至 2015 年，中国天然气价格趋于上涨，但仍低于日本和英国。在 2010 年以前，中国天然气价格低于美国，但是 2010 年之后则高于美国（Hu and Dong，2015）。中国和加拿大的天然气价格也存在类似的关系。这里应该指出的是，由于日本缺乏国内资源，以及其特殊的地理位置，天然气必须以液化天然气的形式通过海运进口。而日本的天然气价格普遍偏高，是因为定价方法与进口原油加权的平均价格挂钩。然而，美国和加拿大市场机制改革已经相对完成，并在 2010 年前后实现了"页岩气革命"的成功，大量页岩气被开采出来。因此价格在 2010 年后出现了大幅度的下跌。这些不同来源的天然气相互之间形成了竞争的格局。所以相对来说，这些国家的天然气价格可以很大程度上反映天然气的实际价值和供求关系，而中国的天然气价格则不能很好地反映出这一点，具体见表 3。

表3　　　　　　　中国和其他国家天然气价格对比　　　　单位：元/立方米

年份	中国	日本	美国	英国	加拿大
2006	0.92	2.03	1.92	2.24	1.66
2007	0.92	2.1	1.89	1.63	1.67
2008	0.92	3.11	2.19	2.68	1.98
2009	0.92	2.21	0.95	1.18	0.82
2010	1.15	2.64	1.06	1.59	0.89
2011	1.15	3.4	0.92	2.08	0.8
2012	1.15	3.77	0.62	2.13	0.51
2013	1.41	3.58	0.82	2.35	0.65
2014	1.41	3.63	0.97	1.83	0.86
2015	1.22	3.72	0.87	1.94	0.81

资料来源：BP，中国数据年报。

四、中美天然气贸易现状

截至2017年9月，美国一共向中国出口了16船液化天然气。2016年，在美国的LNG出口国中，出口到中国的LNG数量排在第四位。到2017年，出口到中国的LNG数量上升到第三位，占美国LNG总出口量的8%，仅次于墨西哥与韩国。从表4中可以看出，所有出口到中国的LNG船都是从萨宾帕斯LNG出口站出发，出口价格都保持在3~6美元/百万英热。

表4　　　　　　美国到中国LNG船的情况（2016~2017年）

出发日期	出口站名称	出口站位置	出口量（千立方英尺）	出口价格（美元/百万英热）
7/20/2016	Sabine Pass（萨宾帕斯LNG工厂）	路易斯安那州	3 132 116	5.6
11/16/2016	Sabine Pass（萨宾帕斯LNG工厂）	路易斯安那州	3 634 281	3.18
11/25/2016	Sabine Pass（萨宾帕斯LNG工厂）	路易斯安那州	3 706 885	3.18

续表

出发日期	出口站名称	出口站位置	出口量（千立方英尺）	出口价格（美元/百万英热）
12/5/2016	Sabine Pass（萨宾帕斯LNG工厂）	路易斯安那州	3 343 242	3.72
12/5/2016	Sabine Pass（萨宾帕斯LNG工厂）	路易斯安那州	93 386	5.82
12/9/2016	Sabine Pass（萨宾帕斯LNG工厂）	路易斯安那州	3 310 723	5.17
1/24/2017	Sabine Pass（萨宾帕斯LNG工厂）	路易斯安那州	3 391 087	4.52
2/12/2017	Sabine Pass（萨宾帕斯LNG工厂）	路易斯安那州	3 464 863	3.9
2/17/2017	Sabine Pass（萨宾帕斯LNG工厂）	路易斯安那州	3 444 825	3.9
2/28/2017	Sabine Pass（萨宾帕斯LNG工厂）	路易斯安那州	3 428 365	6.39
5/6/2017	Sabine Pass（萨宾帕斯LNG工厂）	路易斯安那州	3 514 070	4.44
7/10/2017	Sabine Pass（萨宾帕斯LNG工厂）	路易斯安那州	3 584 901	3.53
7/24/2017	Sabine Pass（萨宾帕斯LNG工厂）	路易斯安那州	3 633 585	3.53
9/10/2017	Sabine Pass（萨宾帕斯LNG工厂）	路易斯安那州	3 110 756	3.41
9/11/2017	Sabine Pass（萨宾帕斯LNG工厂）	路易斯安那州	3 396 714	4.66
9/23/2017	Sabine Pass（萨宾帕斯LNG工厂）	路易斯安那州	3 548 635	3.41

资料来源：美国能源信息署（EIA）。

从美国出口到中国的LNG船的运输路线来看，第一船运输量为7万吨的美国LNG从东海岸墨西哥湾出发到中海油大鹏接收站上岸，全程用时32天，这还得益于此前巴拿马运河的拓宽改造，使用时长缩短。而澳大利亚液化天然气到达中国需要10~12天的时间，卡塔尔在15~20天到达中国。相较之下，澳大利亚和卡塔尔的液化天然气在运输上有更大的优势。

然而，从美国LNG出口站及液化工厂分布来看，虽然大部分的LNG液化工厂和天然气田都分布在东海岸沿岸，尤其是墨西哥湾地区，但是也有部分天然气田和液化工厂分布在西海岸。如果西海岸的LNG出口设备能够完成配套，从西海岸出发到中国，可以把运输时间缩短到20天以内。这将大大降低美国LNG出口到中国在运输上的时间成本，提高美国LNG

出口的竞争力和吸引力。

五、进口美国天然气对中美经济及贸易的影响

2010年以来，中国天然气进口快速增长，在2016年天然气进口达到5 403万吨，进口金额为165亿美元（见图10）；特别是随着2017年国内部分北方城市"煤改气"的加快实施，天然气进口显著增加，导致天然气进口数量和价格都大幅增长；在2017年，中国天然气进口数量达到6 856万吨，进口金额233亿美元，同比分别增长26.9%和41.4%。同时，美国天然气产量和出口自2006年以来均呈现快速增长趋势，为中美能源合作提供了契机。在本文中，我们采用动态全球能源一般均衡模型——GTAP-E模型，分析如果2020年我国与美国在天然气贸易签订相关协定，在总量控制基础上，增加从美国进口天然气的贸易份额，对中美以及主要天然气贸易伙伴的经济影响。

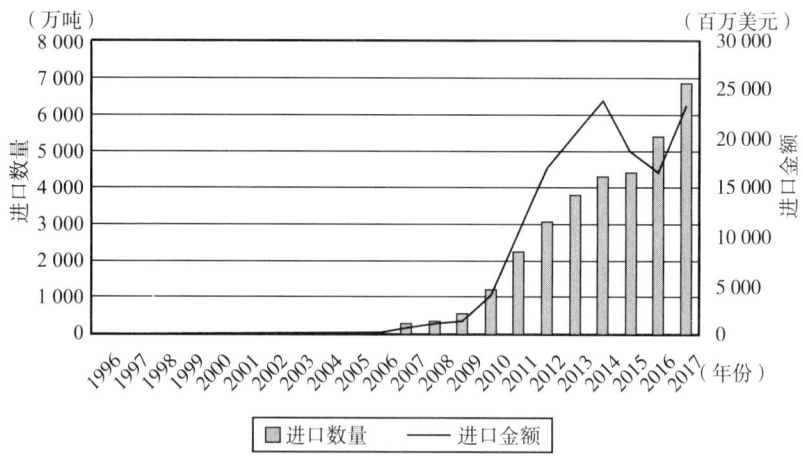

图10 中国天然气进口数量和金额变化

(一) 研究方法和情景设置

在本文中,采用 GTAP-E 的重要原因在于该模型在继承传统全球一般均衡模型 (GTAP) 的基础上,深入考虑了煤炭、石油、天然气、电力等能源之间,以及能源与资本之间的替代关系,更适应本文需要。同时,为了更为准确地反映 2017 年,以及 2017~2020 年的世界经济和能源贸易状况,我们采用递归动态方法,模拟在各年份的全球经济状况,并分析我国天然气对美国贸易政策变化的经济影响。研究模拟方案如下:

第一,基准方案。本文使用的 GTAP-E 数据为版本 9 数据库,其基准 (benchmark) 年份是 2011 年。在基准方案中,我们模拟分析 2012~2020 年世界经济增长变化。在模拟运算中,世界各国的实际 GDP、人口、劳动力、资本等变化都是外生给定的,而各国在各时期的技术进步内生。各国宏观外生变量数据均来自世界银行、国际货币基金组织 (IMF)、法国世界经济研究中心 (CEPII)、国际劳工组织 (ILO) 发布的实际增长和预测数据,具体增长数据见本文附表。此外,2012~2016 年,考虑美国天然气产量和进出口变化,并作为外生变量输入模型,进行控制;2017~2020 年,假设美国天然气产量保持 2012~2016 年的平均增长速度,同时还考虑中国"煤改气"政策,适当提高了在此期间的天然气进口数量。

第二,政策方案(提高从美国进口天然气方案)。与基准方案相比,我们假设中美之间就天然气进口达成协定,中国在 2020 年保持天然气总量进口基本不变的情况下,提高从美国进口的天然气数量;其他假设与基准方案一致(在政策方案中,各国 GDP 内生,技术进步外生,而外生技术进步与基准方案中标定结果完全一样)。在此我们设定两个进口目标:

政策方案 1:在 2020 年,从美国进口天然气数量占中国天然气进口总量的 5%。

政策方案 2:在 2020 年,从美国进口天然气数量占中国天然气进口总

量的10%。

在模型中，通过内生中国进口天然气的国别进口偏好变量，外生中国进口天然气数量以实现上述政策模拟。基于从美国进口天然气增长很快但其份额很低的实情，2020年5%和10%份额的两种方案已经足够激进。

（二）结果及分析

1. 对天然气国际贸易的影响

根据基准方案分析，如果在没有签订任何天然气进口协定的情况下，虽然我国从美国进口的天然气保持较快增长，在2020年预计达到5亿美元，但占中国天然气总进口的份额依然较低，仅为1.8%左右。因此，根据模型预测，只有通过政策驱动，而非价格原因，才可能使美国对中国天然气出口占中国天然气总进口在2020年超过1.8%。由于设定中国天然气总进口不变，人为扭曲贸易流向将导致中国从美国之外其他国家天然气进口减少。

如表5所示，在实施提高从美国进口天然气政策后，世界天然气贸易流向将发生较显著改变。如表5的第2行所示，在政策方案1下，美国对中国天然气出口金额增长956百万美元（184.1%），但是美国对世界其他国家/地区的天然气出口将减少。例如，对澳大利亚和新西兰（以下简称"澳新"）、东盟、日韩和世界其他地区出口的天然气分别减少1 200万美元、2 600万美元、1 600万美元和48 000万美元，美国的天然气总出口增长39 500万美元。与此同时，由于出口被替代，其他国家对中国天然气出口将显著降低。如表5的第1列所示，中国天然气主要出口国——澳新、东盟和其他国家（主要为中东国家）对中国的天然气出口分别降低3 500万美元、10 600万美元和28 400万美元。这里需要提及的是，在政策方案下美国天然气价格将上涨，而其他国家出口天然气价格将下降，虽然表5中的中国天然气进口金额增加，但是中国进口天然气数量却保持不变。这个变化意味着：相对于基准方案，中国天然气进口将付出更高成本。与此同时，中国天然气主要出口国（如澳大利亚、东盟等）因中国市场萎缩，必须降低出口价格以转移出口。

在政策方案 2 下，这种转移效应更为明显。但也可以明显看到，美国在天然气贸易中所获得的利益更为突出，其对中国天然气出口增长 2 416 百万美元，即便考虑到贸易转移效应（即对其他国家出口减少），美国天然气总出口依然增长 995 百万美元；与之相反，中国主要天然气出口国的天然气出口降幅更为显著。例如，澳新、东盟和其他国家对中国天然气出口分别降低 10 800 万美元、32 200 万美元和 85 100 万美元。

表 5　相对于基准方案，在 2020 年世界各国（地区）天然气贸易变化

单位：百万美元

	中国	美国	澳新	东盟	日韩	俄罗斯	其他国家
政策方案 1							
中国	0	0	0	−1	0	0	3
美国	956	0	−12	−26	−16	−27	−480
澳新	−35	0	0	1	11	0	4
东盟	−106	0	3	17	46	2	28
日韩	0	0	0	0	0	0	0
俄罗斯	0	0	0	0	0	0	6
其他国家	−284	124	3	−2	−40	9	345
政策方案 2							
中国	0	1	0	−4	0	0	7
美国	2 416	0	−31	−67	−40	−68	−1 215
澳新	−108	0	0	2	32	0	12
东盟	−322	1	7	44	129	6	78
日韩	0	0	0	0	0	0	0
俄罗斯	0	0	0	0	0	0	12
其他国家	−851	320	6	−9	−119	25	868

注：该数据包括政策变化后导致的价格变化，是贸易金额变化。
资料来源：GTAP – E 模拟结果。

2. 对中国及天然气主要贸易伙伴的经济影响

从宏观经济影响来看，刻意增加从美国进口的天然气份额，将有利于美国的经济增长和经济福利改进，但是对我国经济将有一定的负面影响。如果通过签订合约较大幅度增加从美国进口天然气，天然气进口价格上涨，将对我国能源密集型产业和宏观经济造成负面影响。如表6所示，在政策方案1下，我国名义GDP将降低623百万美元（0.005%），GDP平减指数下降0.0007%，实际GDP将降低约0.0042%。由于进口价格上升，而出口价格下降，我国贸易条件恶化0.0006%。虽然我国产品实际进口和出口都有所增长，但是进口增长幅度更为显著，贸易平衡（出口金额减去进口金额）降低456百万美元。由于人民币实际购买力下降，人民币实际汇率下降0.0007%。由于经济受到负面影响，除去用于生产天然气和其他能源的资源性产品的价格上升以外，其他初级要素价格（劳动力工资和资本价格）都小幅下降。

表6 相对基准方案，不同天然气进口政策对中美两国经济的影响（2020年）

	政策方案1		政策方案2	
	中国	美国	中国	美国
名义GDP（%）	-0.005	0.0007	-0.010	0.0021
名义GDP（百万美元）	-623	122	-1 322	366
GDP平减指数（%）	-0.0007	0.0007	-0.0014	0.0021
实际总出口（%）	0.003	0.009	0.0057	0.0212
实际总进口（%）	0.024	0.005	0.046	0.013
贸易平衡（百万美元）	-456	161	-980	352
贸易条件（%）	-0.0006	0.0013	-0.0012	0.0036
实际汇率（%）	-0.0007	0.0007	-0.0014	0.0022
非熟练劳动力（%）	-0.0007	-0.0001	-0.0013	0.0001
熟练劳动力（%）	-0.0009	-0.0001	-0.0018	0.0003
资本价格（%）	-0.0008	-0.0002	-0.0016	-0.0002
矿产资源（%）	0.0014	0.077	0.0028	0.1922

资料来源：GTAP-E模拟结果。

对美国经济的影响却正好相反，美国经济在总体上受到正面影响。在政策方案1下，美国名义GDP将增长122百万美元，GDP平减指数上涨0.0007%，对实际GDP影响很小，几乎为零。由于对中国天然气出口增长，产品出口价格总体上涨，使得美国贸易条件改善0.0013%。美国出口增长高于进口，贸易平衡增加161百万美元。由于购买力增加，美元实际汇率小幅上涨0.0007%。在美国的要素价格变化中，用于生产天然气的矿产资源性产品的价格上升极为显著，增长0.077%。由于美国出口增长主要来自对华天然气出口增长，贸易条件改善使得天然气以外的其他产品出口面临较大挑战，进而使矿产资源产品以外的其他要素产品价格下降，具有较显著的"荷兰病"效益。

由于进口天然气数量并未发生改变，仅仅是进口来源国发生改变，对我国其他产业的产出影响相对较小。如图12所示，影响相对较大的产业为天然气产业，这主要是因为进口天然气价格上涨，替代效应导致对国内天然气需求提高，从而促使供给增加。与之相对应的是，美国天然气产业部门由于获取额外出口机会，天然气出口显著增长，产出明显提高。如图11所示，在政策方案1下，美国天然气产出将增长0.07%。由于天然气产出

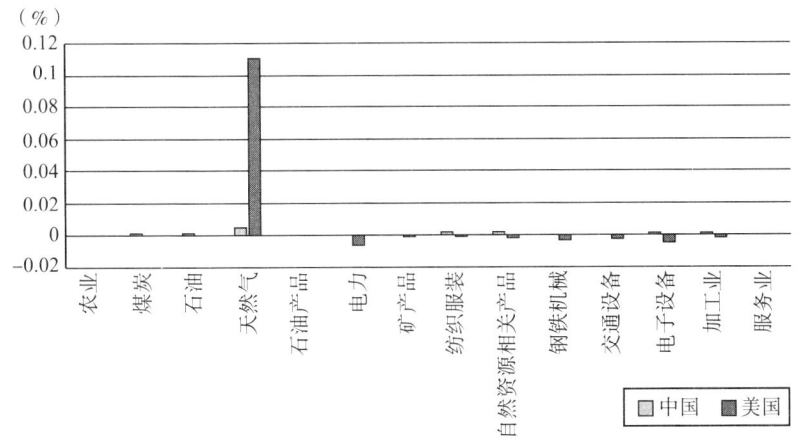

图11　在政策方案1下，对中美两国产业产出的影响（2020年）

和价格都显著提高，美国天然气部门是受益最为显著的部门。然而，由于更多的资源将用于天然气生产和贸易条件改善，美国其他产业将受到一定负面影响。

对于主要天然气出口国而言，增进美国天然气进口的方案将对其经济产生负面影响，而且影响幅度与中国市场的重要程度相关。澳大利亚和部分东盟国家是中国天然气主要出口国家。如表7所示，由于对中国天然气出口减少，澳新和东盟国家的贸易条件恶化，经济受到一定负面影响。例如，在政策方案1下，澳新的贸易条件降低0.0019%，名义GDP降低0.0025%（约55百万美元）。由于经济发展滞缓，要素价格下降，进口显著减少，贸易平衡改善。例如，澳新地区的劳动力工资和资本价格降幅达0.0023%～0.0026%，甚至矿产资源价格降低0.0011%。相对于澳新，东盟地区所受负面影响相对较小，主要是因为东盟地区天然气出口相对而言对中国市场的依赖程度较低。虽然经济依然受到负面影响，但是受负面影响的幅度相对较小。

表7 相对基准方案，不同天然气进口政策对澳新和东盟经济影响（2020年）

	政策方案1			政策方案2		
	澳新	东盟	俄罗斯	澳新	东盟	俄罗斯
名义GDP（%）	-0.0025	-0.0005	0.001	-0.0075	-0.0018	0.002
名义GDP（百万美元）	-55	-17	29	-164	-61	65
GDP平减指数（%）	-0.0024	-0.0004	0.0009	-0.0072	-0.0017	0.0019
实际总出口（%）	0.0009	0.0001	-0.0003	0.0015	0.0006	-0.0008
实际总进口（%）	-0.0053	-0.0014	-0.0019	-0.011	-0.0024	-0.0040
贸易平衡（百万美元）	19	19	12	51	42	24
贸易条件（%）	-0.0019	-0.0003	0.0005	-0.0058	-0.0013	0.0012
实际汇率（%）	-0.0024	-0.0005	0.0009	-0.0074	-0.0018	0.0019
非熟练劳动力（%）	-0.0023	-0.0004	0.0008	-0.0069	-0.0013	0.0018
熟练劳动力（%）	-0.0024	-0.0005	0.0008	-0.0072	-0.0018	0.0019
资本价格（%）	-0.0026	-0.0006	0.0007	-0.0081	-0.0019	0.0016
矿产资源（%）	-0.0011	0.0005	0.0031	-0.0076	-0.0062	0.0066

资料来源：GTAP-E模拟结果。

但是对于对中国天然气出口数量较少、其他能源产品出口较多的俄罗斯而言，政策变化反而对其经济增长带来正面影响。由于中国能源价格上涨，从而导致其他类型能源（石油等）进口增长，这将对俄罗斯经济带来积极影响。如表 7 所示，在政策方案 1 下，俄罗斯贸易条件小幅提高 0.0005%，名义 GDP 提高 0.001%（约 29 百万美元）。由于经济发展加快，俄罗斯要素价格上涨。其中，劳动力工资和资本价格分别上涨 0.0008% 和 0.0007%，矿产资源价格涨幅最为显著，增长 0.0031%。

此外，政策方案在一定程度上有助于削减中美之间贸易的不平衡。在政策方案 1 下，美国对中国的贸易逆差将减少约 810 百万美元；在政策方案 2 下，美国对中国的贸易逆差将减少 2 254 百万美元。虽然有助于降低中美之间的贸易不平衡，但是影响幅度较小。

在政策方案 2 下，采购更多的美国天然气对经济的影响与政策方案 1 在影响方向上是一致的，但是影响幅度更大，在此就不再重复进行分析。

通过上面的分析，我们可以预见到中美间的天然气贸易近景应该是增速和份额快速提高，但在一定时间内进口总量不会立即达到很大的规模。在设计政策方案时，以份额的快速提高为重点，从（假定的）2020 年不断地扩大份额。这样，既可以把对国内经济和其他国家的影响控制在较小的范围内，也可以保持能源战略在地缘上较好的平衡。

扩大从美国进口天然气，还需要双方在相关基础设施上的配合。逐年扩大从美国进口天然气的份额的建议也是考虑到双方在相关基础设施等方面还是存在需要尽快完善和解决的问题。

扩大从美国进口天然气在一定程度上可以改善中美之间贸易的不平衡，不过我们也只能把其列为谈判时解决争端的手段之一。因为中美贸易不平衡是中美经济结构长期相互作用的一个结果，不是带来问题的原因。采购更多的美国天然气应该和其他的手段配合在一起，在谈判的不同时点和适当的档口逐步推出。

本文可能存在一定局限性。在分析中，我们假设中美签订天然气贸易协定，在提高美国天然气进口份额的措施下对国际经济和贸易的影响。并未考虑中美天然气贸易增长后，美方可能在生产技术和运输设备等方面存在的改进。此外，研究仅估计了经济利益，并未考虑能源进口多样化在降低贸易风险方面的正面作用。

六、中美油气贸易合作的发展潜力

（一）中美天然气贸易合作产生的积极效应

对美国而言，"页岩气革命"使美国本土气源充足、气价低廉，但使天然气生产企业间生存竞争压力增大。扩大油气出口，不仅能够将剩余的天然气产量销往海外市场获得收益、有效化解过剩产能，还能推动 LNG 船舶制造等相关产业的发展，为美国带来数以万计的就业机会，从而带动经济复苏。近年来，美国实际上已经通过加速终端审批、给予政策支持等方式促进天然气出口，并在 2016 年 8 月首次实现了向中国出口液化天然气。而对中国来言，从美国进口天然气可以服务我国多个目标，如丰富我国天然气的进口来源，加强中美在页岩气开采技术上的合作，缩小贸易逆差，缓解中美贸易摩擦，完善定价机制，促进国内能源结构改革等。

具体来说，美国向中国出口天然气具有以下几个主要效应：（1）有助于缓解中美之间由于贸易不平衡而产生的紧张关系。（2）随着美国"页岩气革命"的出现，中美之间的能源关系正在出现实质性的变化，从过去的"竞争为主、合作为辅"转变为"合作为主、竞争为辅"。（3）可以将能源合作作为一个切入口，推动中国能源体制的改革。（4）对于中国来说，从美国进口天然气是能源供给多元化战略的一个组成部分，也是推动能源消费结构调整所需要的，除此之外，还可能给中国企业带来参与美国基础设施建设的机会。(5)从地缘政治角度,美国通过向中国出口天然气,可以牵制俄罗斯,避免中国在能源进口上过度依赖俄罗斯。

第一,美国向中国出口天然气有助于缩小中美贸易逆差,促进中美关系向更加稳定的方向发展。中美贸易规模巨大但不平衡性突出,而解决这种贸易不平衡的关键则在于增加美国到中国的出口(Baron et al., 2014)。我国是美国最大贸易伙伴国和美国对外投资的主要目的地。近年来,美国也成为我国最大的对外投资目的地,双方经贸投资合作日益紧密。但是我国对美贸易一直存在较大的顺差,这也是中美贸易摩擦产生的主要原因。对我国来说,对美出口的产业已逐渐从劳动密集型产业转移到资本密集型产业。频繁的贸易摩擦不仅不利于我国企业进行对外出口,也会使人民币汇率承受明显的压力。因此,美国解除石油出口禁令并推动美国油气能源的出口,为中国提供了缩小中美贸易顺差、缓解美中贸易摩擦的绝佳机会(邹蕴涵,2017)。

第二,随着美国"页岩气革命"的出现,中美之间的能源关系正在出现实质性的变化,从过去的"竞争为主、合作为辅"转变为"合作为主、竞争为辅"。从 2000 年到 2006 年,美国页岩气的产量年均增长率为 17%;而从 2006 年到 2010 年,产量的年平均增长率上升到了 48%。据美国能源信息署(EIA)统计,2010 年美国页岩气产量高达 4.87 万亿立方英尺(tcf),占美国天然气总产量的 23%。而到 2035 年,页岩气产量将会占美国天然气总产量的 46%。同时,数据显示,美国国内 48 州的天然气产量从 2005 年的每天不足 500 亿立方英尺增加到 2014 年的约 700 亿立方英尺,九年来增长了 40%,年复合增长率约为 4%,而且没有任何迹象表明这种增长速度会放缓。事实上,随着钻井效率和效能的不断提高,预计到 2020 年天然气产量将达到近 900 亿立方米/日,比 2014 年增长 29%(Braziel,2014)。而据 EIA 统计,2014 年美国全国的天然气消耗量只有 26 593 万亿立方英尺,这意味着页岩气资源的产量已远远超过美国国内需

求量。很明显，美国的天然气产业存在着供应过剩的问题。解决供应过剩问题最直接的方法就是将剩余的天然气进行出口，中国作为世界上最大的能源消费国，2016年进口原油3.81亿吨，进口液化天然气2 606万吨，油气进口量分别增长13.6%和32.8%，对美国而言，自然是一个十分适合出口的目标。

第三，可以将能源合作作为一个切入口，推动中国能源体制的改革。天然气是我国经济社会清洁化发展所急需的能源。天然气作为燃料，比煤炭的二氧化碳排放量少一半，对环境造成的污染也远远小于煤炭。同时，天然气燃料发电机组的可调性比煤炭机组强，这样可以与可再生能源形成良性互补。因此在空气污染严重的情况下，以气代煤能够有效地缓解国内的环境污染问题并减少温室气体排放。据《BP世界能源展望2017》预测，到2035年，中国能源结构将从以煤炭与石油为主调整为煤炭、可再生能源、水电与核能、天然气与石油相对均衡的结构，油气占比将占31%左右。所以，美国对华油气出口无疑将为中国能源结构转型提供有力的支持。

第四，对于中国来说，从美国进口天然气是能源供给多元化战略的一个组成部分，也是推动能源消费结构调整所需要的，除此之外，还可能给中国企业带来参与美国基础设施建设的机会。2016年中国天然气消费量为2 058亿立方米，产量却仅有1 368亿立方米，供需缺口达到了700亿立方米，对外依存度高达34%。全球各评估机构均认为我国的天然气消费仍将保持快速增长，并在一次能源消费结构中的比重持续提升，对外依存度也将不断提高。一直以来，我国的天然气进口来源主要集中在澳大利亚、卡塔尔、印度尼西亚、马来西亚和巴布亚新几内亚等国，从美国进口天然气可以开辟新的天然气进口航道，优化进口格局，分散航运风险。所以如果中美能够达成天然气合作，无疑有利于丰富我国的天然气进口来源（李君臣，2017），维护我国的能源安全，也有利于增加我国在价格谈判中的筹码。同时，与美国进行油气贸易合作，可以加强中美在页岩气开采技术上的合作，并使我国从单纯的买方转变成多个角色。通过项目合作，我国企业可以介入到美国的基础设施建设中，比如与美方合作开采天然气和页岩气，合作建设输气管道与 LNG 工厂等，还可以通过参股控股的形式参与天然气发电、天然气化工等项目的投资，甚至可以参与到 LNG 对外出口的相关业务中去。在技术合作方面，我国的企业可以在项目合作中学习美国相对先进的技术，也可以通过与美方合作，共同开发更适合我国地质情况的技术和设备等。这些方式无疑都在促进我国从原本纯天然气买方的角色到卖方参与者的角色的转变，从而有利于我国在未来的天然气贸易中占据主动地位。

第五，从地缘政治的角度来看，美国向中国出口天然气有利于削弱中国对俄罗斯能源供应的依赖。近几年来，俄罗斯通过其对欧洲天然气出口近乎垄断的地位，多次以断气为手段，来争取欧洲各国对其让步；在东亚，俄罗斯利用中日两国对西伯利亚能源的需求，就建立运输管道的路径问题，与中日两国多次谈判（邹蕴涵，2017）。而美国扩大天然气出口不仅可以打破石油输出国组织（OPEC）国家采取的控制生产配额条约，还可以牵制俄罗斯，大大削弱其以能源作为武器的优势，从而避免中国在能源进口上过度依赖俄罗斯。

（二）中美油气贸易合作存在一些挑战

虽然中美油气贸易合作具有相当大的潜力，但是伴随而来的也有一系列的挑战。这些挑战主要分为四个方面：国际能源地缘政治将会更加复杂，国际能源价格定价体系也将变得更加复杂，美国油气出口基础设施和运输成本存在很大问题，美国可能以能源合作为契机向我国能源体制改革施加压力等。

第一，中美油气合作将会使国际能源地缘政治更加复杂化。从地缘政治的角度来讲，石油天然气出口使美国又多了一件新的外交政策工具。它

不仅使美国成功减少了对中东能源的依赖,进一步实现美国能源独立的政策取向,还逐渐将美国带离了世界能源政治版图的核心——中东地区。相应地,美国也将减少维护中东地区稳定的资源投入,将更多注意力集中到自身的发展上。这将不仅会使中东地区的政局不稳定成为常态,也为中东未来的发展带来更多的不确定性。而相对而言,我国原油的对外依存度超过70%,天然气的对外依存度超过40%,并面临着继续走高的趋势。据统计,我国60%以上的进口原油来自局势动荡的中东和北非,其中40%来自中东地区。80%的进口原油运输需经过霍尔木兹海峡和马六甲海峡等运输要塞,这形成了制约我国能源安全的"马六甲困局"。① 这样的情况会使得我国油气进口的安全形势进一步复杂化,国内能源公司也将面临更多的海外经营风险（DiChristopher and Shaffer, 2017）。

对于能源进口国来说,IEA《世界能源展望2016》认为,美国会将油气贸易的重心明显向亚洲转移。比如,通过向全球LNG市场增加供应量来满足日本、韩国、印度等南亚和东亚这些进口依赖国家的能源需求。美国希望成为太平洋流域国家的天然气供应商的原因除了获取出口利益之外,也旨在加强其在亚洲地区政治和经济上的双重影响力（Ebinger, Massy and Avasarala, 2012）。随着能源出口的不断增加以及美国油气资源低成本的特征,美国将拥有更多制衡国际地缘政治的力量。而中国,作为亚洲地区甚至是世界上的大国之一,一直都是美国企图牵制和制衡的目标,这次的油气合作正好可以为美国提供绝佳的机会。

第二,美国的油气出口将会使国际能源价格定价体系变得更加复杂。全球液化天然气市场在美国实现能源独立以后,被非正式地分为三个市场:美国,欧洲市场和亚太市场（包括日本、韩国、中国台湾、中国和印

---

① 资料来源:中国石油新闻中心:《中国原油对外依存度近70%,天然气超过40%》, http://news.cnpc.com.cn/system/2020/05/25/001776244.shtml, 2020年;薛力:《"马六甲困境"内涵辨析与中国的应对》,载《世界经济与政治》2010年第10期。

度)。这些市场的划分使每个市场的液化天然气定价的结构存在重要的技术差异。美国的天然气市场一直都很具有竞争力,因为它的天然气价格只是单纯与亨利中心的现货价格相挂钩,避免了国际石油价格可能带来的影响。而欧洲大陆市场是由英国、西班牙、法国和意大利等欧洲液化天然气消费国主导。该市场的价格与国际油价相关联,一般出售即期或者长期的合约。近年来,英国的交易中心(National Balancing Point – NBP)已经与美国的交易中心(Henry Hub)达成了交易。亚太市场则是一个相对僵化的市场,它的市场价格很大程度上取决于跟石油价格指数挂钩的合约,它的价格一般比欧洲市场更高。同时,亚太市场并没有交易中心,所以亚太地区的消费者例如日本和韩国(正在实施与美国最近签署的自由贸易协定)目前只能以非正式的日本原油进口计价方式来进口液化天然气,定制LNG进口到东京的平均价格。由于美国已经基本实现了能源独立,许多以前用于出口到美国的LNG现在都作为现货转运到了大西洋和太平洋流域以满足欧洲和亚太市场的需求。这些流转的LNG也为其他的消费国家提供了一个较为宽松的LNG市场环境。虽然在现阶段,美国的油气出口还不会对国际价格体系产生转型的影响,但是它已经为当今的油气交易市场提供了一种新的价格体系(即以Henry Hub的现货价格为基准的价格体系)(Ebinger, Massy and Avasarala, 2012)。这说明国际油气市场的定价权将随着供应格局的调整而呈现多元化的发展趋势,影响国际油价、气价的因素将从传统的OPEC等组织逐步转变为多元供给方共同角力,传统的欧佩克—非欧佩克对垒的关系逐步转变为沙特—俄罗斯—美国为支点的大三角格局。这对国内能源公司来说,油气价格走势的判断将面临更大困难,从而对生产、经营安排提出了更大挑战。

第三,美国油气出口基础设施和运输成本也存在很大的问题。虽然美国的油气运输无须经过波斯湾等战争风险较高的地区,如果不考虑美国制裁的风险,那么美国的石油和天然气的确是亚洲市场相对最安全可靠的能

源来源之一，但是美国出口 LNG 项目主要分布在墨西哥湾沿岸，距离我国较远，运输成本也较高。距离我国较近的西海岸，油气出口基础设施还没有完全配套，一些大型的液化天然气出口的专门港口设施才刚刚获批，还在建设当中。所以相关基础设施的建设和运输成本的测算都是会直接限制中美能源合作的问题（高华，2015）。

第四，美国可能以能源合作为契机，向我国能源体制改革施加压力。近年来，中国经济发展的新形势以及民营企业涉足海外油气田投资的新迹象表明，能源领域的市场化改革在不断的深化。但是要完全打破我国能源领域现行的行政性垄断和价格管制，同时利用市场和政府的手段把能源的价格机制理顺，让价格真实反映能源资源的稀缺性和环境外部性，并以此来促进能源的节约、高效利用和清洁能源对高污染化石能源的有效替代，还有很长的一段路要走。在我国进行能源体制深化改革的过程中，如果美国以能源合作为契机施加压力，从而损害我国国家利益，那么无疑会直接限制中美能源合作。

（三）相关政策建议

针对之前提出的四个方面的挑战，以下将提出一些相应的建议。

第一，为我国能源市场深层次改革做好充分准备。目前，中美之间的能源合作只涉及表面，随着进程的加深，不可避免地要触及贸易政策改革方面。美国将可能以公平竞争为借口，向我国提出国有企业贸易垄断、政府市场定价、技术转让等方面需要进行改革的问题。我国也会向美国提出取消能源出口限制、消除能源审批导致的对国外厂商的歧视、基础设施的准入和招标、自然人流动等方面的问题。除此之外，双方都会从不同视角针对政府采购，向对方提出问题。为此，我们必须做好充分的调研和准备，积极推进能源领域的改革，以为中美能源合作奠定更坚实的基础。

第二，积极应对美国内部利益集团压力带来的不确定性。取消天然气出口审批、扩大对中国出口天然气，可能使美国国内天然气价格上升，增加企业和消费者的成本。另外，页岩气提炼技术具有较高的环境风险。这些都会引起美国一些利益集团强烈反对向中国出口天然气，使中美在能源领域的合作陷入不确定状态。

第三，加强环境合作。美国向中国出口天然气最终必然涉及环境规制问题。中美双方应拓宽合作领域，推动在能源效率、减排技术和清洁再生能源开发等方面展开合作，形成彼此认可的规制。在清洁能源技术转让方面，我们期待美国放松对华高技术出口的封锁。同时，我们也期待美国改变对中国新能源产品频繁实施"双反"调查的做法；在"双反"调查中，美国不应拒不承认中国的市场经济地位，并用新加坡等国作为成本标的认定中国产品倾销。在新能源技术和产品的贸易中，美方不应该设置不恰当的管制和壁垒。

第四，夯实中石化与阿拉斯加州的液化天然气项目，推动美国加大对西海岸油气基础设施的投资，使我国在今后的价格谈判中掌握更多的主动权。目前，美国建设完成以及即将投建的项目均位于东海岸墨西哥湾沿岸，而西海岸地区的基础设施尚不完善。我国应该通过夯实中石化与阿拉斯加州的液化天然气项目，促使美国加大对西海岸基础设施的建设和投入，以期对西海岸的油气开发产生集群效应，从而有利于我国在今后的价格谈判中掌握更多的主动权。

第五，积极推动国内能源企业与美国的国际大型能源公司进行先进技术的交流合作。通过参与海外能源市场投资、合作开发等方式，密切企业之间的合作，缩小发展差距，提高对美国市场的了解。目前中企获得准入的是能源基础设施部分，中国企业应该采取多种方式如参股控股、合作建设等参与美国天然气的上游产业，积极与美国的国际大型能源公司进行先进技术的交流合作，从而来消化、吸收并创新能源科技与技术，并获得更有价格竞争力的资源（李君臣，2017）。

第六,通过与美国进行油气能源合作,增加加拿大对参与中国能源市场竞争的急迫性,从而为我国正在进行的中加 FTA 谈判增加砝码。在美国就扩大出口天然气与中方达成协议之后,加拿大也于 2017 年 6 月打破了对华天然气零出口的局面。美国一直是加拿大能源出口的重要目的地,但是自从美国因页岩油/气的发展实现国内能源生产增长后,加拿大也开始寻求对包括中国在内亚洲市场的能源出口。与加拿大进行能源合作,不仅有利于我国维护自身能源安全,还能够为我国在中加自贸协定谈判中获得更多的主动权。

第七,从地缘政治角度,谋划我国与美国的能源合作。具体地说,能源是俄罗斯的核心利益,保持我国对俄罗斯能源的依赖是中俄关系的基础。因此,不能因为从美国进口能源而使俄罗斯感到我们在减少对其能源的需求。同样,增加我国对美国能源出口的依赖,也有助于稳定中美关系。建议在中国和平崛起阶段,我国只可制定能源自给的战略,但绝对不付诸实施,并一直保持对外部能源依赖的态势。

附表　2012~2017 年世界主要国家/地区宏观经济指标年均变化率　　单位:%

	实际 GDP	人口	非熟练劳动力	熟练劳动力	资本
中国	7.15	0.57	1.48	3.46	7.27
美国	2.86	0.80	0.64	1.30	5.34
欧盟 27 国	1.00	0.28	0.23	1.92	-0.62
日本—韩国	1.77	0.04	0.53	2.04	2.72
澳大利亚—新西兰	3.17	1.23	0.70	2.51	2.13
东盟	5.95	1.17	3.43	3.89	5.81
印度	5.72	1.20	3.61	5.10	-1.47
俄罗斯	2.48	-0.25	-0.58	-0.14	-0.37
其他国家	3.94	0.88	2.78	3.70	3.99

资料来源:根据世界银行、国际货币基金组织(IMF)、法国世界经济研究中心(CEPII)、国际劳工组织(ILO)数据整理。

参考文献

[1] 陈占明:《特朗普"新政"下的能源政策对中国有何影响?》,盘古智库,2017年1月。

[2] 高华:《美国LNG出口项目现状及前景》,载《国际石油经济》2015年第10期。

[3] 韩广忠:《中国新建LNG接收站的经营困境及其对策》,载《天然气工业》2014年第5期。

[4] 姜福杰等:《世界页岩气研究概况及中国页岩气资源潜力分析》,载《地学前缘》2012年第2期。

[5] 李君臣:《中美合作提升我国天然气产业竞争力》,中国能源网,2017年。

[6] 石油Link:《中美经济合作百日计划强化天然气贸易 国内LNG进口格局面临洗牌》,http://www.oillink.com/news/show.php?itemid=189,2017年。

[7] 王世谦:《中国页岩气勘探评价若干问题评述》,载《天然气工业》2013年第12期。

[8] 邹蕴涵:《能源格局重大调整,中美油气贸易发展迎新机遇》,载《中国证券报》2017年第5期。

[9] Adhikari, S. (2013). Modern geopolics versus post-modern geopolitics: A critical review. *Transactions*, 35 (1).

[10] Arora V., Cai Y. (2014). U. S. natural gas exports and their global impacts. *Applied Energy*, 120: 95-103.

[11] Baron R., Bernstein P., Montgomery W. D. and Tuladhar S. D., 2014. Updated Macroeconomic Impacts of LNG Exports from the United States, NERA Report Prepared for Cheniere Energy Inc.

[12] Boersma T., Ebinger C. K. and Greenley H. L. (2015). An Assessment of U. S. Natural Gas Exports. *Brookings Energy Security and Climate Initiative.*

[13] BP (2017).《BP世界能源统计年鉴》。

[14] Braziel ER (2014). Natural Gas Outlook. The American oil & gas.

[15] Congressional Budget Office (2017). Federal Support for the Development, Production, and Use of Fuels and Energy Technologies.

[16] CNOOC 中海油 (2015). Annual report. Beijing：CNOOC；2016.

[17] Deloitte Center for Energy Solutions and Deloitte MarketPoint LLC (2011). Made in America：The Economic Impact of LNG Exports from the United States. Deloitte Development LLC.，N. P.

[18] Department of Industry, Innovation and Science (2017). *Resource and Energy Quartly.*

[19] DiChristopher T., Shaffer L. (2017). Despite Trump trade deal, U.S. natural gas exports to China face obstacles. Energy：CNBC.

[20] Energy Information Administration EIA (2017). U. S. Natural Gas Production, Consumption, and Net Imports.

[21] Energy Information Administration EIA (2017). Annual Energy Outlook 2017.

[22] Energy Information Administration EIA (2016). Perspectives on the Development of LNG Market Hubs in the Asia Pacific Region.

[23] Energy Information Administration EIA (2007). *Natural Gas Monthly.*

[24] Federal Energy Regulatory Commission FERC (2017). North American LNG Import/Export Terminals Approved.

[25] He Y., Lin B. (2017). The impact of natural gas price control in China：A computable general equilibrium approach. *Energy Policy*, 107：524 –

531.

[26] Hu A., Dong Q. (2015). On natural gas pricing reform in China. *Natural Gas Industry*, B2: 374–382.

[27] Monge M., Gil-Alana LA, Pérez de Gracia F (2017). U.S. shale oil production and WTI prices behaviour. *Energy*, 141: 12–19.

[28] Navigant Consulting (2012). Jordan Cove LNG Export Project Market Analysis Study.

[29] O'Sullivan S. (2015). LNG import infrastructure: Overbuilt and underused. In: Fenby J, editor. Trusted Sources.

[30] Research and Markets (2017). China Liquefied Natural Gas (LNG) Import Report 2017–2021.

[31] Shaikh F., Ji Q., Shaikh PH, Mirjat NH, Uqaili MA (2017). Forecasting China's natural gas demand based on optimised nonlinear grey models. *Energy*, 140: 941–951.

[32] Wang Q., Chen X., Jha AN, Rogers H (2014). Natural gas from shale formation – The evolution, evidences and challenges of shale gas revolution in United States. *Renewable and Sustainable Energy Reviews*, 30: 1–28.

中美 FTA 框架下高科技问题研究

美国在反对其他国家限制自然资源出口的同时，自己却对高技术产品的出口设置重重障碍，对本国企业和外国企业采取不同的政策。对不同国家采取不同的政策有悖于世界贸易组织（WTO）贸易自由、非歧视等基本原则。长期以来，部分由于国家安全及意识形态方面的原因，部分由于恐惧中国经济实力的快速壮大，美国在军品、军民两用品以及无线、芯片、软件、安全、雷达等高科技领域均对中国采取限制出口的政策。由于双边贸易不平衡的不断扩大，放宽对华高技术产品出口管制一直是中国各界对与美国合作的重要诉求。中国政府认为，对华出口管制的存在是阻碍美国对华出口、导致中美贸易失衡的重要原因。近年来的历次中美战略与经济对话及中美商贸联合委员会（以下简称"商贸联委会"）等重要场合，美方均承诺对出口管制予以放宽，但是一直摇摆不定，近来反而有加强对华出口管制的迹象。

中美关于美国高科技产品出口限制之争主要涉及三个方面的问题，一是美国的政策对中国的歧视程度，二是这一限制的有效性，三是美国放宽对华高科技产品出口的限制对中美贸易不平衡的影响到底有多大。（1）总体上，美国高科技出口限制政策对中国更具歧视性。尽管中国从美国的进口总额远高于法国、巴西、日本，但是受限制高科技产品的产品进口额占进口总额的比重却达不到上述国家的水平。同时，虽然中国、以色列同为受到美国高技术严格出口管制同类的国家，但是实际上，中国受到的管制更为严格。2016 年，中国从美国进口总额比以色列多出大约 1 270.2 亿美元,中国从美国进口受限制高科技产品的产品总额占进口总额的比重与以色列的比重相比,少了大约 10.3%。(2) 虽然同为"瓦森纳安排"协议国家,由于管制严格程度不同,美国对华出口的高科技产品,常被日本等竞争伙伴所取代。例如,受控商品 HS 85 (电机、电气设备及其零件;录音机及放声机、电视图像、声音的录制和重放设备及其零件、附件),2016 年美国对中国的出口额约为 158 亿美元,占同类商品出口总额的比重约为 12%,而同期日本对中国的出口额为 405 亿美元,占日本同类产品出口的 28%。又如,受控产品 HS 89 (船舶及浮动结构体),2016 年美国对中国出口额为 3 100 亿美元,日本对中国的出口则为 1.87 亿美元。(3) 美国放宽高科技出口限制,对于改进中美贸易不平衡有积极作用。中国和以色列同被美国列为高技术严格出口"风险较高"的国家(第三类),但是中国受到的管制更为严格。如果美国把对中国的出口管制严厉程度降低到对以色列的水平,美国可以增加对中国出口超过 186 亿美元,增幅约 14%,美国对中国贸易逆差约可减少 6%。巴西被美国列为"低风险"国家(第二类),如果美国把对中国的出口管制严厉程度降低到对巴西的水平,美国可以增加对中国出口超过 174 亿美元,增幅约 13%,对中国的贸易逆差可减小约 5%。法国为"瓦森纳安排"协议成员国,虽然被美国列入"最可靠国家"(第一类),但是现实操作时则十分提防。如果美国将对华高科技出口的限制水平降低到法国的水平,美国可以增加对中国出口超过 357 亿美元,增幅约 26%,减小美国对中国贸易逆差约 11%。

一、美国高技术产品管制政策概况

(一) 美国高技术产品管制政策演变

随着历史的变迁,美国高科技出口服务于不同的目标重点。出于维

护国家安全的目的，美国高科技出口管制主要针对的是"冷战"时期的苏联等社会主义国家。与此同时，美国还同主要西方国家签署了多边出口管制协定。苏联解体"冷战"结束后，西方国家于1993年对出口管理体制进行了调整，1996年出口管制措施调整为针对可能庇护恐怖主义和有核武器扩散危险的国家，美国和主要西方国家签署了以防止军民两用技术落入敌对国家为目的的所谓"瓦森纳安排"。虽然参与国家就多边出口限制和产品清单达成协议，但是各国在这一协议上差别较大。美国在执行"瓦森纳安排"的力度上明显大于其他国家（Richardson，1993）。尽管美国对华技术出口限制可以有多重目标，但是最重要的是要保持在先进技术上的垄断。

美国高科技产品出口限制主要依据美国《出口管理规定》（Export Administration Regulations，EAR）进行管理。美国商务部的产业与安全局（Bureau of Industry and Security，BIS）负责实际中的执法。产业与安全局在北京、迪拜、法兰克福、香港、新德里和新加坡设有办公室，对最终用户进行核查，处理有关出口限制的事宜。

1990年，美国国会通过法案"天安门制裁案"（P. L. 101 - 246），第Ⅸ条限制对中国出口控制和侦察设备、工具及武器国际交易规定（International Traffic in Arms Regulations，ITAR）项下国防产品和服务的贸易。1999年美国国会又通过法案（P. L. 105 - 261），其中1512节要求总统在导弹或空间发射技术出口前向国会说明此类出口不会对美国的利益产生直接和间接的不利影响，不会改进中国的导弹和空间运载工具的发射水平。2009年美国总统将该项权利交给商务部长代理行使。在将中国列入1992年伊朗—伊拉克武器不扩散法案（P. L. 102 - 484）、行政命令12938号（Executive Order 12938，即后来修改的行政命令13094号、13128号和13382号，详见美国国务院网站）、2000年伊朗不扩散2000法案（P. L. 106 - 178）的基础上，2005年6月28日，时任美国总统布什签署关于制裁支持和资助扩散活动的 13382 号行政令（Executive Order 13382），对 12958 号行政令进行了修改，将中国列入制裁名单之列。按照美国法律，美国含量不超过 25% 的产品不受《出口管理规定》的规定，但是对中国出口的产品（不论 U.S. - origin 600 - series 还是 9x515 content）均需要经过政府的批准。除此之外，美国不同政府部门还负责监管特殊产品的出口，国防贸易指挥部负责 ITAR 规定下国防武器和服务弹药方面的出口。

近年来，虽然美国对中国高科技出口限制一直处在争论中，但是美国政府却在不断提高对中国的限制标准，具体见表 1。

表 1　　　　　　美国高技术产品管制政策演变主要法案及事件

年份	法案、事件名称
1990	天安门制裁案
2007	加强对华高科技产品出口限制
2009	国际关系授权法案
2010	出口限制改革草案
2011	战略贸易许可例外规定
2013	2013 财年国防授权法案

2007 年 6 月，美国商务部加强对华高科技产品的出口限制。此举的目的被解释为平衡复杂的中美贸易关系，保障美国国家安全、出口贸易商的利益和民众的就业机会、防止中国通过获得美国的高科技产品进行军事现代化计划。举措重点涉及的产品有：飞机及飞机零件、航空电子、惯性制度导航系统、激光、水底摄影机、推进器系统和个别电讯仪器等。美国商务部还特别强调，这些产品清单由美国商务部、国防部和国务院的专家共同拟订，清单上的产品具有潜在的军事用途，并非国际市场上广泛流通的商品。

2009年，美国国会通过《国际关系授权法案》初步审核，规定总统有权将卫星及相关部件从军品出口管制清单中挪出，但又特别注明不适用于对中国等"例外国家"的出口。

2010年12月，美国宣布出口限制改革草案，希望在更有效地控制和保护敏感产品和技术、维护国家安全的同时，发挥其高科技产品的优势，为重振美国经济铺路，并拟放宽对37个盟国的高技术产品出口限制，而中国不在37个国家之列。

2011年6月16日，美国商务部公布实施《战略贸易许可例外规定》，将中国排除在44个可享受贸易便利措施的国家和地区之外。

2013年1月，美国总统奥巴马签署了《2013财年国防授权法案》，放宽了卫星及相关物项的出口管制，但规定继续对华卫星出口进行严格管制。法案不仅规定禁止对华出口、再出口或转移，而且也不允许在中国发射。长期以来，美国在军品、军民两用品以及无线、芯片、软件、安全、雷达等高科技领域均对中国采取限制出口政策，因此，放宽对华高技术产品出口管制一直是中国各界对美国合作的重要诉求。中国政府认为，对华出口管制的存在是阻碍美国对华出口、导致中美贸易失衡的重要原因。近年来的历次中美战略与经济对话及中美商贸联委会等重要场合，美方均承诺对出口管制予以放宽，但践行起来却不尽如人意，反而有加强对华出口管制的迹象。

美国限制对华高科技产品出口涉及多方面的问题。首先，这一做法与WTO基本精神相悖。美国在反对其他国家限制自然资源出口的同时，自己却对高技术产品的出口设置重重障碍，对本国企业和外国企业采取不同的政策，对不同国家采取不同的政策，这一政策有悖于WTO贸易自由、非歧视等基本原则。其次，美国在执行"瓦森纳安排"上明显严于其他国家。然而，"瓦森纳安排"是一个多国的安排机制，当一个国家拒绝向一个高风险目标国家出口时，其他国家就有利用此次机会扩大自己出口的动力，因此这一安排在高科技产品存在可替代的情况下，是难以持久的，这一政策的有效性值得探讨。最后，美国的对华贸易逆差一直是美方密切关注的问题，美国官员通常认为，受管制的高新技术贸易在中美贸易额中只占有很小的比例，即便美国放松对华出口管制，也扭转不了美国对中国的贸易逆差，然而美国放宽对华高科技产品出口的限制对中美贸易不平衡的影响大小值得进一步研究。

（二）美国对华高科技产品限制种类

表2为美国商务部网站列明的对华高技术产品限制清单。美国限制对华出口的商品对应中国的海关进出口商品目录，集中在HS二位商品编码84（核反应堆、锅炉、机器、机械器具、机器零件）、85（电机、电气设备及其零件；录音机及放声机、电视图像、声音的录制和重放设备及其零件、附件）、88（航空器、航天器零件）、89（船舶及浮动结构体）、90（光学、照相、电影、计量、检验、医疗或外科用仪器及设备、精密仪器及设备）、93（武器、弹药及其零件、附件）这几大类。

表2　　　　　　美国对华高科技产品限制涉及十种大类

类别	类别描述	
Category 0	Nuclear Materials Facilities & Equipment and Miscellaneous Items	核材料装置及设备
Category 1	Materials Chemicals Microorganisms and Toxins	材料、化学品、微生物及毒素
Category 2	Materials Processing	材料加工
Category 3	Electronics Design Development and Production	电子设计研发与生产
Category 4	Computers	计算机
Category 5	Part 1 – Telecommunications	远程通信
	Part 2 – Information Security	信息安全
Category 6	Sensors and Lasers	传感器及激光

续表

类别	类别描述	
Category 7	Navigation and Avionics	航海及航空
Category 8	Marine	水下设备
Category 9	Propulsion Systems Space Vehicles and Related Equipment	空间推进器及相关设备

资料来源：美国商务部网站，http://www.bis.doc.gov/index.php/regulations/export-administration-regulations-ear。

二、美国对中国出口受限制高科技产品的比较分析

（一）中美双边贸易飞速发展，中国从美国进口额稳步增长

中美双边贸易额一直以来持续快速增长。中国从美国进口额稳步增长，中国从美国进口额占中国进口额的比重不断增加，近十年来，稳居美国三大进口国之列。截至2016年末，中国从美国进口额达到1 156亿美元，具体见图1。

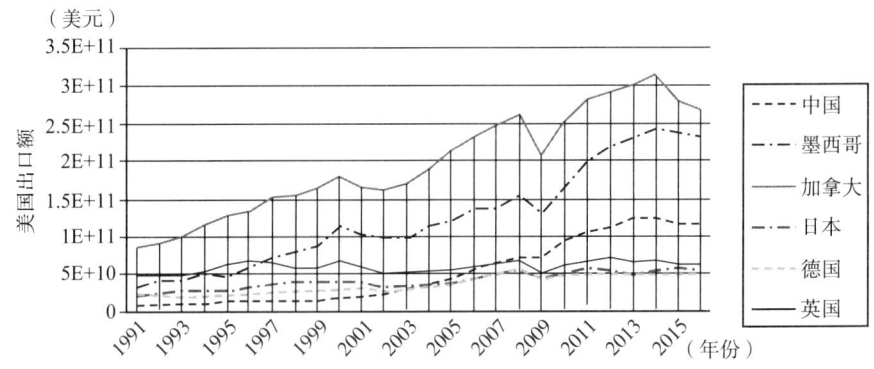

图1　1991~2016年美国对主要出口国家的出口总额

（二）中美双边贸易长期存在顺差，结构性失衡明显

总量上，中国对美国商品贸易存在长期的贸易顺差。根据美国商务部

公布的贸易统计数据（通关）显示，2016 年美国在商品贸易中对中国的贸易逆差为 3 470 亿美元，占整体商品贸易逆差 7 343 亿美元的 47%。

结构上，中国对美国出口商品种类众多且总体技术含量较低，而美国对中国出口产品种类只集中在少数大宗商品及高技术含量产品，由此造成中美贸易的结构性失衡。截至 2016 年末，中国对美国的出口额约为 4 630 亿美元，涉及服装、手机、电脑产品、家电、渔业、珠宝、电信设备、玩具、游戏等类产品；而美国对中国出口的 40% 来自中国游客赴美旅行、大豆、飞机及汽车等行业。

（三）美国对中国出口高技术产品的出口限制呈现更加严格的趋势

对于受控商品 84（核反应堆、锅炉、机器、机械器具、机器零件），美国对中国出口该类受限产品总额占美国对中国出口总额的比重与美国对世界出口该类受限产品总额占美国对世界出口总额的比重大致相同，并于 1999 年后出现逐渐下降趋势。1999 年美国对中国的出口总额约为 194.87 亿美元，其中美国对中国出口的上述受管控的商品（HS 84）总额为 44.57 亿美元，占美国对中国出口总额的 22.87%，而 2016 年则为 10.75%，该比重下降明显，且受限制高技术产品对中国出口额自 2010 年以来并无明显涨幅，此外，该比重自 2003 年起低于世界平均水平。虽然美国对世界出口该类受限产品总额占美国对世界出口总额的比重也存在下降的情况，但下降幅度小于对中国比重的下降幅度。

（四）美国对华出口的高科技产品，常被日本等竞争伙伴所取代

对于受控商品 84（核反应堆、锅炉、机器、机械器具及其零件），美国该类受限产品出口总额对中国的出口额及该类受限产品出口总额占美国对中国出口总额的比重较低，且呈现下降趋势，而日本和德国则成为中国

该类产品的主要贸易国，不仅出口额大于美国，而且两国对中国出口该类受限产品总额占两国对中国出口总额的比重均高于美国，德国的比重最高，甚至高于其对世界平均水平。此外，即使日本和德国的该比重也下降明显，两国该比重也高于美国对中国出口该类受限产品出口总额占美国对中国出口总额的比重。同时，美国对中国部分受限制高技术产品出口额与其对世界该部分产品出口额差额较大；美国出口同类产品到日本或者德国，都在总额上多于中国。进一步说明，日本和德国对该类产品出口政策比美国宽松，美国高技术产品出口管制减少了美国对中国该类产品的出口额。

对于受控商品 85（电机、电气设备及其零件；录音机及放声机、电视图像、声音的录制和重放设备及其零件、附件），将美国、日本及德国对中国及世界部分受限制高科技产品出口进行分析后发现，美国在受限制的高科技产品方面对中国的出口额及出口额占美国对中国出口总额比重较低，而日本则成为中国该产品领域的主要贸易国，不仅出口额大于美国，而且日本和德国两国对中国出口该类受限产品总额占对中国出口总额的比重均高于美国。美国对中国部分受限制高技术产品出口额与其对世界该部分产品出口额差额较大；同时美国出口同类产品到日本的总额多于出口到中国的总额。进一步说明，日本对该类产品的出口政策比美国宽松。

对于受控商品 90（光学、照相、电影、计量、检验、医疗或外科用仪器及设备、精密仪器及设备），美国对中国的出口额与其对世界该部分产品出口额差额相比，还是有一些差距，同时美国出口同类产品到日本的总额略多于出口到中国的总额。

（五）航空器、船舶、武器、弹药等，依旧是西方发达国家严控出口的商品

对于受控商品 88（航空器、航天器零件）、89（船舶及浮动结构体）和 93（武器、弹药及其零件、附件）几大类，无论美国、日本还是德国，

对中国出口的总额均不高，占出口总额的比例更低。在世界的贸易中，该类受限制高技术产品的出口额也极少。可见，这几类商品是西方发达国家严控出口的商品。

总之，中美两国的经贸联系日益紧密，中国作为美国第一大贸易伙伴、第三大进口国，贸易存在很强的依赖性。然而中美贸易长期顺差、双边贸易结构性失衡的问题对未来中美贸易的发展将带来挑战。当前，美国对中国出口产品的种类只集中在少数大宗商品及高技术含量产品，近年来，美国对中国出口高技术产品的出口限制呈现更加严格的趋势，与此同时，航空器、船舶、武器、弹药等依旧是西方发达国家严控出口的商品。但虽然同为"瓦森纳安排"协议国家，由于管制严格程度不同，部分发达国家对中国的出口政策比美国宽松，美国对华出口的高科技产品常被其竞争伙伴所取代。美国对"瓦森纳安排"的执行情况如何，对中国的歧视程度如何，值得进一步探讨。

三、美国高科技出口限制政策对中国的歧视程度

（一）"瓦森纳安排"下不同国家的分类

"瓦森纳安排"对不同国家进行了分类：第一类是最可靠的国家；第二类属于低风险国家；第三类属于风险较高的国家，被视为对出口国的安全构成了威胁；第四类是高风险国家，对这些国家的大部分产品禁止出口。从附表25中可知，1994~1995年我国被分在二类国家的行列（低风险），但是1996年之后被列入三类国家（较高风险）。

（二）美国高科技出口限制政策对各个国家区别对待，对中国更具歧视性

美国在执行"瓦森纳安排"的力度上明显大于其他国家（Richardson，

1993)。附表 26 反映了中国与他国（法国、巴西、印度、日本、巴基斯坦、英国、以色列）从美国进口受限制高科技产品总额的差额（用中国数据减去他国数据求出）。根据附表 26 的结果，2010~2016 年，中国从美国的进口总额比法国、巴西、日本、以色列普遍多出将近上千亿美元，以 2016 年为例，中国从美国的进口总额比法国多出大约 1 025 亿美元，比巴西多出大约 1 050.1 亿美元，比日本多出大约 718.9 亿美元，比以色列多出大约 1 270.2 亿美元。同时 2010~2016 年，对比各国从美国进口受限制高科技产品的总额占进口总额的比重，中国的比重小于法国、巴西、日本和以色列。以 2016 年为例，中国的比重比法国少约 18.4%，比巴西少约 3%，比日本少约 1.4%，比以色列少约 10.3%。

由此可见，尽管总体上中国与美国经贸联系更加密切，进口总额也远远高于法国、巴西、日本和以色列，但是进口受限制高科技产品的总额占进口总额的比重却达不到这些国家的水平，因此美国在高技术产品的出口问题上对各个国家区别对待。在这几个国家中，法国为"瓦森纳安排"协议成员国，被美国列入"最可靠国家"（第一类）；巴西被美国列为"低风险国家"（第二类）；中国和以色列同被美国列为高技术严格出口"风险较高的国家"（第三类），与这几个国家相比，中国受到的管制更为严格。图 2 和图 3 对比了中国和以色列近 20 年的情况，可以发现，中国和以色列在与美国进口关系中的差距日益增大，但是双方在比重上的差额却基本徘徊在 0 以下，即中国从美国进口受限高科技产品与进口总额比重近 20 年来基本位于以色列比重之下。可见，在出口高科技产品限制上，即使中国与以色列属于同一分组，但差异依旧存在，中国受到的限制比以色列更加严格，美国对中国的政策更具歧视性。

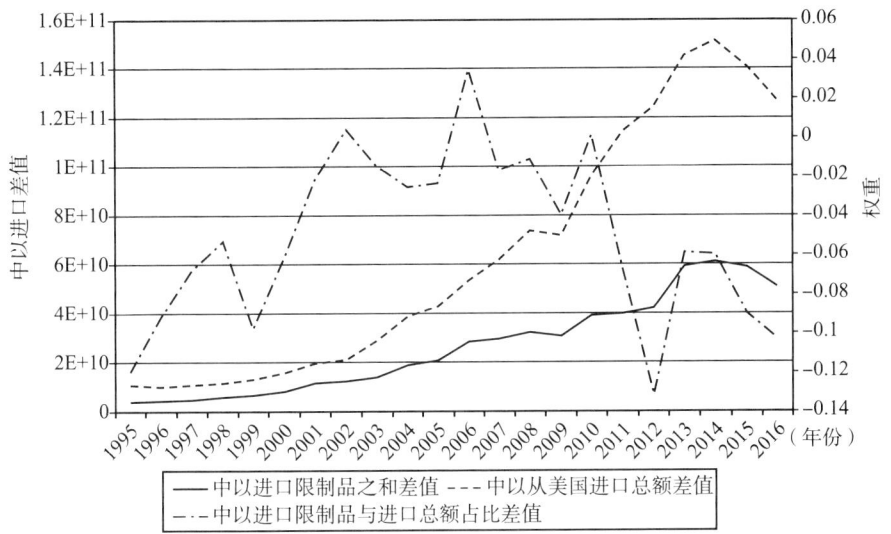

图2 中国与以色列从美国进口受限制高科技产品总额、进口总额及进口受限高科技产品与进口总额占比的差额

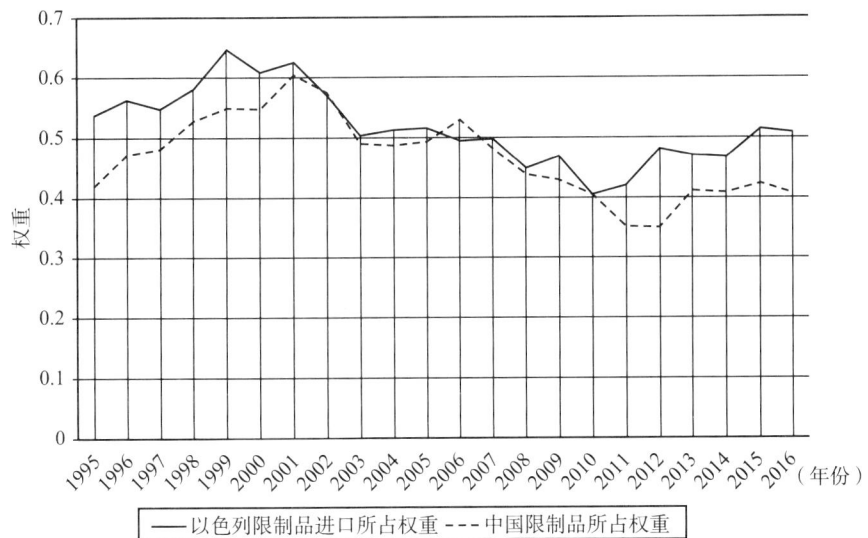

图3 中国与以色列从美国进口受限高科技产品与进口总额占比

四、美国放宽高科技出口限制对中美贸易的影响分析

根据目前世界的发展形势,中国作为最大的发展中国家,正处于经济的快速上升期,对高科技产品的需求巨大,尽管美国官员认为即便美国放松对华出口管制,也扭转不了美国对中国的贸易逆差,但是美国放宽高科技出口限制后,将会对中美贸易造成怎样的影响需要用数据作支撑。

清华—卡内基全球政策中心曾测算美国对华出口的政治壁垒。根据他们的算法,美国政府把出口产品分成137类物项,其中一些具有较高的军事价值。美国出口管制的目的在于不允许对手从其出口物项中获取军事价值、用于增强对手国的军事能力。美国越是忌惮一个国家,对这个国家的出口管制会越严厉,其出口管制系统相应会拦截更多的高军事价值物项,对该国总出口中所包含的高军事价值物项的权重也越低。出口管制的松紧程度不仅影响美国对一个国家的出口总额,还会影响对这个国家出口物项的组成比例。因此,可以从美国对一个国家出口物项的组成比例,推测美国出口管制阻拦了多少高军事价值物项的出口机会。

本处方法参考了清华—卡内基全球政策中心的方法,将美国出口的137类物项分成两组:第一组包含美国限制出口的高科技产品物项;第二组为其他物项。设其他物项的出口额为 L,总出口额为 E,那么,其他物项的出口权重 W 的定义如下:

$$W = L/E$$

根据上式,美国向一个国家的出口总额为:

$$E = L/W$$

当美国调整对一个国家的出口管制时,上述三个指标会有所变化。在这个变化中,美国的出口总额与其他物项的出口额呈正比,与其他物项的出口权重呈反比。美国对一个国家出口总额的变化关系式为：

$$E2 = L2W1/L1W2 \times E1$$

由于其他物项的出口受到美国出口管制的影响比较小，得到：

$$E2 = W1/W2 \times E1$$

上式中，其他物项的权重 W 代表了出口管制的严厉程度，这个比例越高，表明更少的高科技产品物项被美国允许出口，出口管制越严厉。通过美国对其他国家出口其他物项的权重 W，推测美国对这些国家出口管制的严厉程度。假设美国将其对中国的出口管制程度降低到对其他国家的程度，根据上式估算美国对中国的潜在出口能力有多大。

（一）依据 2010~2016 年数据估算美国对中国的出口能力（具体见表 3）

本文将 2010~2016 年美国向各国出口的物项价值进行归并，求出在这段时间其他物项（即不包含美国限制出口高科技产品物项）的平均权重 W，并计算出相应的指标。

表 3　　依据 2010~2016 年数据估算美国对中国的出口能力

国家	2010~2016 年非限制品权重均值	2010~2016 年预计进口	2010~2016 年预计增加进口额	2010~2016 年预计增加进口比例	2010~2016 年预计减少逆差比例
法国	0.48	172 458 146 474.40	35 758 575 045.83	0.26	0.11
英国	0.61	136 364 799 582.27	-334 771 846.30	0.00	0.00
日本	0.60	137 048 668 462.30	349 097 033.73	0.00	0.00
巴西	0.54	154 131 286 411.96	17 431 714 983.39	0.13	0.05
印度	0.69	120 915 171 357.00	-15 784 400 071.57	-0.12	-0.05
巴基斯坦	0.61	135 909 933 430.342	-789 637 998.2	-0.01	-0.002
以色列	0.53	155 385 202 822.477	18 685 631 394	0.14	0.06
缅甸	0.57	146 675 852 553.916	9 976 281 125	0.07	0.03

以法国、英国、日本为例：这三个国家既是《瓦森纳协定》成员国，被美国列入"最可靠国家"（第一类），同时也是老牌发达国家。根据结果可以看出，如果美国把对中国的出口管制严厉程度降低到对法国的水平，美国可以增加对中国出口超过 357 亿美元，增加比例达到约 26%，减小美国对中国贸易逆差约 11%。

以印度、巴西为例：这两个国家同是"金砖国家"，其中印度是《瓦森纳协定》成员国，巴西被美国列为"低风险国家"（第二类）。根据结果可以看出，如果美国把对中国的出口管制严厉程度降低到对巴西的水平，美国可以增加对中国出口超过 174 亿美元，增加比例达到约 13%，减小美国对中国贸易逆差约 5%。

以巴基斯坦、以色列、缅甸为例：巴基斯坦、以色列是被美国列为高技术严格出口"风险较高的国家"（第三类），缅甸也曾受到"瓦森纳安排"的限制。根据结果可以看出，如果美国把对中国的出口管制严厉程度降低到对以色列的水平，美国可以增加对中国出口超过 186 亿美元，增加比例达到约 14%，减小美国对中国贸易逆差约 6%；如果美国把对中国的出口管制严厉程度降低到对缅甸的水平，美国可以增加对中国出口超过 99 亿美元，增加比例达到约 7%，减小美国对中国贸易逆差约 3%。

（二）美国放宽高科技出口限制，对于改进中美贸易不平衡有积极作用

通过上文的分析可以得出，美国存在着高耸的出口政治壁垒，这妨碍了美国对中国的出口。如果美国降低对中国的出口政治壁垒，使其达到对法国、巴西的水平，能明显扩大美国对中国的出口。虽然中国、以色列同为受到美国高技术严格出口管制的国家，但是相比之下，如果美国降低对中国的出口政治壁垒，使其达到对以色列的水平，依旧能够扩大美国对中国的出口、较为有效地缩小中美贸易不平衡。

此外，需要说明的是，本文研究方法与清华—卡内基全球政策中心研究方法的不同之处在于：清华—卡内基全球政策中心按照军事价值进行分类，计算结果按照 2004~2009 年的水平。结论是：如果美国把对中国的出口管制严厉程度降低到对法国的水平，美国可以增加对中国出口 595 亿美元，增加比例达到 108%，减小美国对中国贸易逆差 26%；如果美国把对中国的出口管制严厉程度降低到对巴西的水平，美国可以增加对中国出口 362 亿美元，增加比例达到 65%，减小美国对中国贸易逆差 16%；如果美国把对中国的出口管制严厉程度降低到对印度的水平，美国可以增加对中国出口 283 亿美元，增加比例达到 51%，减小美国对中国贸易逆差 13%。虽然清华—卡内基全球政策中心在数字上大于本文的结果，但两者结果都表明，如果美国降低其对中国出口管制的严厉程度，达到与法国、巴西相当的水平，将会明显增加美国对中国的出口、减小美国对中国的贸易逆差。同时，本文考虑到国家的经济发展水平与国际政治关系，选取并计算了更多的国家，参照国更为全面。

五、美国高科技出口管制对中美贸易的不平衡的建议

（一）抑制逆全球化倾向，推动经济全球化的发展

从历史上看，尽管经济周期不景气往往会催生逆全球化倾向，但经济全球化下的贸易与投资自由化始终是主旋律。中美两国分别作为全球最具影响力的发展中经济体和发达经济体，得益于经济全球化及中美双边经贸联系的深化，基于各自要素禀赋，中美两国都从经济全球化中分享了重要利益。虽然经济全球化也会带来新问题，但不应对其全部否定，如果通过大规模保护政策强行扭曲市场经济的要素分配，不但会造成两败俱伤的后果，同时会对全球经济复苏带来巨大冲击。中美两国应共同抑制逆全球化

倾向，推动经济全球化的发展。目前，中国正在实施自贸试验区扩围，加快"一带一路"建设，并积极推动亚太地区自由贸易协定（Free Trade Area of the Asia - Pacific，FTAAP）和区域全面经济伙伴关系（Regional Comprehensive Economic Partnership，RCEP）的建设。中美两国构建适应全球经济竞合格局的国际经济新秩序，符合双方共同利益。

（二）美国应适当放松高科技出口管制、优化中美贸易结构

美国在其竞争优势明显的高技术产品上实施的出口限制政策使其在世界贸易中处于较为不利的地位，同时美国高技术产品出口管制政策更具歧视性，最终将影响美国对中国贸易逆差的改善。中国作为最大的发展中国家和美国第一大贸易伙伴，正处于经济的快速上升期，对于高科技产品的需求量巨大，如果美国基于自身要素禀赋，适当降低对中国的出口政治壁垒，使其达到对法国、巴西、以色列的水平，能够扩大美国对中国的出口，促进中美贸易均衡。

（三）进一步深化中美经贸合作，建立长效沟通机制

中美两国的经贸联系日益紧密，贸易依赖性显著增强，中美两国已然建立起稳定牢固的经贸联系，给中美双方的消费者、生产者都带来了巨大的利益。中美两国已形成"你中有我，我中有你"的利益交融格局。相关研究显示，2015年美中双边贸易和双向投资为美国创造了约260万个就业岗位，为美国经济增长贡献了2 160亿美元，相当于美国国内生产总值的1.2%。中国商品出口到美国，使美国物价水平降低了1~1.5个百分点，并为美国家庭节约了开支。① 中美双方应启动全面经济对话机制，并积极

---

① 美中贸易委员会（USCBC）、牛津经济研究院（Oxford Economics）. Understanding the US - China Trade Relationship，https：//www.uschina.org/reports/understanding - us - china - trade - relationship，2017年。

着手双边经贸的磋商工作，深化合作，促进中美经贸发展更进一步。

（四）深化中美在高科技领域的合作、提供政策支持

在经济全球化深入发展的大背景下，创新资源在世界范围内加快流动，各国经济科技联系更加紧密，任何一个国家都不可能孤立依靠自己的力量解决所有创新难题。中国的自主创新，绝不是关起门来搞创新。中美应深化国际交流合作，中国企业与美国企业之间正常的技术交流合作以及正常合理的高技术产品贸易，都应该得到双方的鼓励和保护。中国应为中美此类高科技合作提供更多优惠政策。

（五）强化中国的知识产权保护

习近平主席在博鳌亚洲论坛重申强化知识产权保护的必要性和迫切性，提出通过机构改革使这一举措落地生根。中国建立完善且有效的知识产权保护机制，将为企业从事原创性的研发工作提供一个良好的环境，也将为中美之间高科技合作提供有效的保障。加入WTO以来，中国在知识产权保护方面的法律法规不断完善，在制度、法律法规和国家政策层面很好地履行了在知识产权方面的承诺。但中国知识产权保护依然存在诸多问题，后文将详细分析中美知识产权的问题。

（六）中国应坚持自主创新、掌握核心技术

一个国家经济体量大，不代表强大。中国重引进、轻消化的问题大量存在，形成了"引进—落后—再引进"的恶性循环。一味靠技术引进，难以摆脱受制于人的局面，更何况核心技术千金难买。由前文的分析可知，美国对中国出口产品种类只集中在少数大宗商品及高技术含量产品，近年来，美国对中国出口高技术产品的出口限制呈现更加严格的趋势，与此同时，航空器、船舶、武器、弹药等，依旧是严控出口的商品。因此，关乎

国计民生、国家安全、国家战略的核心技术，中国应当坚持自主创新，将核心技术掌握在自己手中，在相关领域培养和吸引人才，继续从国家层面积极推动这些核心产品及技术的研发。

附表1 美国出口受限制高科技产品（HS 84）对中国和世界出口额占比

年份	中国			世界		
	美国对中国受限制高科技产品出口额（亿美元）	美国对中国出口总额（亿美元）	占比（%）	美国对世界受限制高科技产品出口额（亿美元）	美国对世界出口总额（亿美元）	占比（%）
1992	14.69	89.01	16.51	844.33	4 473.30	18.87
1993	25.61	106.87	23.96	885.02	4 647.57	19.04
1994	29.67	138.94	21.35	989.71	5 123.37	19.32
1995	32.25	161.18	20.01	1 129.50	5 829.65	19.38
1996	37.55	161.55	23.25	1 227.34	6 227.84	19.71
1997	33.03	163.02	20.26	1 407.00	6 875.33	20.46
1998	36.15	168.83	21.41	1 361.18	6 804.35	20.00
1999	44.57	194.87	22.87	1 373.21	6 927.84	19.82
2000	45.09	223.75	20.15	1 589.19	7 803.32	20.37
2001	54.25	262.17	20.69	1 450.87	7 310.06	19.85
2002	55.28	272.61	20.28	1 302.07	6 932.22	18.78
2003	60.56	339.44	17.84	1 307.63	7 236.09	18.07
2004	79.30	447.48	17.72	1 490.68	8 179.06	18.23
2005	83.30	487.41	17.09	1 664.23	9 043.39	18.40
2006	97.05	593.14	16.36	1 820.34	10 370.29	17.55
2007	108.88	695.48	15.66	1 984.60	11 625.38	17.07
2008	120.59	815.86	14.78	2 123.60	12 998.99	16.34
2009	103.62	777.55	13.33	1 531.67	10 567.12	14.49
2010	135.96	1 030.00	13.20	1 829.03	12 780.99	14.31
2011	155.80	1 230.00	12.67	2 058.26	14 816.82	13.89
2012	147.14	1 340.00	10.98	2 151.80	15 449.32	13.93
2013	155.31	1 530.00	10.15	2 134.82	15 775.87	13.53
2014	167.77	1 600.00	10.49	2 197.66	16 197.43	13.57
2015	158.96	1 490.00	10.67	2 061.00	15 018.46	13.72
2016	145.08	1 350.00	10.75	1 906.34	14 504.57	13.14

资料来源：UN Comtrade。

附表2　日本出口受限制高科技产品（HS 84）对中国和世界出口额占比

年份	中国 日本对中国受限制高科技产品出口额（亿美元）	中国 日本对中国出口总额（亿美元）	占比（%）	世界 日本对世界受限制高科技产品出口额（亿美元）	世界 日本对世界出口总额（亿美元）	占比（%）
1992	38.86	136.82	28.40	759.06	3 396.51	22.35
1993	63.69	232.89	27.35	822.59	3 609.11	22.79
1994	64.97	263.27	24.68	922.05	3 956.00	23.31
1995	79.24	290.04	27.32	1 061.52	4 429.37	23.97
1996	84.65	291.81	29.01	1 009.38	4 109.47	24.56
1997	66.26	289.95	22.85	996.24	4 210.53	23.66
1998	62.50	282.75	22.10	866.87	3 881.36	22.33
1999	68.51	337.63	20.29	883.66	4 176.10	21.16
2000	81.52	415.10	19.64	1 020.65	4 792.76	21.30
2001	89.85	427.87	21.00	834.44	4 033.44	20.69
2002	116.14	534.66	21.72	842.38	4 167.29	20.21
2003	167.75	741.48	22.62	946.71	4 720.07	20.06
2004	216.92	943.27	23.00	1 155.09	5 657.61	20.42
2005	215.63	1 004.08	21.47	1 194.93	5 949.41	20.08
2006	240.82	1 156.73	20.82	1 259.37	6 467.25	19.47
2007	259.46	1 339.51	19.37	1 393.70	7 143.27	19.51
2008	288.01	1 506.00	19.12	1 511.44	7 814.12	19.34
2009	234.75	1 309.38	17.93	1 020.14	5 807.19	17.57
2010	398.04	1 767.36	22.52	1 499.84	7 697.74	19.48
2011	457.71	1 945.68	23.52	1 712.76	8 231.84	20.81
2012	359.14	1 778.32	20.20	1 588.69	7 986.20	19.89
2013	293.70	1 622.46	18.10	1 352.11	7 150.97	18.91
2014	303.78	1 629.21	18.65	1 324.43	6 902.17	19.19
2015	263.07	1 429.03	18.41	1 176.42	6 248.74	18.83
2016	272.05	1 456.71	18.68	1 239.80	6 449.32	19.22

资料来源：UN Comtrade。

附表3 德国出口受限制高科技产品（HS 84）对中国和世界出口额占比

年份	中国			世界		
	德国对中国受限制高科技产品出口额（亿美元）	德国对中国出口总额（亿美元）	占比（%）	德国对世界受限制高科技产品出口额（亿美元）	德国对世界出口总额（亿美元）	占比（%）
1992	16.10	40.15	40.11	843.93	4 302.76	19.61
1993	27.90	60.41	46.19	735.25	3 800.75	19.34
1994	35.38	71.37	49.56	815.06	4 271.00	19.08
1995	39.98	80.38	49.74	1 008.39	5 236.97	19.26
1996	40.64	73.24	55.49	1 036.70	5 241.66	19.78
1997	28.39	61.81	45.93	996.97	5 124.40	19.46
1998	29.61	70.21	42.18	1 076.64	5 435.55	19.81
1999	35.54	83.35	42.63	1 032.59	5 428.36	19.02
2000	35.57	104.09	34.18	1 002.18	5 496.07	18.23
2001	47.78	137.72	34.69	1 058.63	5 714.27	18.53
2002	63.15	164.16	38.47	1 140.01	6 159.97	18.51
2003	91.71	242.92	37.75	1 335.26	7 485.31	17.84
2004	122.96	303.56	40.50	1 669.28	9 117.42	18.31
2005	120.79	307.23	39.32	1 855.14	9 771.32	18.99
2006	129.38	378.79	34.16	2 118.94	11 219.63	18.89
2007	153.13	453.84	33.74	2 411.45	13 288.41	18.15
2008	186.30	557.90	33.39	2 638.22	14 661.37	17.99
2009	178.69	557.64	32.04	2 048.57	11 278.40	18.16
2010	220.23	742.51	29.66	2 210.29	12 710.96	17.39
2011	284.63	927.26	30.70	2 618.00	14 822.02	17.66
2012	244.68	919.33	26.62	2 469.95	14 101.30	17.52
2013	246.18	941.57	26.15	2 521.65	14 509.51	17.38
2014	264.09	1 050.13	25.15	2 585.50	14 981.58	17.26
2015	207.84	876.23	23.72	2 240.75	13 285.49	16.87
2016	177.84	861.09	20.65	2 231.65	13 407.52	16.64

资料来源：UN Comtrade。

附表 4　　　受限制高科技产品（HS 84）出口差额对比

年份	美国对中国、世界出口受限制高科技产品的差额（美国-中国）（亿美元）	美国和日本对中国出口受限制高科技产品的差额（美国-日本）（亿美元）	美国和德国对中国出口受限制高科技产品的差额（美国-德国）（亿美元）
1992	829.64	-24.17	-1.41
1993	859.41	-38.08	-2.29
1994	960.04	-35.30	-5.71
1995	1 097.25	-46.99	-7.73
1996	1 189.78	-47.10	-3.08
1997	1 373.97	-33.23	4.64
1998	1 325.02	-26.35	6.54
1999	1 328.64	-23.94	9.04
2000	1 544.10	-36.43	9.52
2001	1 396.62	-35.60	6.47
2002	1 246.79	-60.87	-7.87
2003	1 247.07	-107.18	-31.14
2004	1 411.38	-137.62	-43.66
2005	1 580.94	-132.33	-37.50
2006	1 723.29	-143.77	-32.33
2007	1 875.72	-150.58	-44.25
2008	2 003.01	-167.43	-65.71
2009	1 428.06	-131.14	-75.07
2010	1 693.07	-262.08	-84.27
2011	1 902.46	-301.91	-128.82
2012	2 004.67	-212.01	-97.54
2013	1 979.52	-138.39	-90.87
2014	2 029.90	-136.01	-96.32
2015	1 902.04	-104.11	-48.88
2016	1 761.26	-126.97	-32.76

资料来源：UN Comtrade。

附表5 美国出口受限制高科技产品（HS 85）对中国和世界出口额占比

年份	中国 美国对中国受限制高科技产品出口额（亿美元）	中国 美国对中国出口总额（亿美元）	中国 占比（%）	世界 美国对世界受限制高科技产品出口额（亿美元）	世界 美国对世界出口总额（亿美元）	世界 占比（%）
1992	6.64	89.01	7.46	541.63	4 473.30	12.11
1993	12.98	106.87	12.15	623.68	4 647.57	13.42
1994	15.58	138.94	11.21	753.95	5 123.37	14.72
1995	19.04	161.18	11.82	918.66	5 829.65	15.76
1996	18.17	161.55	11.25	973.11	6 227.84	15.63
1997	20.76	163.02	12.74	1 109.38	6 875.33	16.14
1998	28.12	168.83	16.66	1 084.95	6 804.35	15.94
1999	35.64	194.87	18.29	1 216.01	6 927.84	17.55
2000	47.00	223.75	21.01	1 482.87	7 803.32	19.00
2001	59.63	262.17	22.75	1 225.59	7 310.06	16.77
2002	56.56	272.61	20.75	1 104.51	6 932.22	15.93
2003	54.16	339.44	15.95	1 125.93	7 236.09	15.56
2004	78.23	447.48	17.48	1 248.04	8 179.06	15.26
2005	85.10	487.41	17.46	1 294.03	9 043.39	14.31
2006	117.05	593.14	19.73	1 458.32	10 370.29	14.06
2007	123.82	695.48	17.80	1 483.50	11 625.38	12.76
2008	140.88	815.86	17.27	1 529.63	12 998.99	11.77
2009	119.81	777.55	15.41	1 248.72	10 567.12	11.82
2010	151.61	1 030.00	14.72	1 517.77	12 780.99	11.88
2011	139.22	1 230.00	11.32	1 594.69	14 816.82	10.76
2012	143.19	1 340.00	10.69	1 624.35	15 449.32	10.51
2013	228.65	1 530.00	14.94	1 658.42	15 775.87	10.51
2014	215.46	1 600.00	13.47	1 723.68	16 197.43	10.64
2015	195.26	1 490.00	13.10	1 699.56	15 018.46	11.32
2016	158.29	1 350.00	11.73	1 671.23	14 504.57	11.52

资料来源：UN Comtrade。

附表6 日本出口受限制高科技产品（HS 85）对中国和世界出口额占比

年份	中国 日本对中国受限制高科技产品出口额（亿美元）	日本对中国出口总额（亿美元）	占比（%）	世界 日本对世界受限制高科技产品出口额（亿美元）	日本对世界出口总额（亿美元）	占比（%）
1992	19.71	136.82	14.41	747.76	3 396.51	22.02
1993	43.32	232.89	18.60	811.46	3 609.11	22.48
1994	57.51	263.27	21.84	931.55	3 956.00	23.55
1995	67.88	290.04	23.40	1 085.14	4 429.37	24.50
1996	63.60	291.81	21.80	951.82	4 109.47	23.16
1997	71.32	289.95	24.60	945.99	4 210.53	22.47
1998	72.87	282.75	25.77	861.07	3 881.36	22.18
1999	96.48	337.63	28.58	971.25	4 176.10	23.26
2000	126.66	415.10	30.51	1 202.58	4 792.76	25.09
2001	130.01	427.87	30.38	903.94	4 033.44	22.41
2002	162.85	534.66	30.46	897.93	4 167.29	21.55
2003	233.13	741.48	31.44	1 042.43	4 720.07	22.08
2004	283.33	943.27	30.04	1 230.66	5 657.61	21.75
2005	298.27	1 004.08	29.71	1 222.72	5 949.41	20.55
2006	352.26	1 156.73	30.45	1 280.37	6 467.25	19.80
2007	413.62	1 339.51	30.88	1 349.91	7 143.27	18.90
2008	425.93	1 506.00	28.28	1 385.80	7 814.12	17.73
2009	367.91	1 309.38	28.10	1 073.99	5 807.19	18.49
2010	450.10	1 767.36	25.47	1 313.94	7 697.74	17.07
2011	480.52	1 945.68	24.70	1 295.39	8 231.84	15.74
2012	458.25	1 778.32	25.77	1 258.89	7 986.20	15.76
2013	406.24	1 622.46	25.04	1 082.70	7 150.97	15.14
2014	405.71	1 629.21	24.90	1 040.55	6 902.17	15.08
2015	387.14	1 429.03	27.09	956.07	6 248.74	15.30
2016	404.53	1 456.71	27.77	981.51	6 449.32	15.22

资料来源：UN Comtrade。

附表7 德国出口受限制高科技产品（HS 85）对中国和世界出口额占比

年份	中国 德国对中国受限制高科技产品出口额（亿美元）	德国对中国出口总额（亿美元）	占比（%）	世界 德国对世界受限制高科技产品出口额（亿美元）	德国对世界出口总额（亿美元）	占比（%）
1992	3.91	40.15	9.73	407.71	4 302.76	9.48
1993	5.46	60.41	9.04	375.81	3 800.75	9.89
1994	7.63	71.37	10.69	450.80	4 271.00	10.55
1995	9.77	80.38	12.16	567.99	5 236.97	10.85
1996	7.97	73.24	10.88	570.61	5 241.66	10.89
1997	8.78	61.81	14.21	569.97	5 124.40	11.12
1998	13.46	70.21	19.17	595.58	5 435.55	10.96
1999	15.16	83.35	18.19	611.87	5 428.36	11.27
2000	22.17	104.09	21.30	640.92	5 496.07	11.66
2001	26.88	137.72	19.52	668.96	5 714.27	11.71
2002	26.95	164.16	16.41	696.40	6 159.97	11.31
2003	36.59	242.92	15.06	799.53	7 485.31	10.68
2004	44.20	303.56	14.56	1 009.60	9 117.42	11.07
2005	44.40	307.23	14.45	1 103.51	9 771.32	11.29
2006	60.11	378.79	15.87	1 213.08	11 219.63	10.81
2007	74.25	453.84	16.36	1 330.20	13 288.41	10.01
2008	90.76	557.90	16.27	1 408.16	14 661.37	9.60
2009	84.30	557.64	15.12	1 123.63	11 278.40	9.96
2010	98.61	742.51	13.28	1 340.12	12 710.96	10.54
2011	113.49	927.26	12.24	1 486.22	14 822.02	10.03
2012	105.28	919.33	11.45	1 383.82	14 101.30	9.81
2013	124.49	941.57	13.22	1 429.81	14 509.51	9.85
2014	132.23	1 050.13	12.59	1 472.92	14 981.58	9.83
2015	123.89	876.23	14.14	1 314.61	13 285.49	9.90
2016	112.74	861.09	13.09	1 377.34	13 407.52	10.27

资料来源：UN Comtrade。

附表8　　　　受限制高科技产品（HS 85）出口差额对比

年份	美国对中国、世界出口受限制高科技产品的差额（美国－中国）（亿美元）	美国和日本对中国出口受限制高科技产品的差额（美国－日本）（亿美元）	美国和德国对中国出口受限制高科技产品的差额（美国－德国）（亿美元）
1992	534.99	-13.07	2.73
1993	610.70	-30.34	7.52
1994	738.37	-41.93	7.95
1995	899.62	-48.84	9.27
1996	954.93	-45.43	10.21
1997	1 088.61	-50.56	11.98
1998	1 056.83	-44.75	14.66
1999	1 180.37	-60.84	20.48
2000	1 435.87	-79.66	24.83
2001	1 165.95	-70.37	32.75
2002	1 047.95	-106.29	29.61
2003	1 071.77	-178.97	17.57
2004	1 169.81	-205.10	34.02
2005	1 208.93	-213.18	40.70
2006	1 341.27	-235.22	56.94
2007	1 359.68	-289.79	49.58
2008	1 388.75	-285.05	50.12
2009	1 128.92	-248.10	35.51
2010	1 366.16	-298.49	53.00
2011	1 455.47	-341.30	25.73
2012	1 481.16	-315.06	37.90
2013	1 429.77	-177.59	104.16
2014	1 508.23	-190.25	83.23
2015	1 504.30	-191.87	71.37
2016	1 512.94	-246.23	45.55

资料来源：UN Comtrade。

附表9 美国出口受限制高科技产品（HS 88）对中国和世界出口额占比

年份	中国 美国对中国受限制高科技产品出口额（亿美元）	中国 美国对中国出口总额（亿美元）	占比（%）	世界 美国对世界受限制高科技产品出口额（亿美元）	世界 美国对世界出口总额（亿美元）	占比（%）
1992	10.70	89.01	12.03	366.09	4 473.30	8.18
1993	13.49	106.87	12.63	318.71	4 647.57	6.86
1994	27.37	138.94	19.70	304.48	5 123.37	5.94
1995	7.99	161.18	4.96	256.31	5 829.65	4.40
1996	12.70	161.55	7.86	324.75	6 227.84	5.21
1997	16.75	163.02	10.27	406.30	6 875.33	5.91
1998	15.60	168.83	9.24	523.85	6 804.35	7.70
1999	14.64	194.87	7.51	496.29	6 927.84	7.16
2000	14.54	223.75	6.50	409.76	7 803.32	5.25
2001	20.14	262.17	7.68	447.05	7 310.06	6.12
2002	23.30	272.61	8.55	439.01	6 932.22	6.33
2003	23.12	339.44	6.81	396.30	7 236.09	5.48
2004	25.20	447.48	5.63	421.22	8 179.06	5.15
2005	33.53	487.41	6.88	498.23	9 043.39	5.51
2006	56.34	593.14	9.50	667.53	10 370.29	6.44
2007	52.58	695.48	7.56	759.52	11 625.38	6.53
2008	39.55	815.86	4.85	719.93	12 998.99	5.54
2009	53.25	777.55	6.85	829.58	10 567.12	7.85
2010	58.77	1 030.00	5.71	796.18	12 780.99	6.23
2011	54.97	1 230.00	4.47	877.57	14 816.82	5.92
2012	75.91	1 340.00	5.66	1 044.40	15 449.32	6.76
2013	135.88	1 530.00	8.88	1 148.98	15 775.87	7.28
2014	154.90	1 600.00	9.68	1 251.86	16 197.43	7.73
2015	161.47	1 490.00	10.84	1 316.28	15 018.46	8.76
2016	132.85	1 350.00	9.84	1 347.70	14 504.57	9.29

资料来源：UN Comtrade。

附表10　日本出口受限制高科技产品（HS 88）对中国和世界出口额占比

年份	中国 日本对中国受限制高科技产品出口额（亿美元）	中国 日本对中国出口总额（亿美元）	占比（%）	世界 日本对世界受限制高科技产品出口额（亿美元）	世界 日本对世界出口总额（亿美元）	占比（%）
1992	0.01	136.82	0.00	6.17	3 396.51	0.18
1993	0.01	232.89	0.01	6.02	3 609.11	0.17
1994	0.00	263.27	0.00	6.62	3 956.00	0.17
1995	0.11	290.04	0.04	6.06	4 429.37	0.14
1996	0.02	291.81	0.01	8.74	4 109.47	0.21
1997	0.01	289.95	0.00	13.63	4 210.53	0.32
1998	0.01	282.75	0.00	17.35	3 881.36	0.45
1999	0.01	337.63	0.00	18.05	4 176.10	0.43
2000	0.22	415.10	0.05	14.93	4 792.76	0.31
2001	0.03	427.87	0.01	17.29	4 033.44	0.43
2002	0.07	534.66	0.01	12.95	4 167.29	0.31
2003	0.08	741.48	0.01	14.98	4 720.07	0.32
2004	0.13	943.27	0.01	11.70	5 657.61	0.21
2005	0.10	1 004.08	0.01	14.12	5 949.41	0.24
2006	0.14	1 156.73	0.01	20.32	6 467.25	0.31
2007	0.29	1 339.51	0.02	27.05	7 143.27	0.38
2008	0.32	1 506.00	0.02	26.45	7 814.12	0.34
2009	0.16	1 309.38	0.01	25.34	5 807.19	0.44
2010	0.09	1 767.36	0.00	26.21	7 697.74	0.34
2011	0.19	1 945.68	0.01	33.91	8 231.84	0.41
2012	0.07	1 778.32	0.00	39.86	7 986.20	0.50
2013	0.06	1 622.46	0.00	43.73	7 150.97	0.61
2014	0.09	1 629.21	0.01	54.11	6 902.17	0.78
2015	0.12	1 429.03	0.01	51.70	6 248.74	0.83
2016	0.09	1 456.71	0.01	50.95	6 449.32	0.79

资料来源：UN Comtrade。

附表11　德国出口受限制高科技产品（HS 88）对中国和世界出口额占比

年份	德国对中国受限制高科技产品出口额（亿美元）	德国对中国出口总额（亿美元）	占比（%）	德国对世界受限制高科技产品出口额（亿美元）	德国对世界出口总额（亿美元）	占比（%）
1992	0.07	40.15	0.17	97.24	4 302.76	2.26
1993	0.05	60.41	0.08	73.03	3 800.75	1.92
1994	0.03	71.37	0.04	75.32	4 271.00	1.76
1995	0.04	80.38	0.05	78.63	5 236.97	1.50
1996	0.05	73.24	0.06	69.60	5 241.66	1.33
1997	0.27	61.81	0.44	91.58	5 124.40	1.79
1998	0.59	70.21	0.84	122.48	5 435.55	2.25
1999	0.56	83.35	0.67	139.62	5 428.36	2.57
2000	0.16	104.09	0.15	147.85	5 496.07	2.69
2001	2.69	137.72	1.95	171.62	5 714.27	3.00
2002	2.36	164.16	1.44	168.43	6 159.97	2.73
2003	3.67	242.92	1.51	164.30	7 485.31	2.20
2004	5.80	303.56	1.91	179.11	9 117.42	1.96
2005	11.19	307.23	3.64	193.48	9 771.32	1.98
2006	18.53	378.79	4.89	251.44	11 219.63	2.24
2007	13.56	453.84	2.99	260.06	13 288.41	1.96
2008	16.71	557.90	3.00	297.68	14 661.37	2.03
2009	24.77	557.64	4.44	324.13	11 278.40	2.87
2010	24.07	742.51	3.24	306.72	12 710.96	2.41
2011	21.94	927.26	2.37	374.11	14 822.02	2.52
2012	26.60	919.33	2.89	434.81	14 101.30	3.08
2013	29.45	941.57	3.13	438.61	14 509.51	3.02
2014	37.98	1 050.13	3.62	437.23	14 981.58	2.92
2015	27.58	876.23	3.15	439.77	13 285.49	3.31
2016	41.18	861.09	4.78	445.63	13 407.52	3.32

资料来源：UN Comtrade。

附表12　　　　受限制高科技产品（HS 88）出口差额对比

年份	美国对中国、世界出口受限制高科技产品的差额（美国-中国）（亿美元）	美国和日本对中国出口受限制高科技产品的差额（美国-日本）（亿美元）	美国和德国对中国出口受限制高科技产品的差额（美国-德国）（亿美元）
1992	355.39	10.70	10.63
1993	305.22	13.48	13.44
1994	277.11	27.36	27.34
1995	248.31	7.88	7.95
1996	312.05	12.68	12.65
1997	389.55	16.74	16.48
1998	508.25	15.59	15.01
1999	481.65	14.62	14.08
2000	395.21	14.33	14.38
2001	426.91	20.11	17.45
2002	415.71	23.23	20.94
2003	373.18	23.05	19.45
2004	396.02	25.08	19.40
2005	464.70	33.43	22.34
2006	611.20	56.20	37.81
2007	706.94	52.29	39.02
2008	680.38	39.23	22.84
2009	776.32	53.10	28.48
2010	737.41	58.68	34.70
2011	822.60	54.78	33.03
2012	968.49	75.84	49.31
2013	1 013.10	135.82	106.43
2014	1 096.97	154.81	116.91
2015	1 154.81	161.35	133.89
2016	1 214.85	132.76	91.67

资料来源：UN Comtrade。

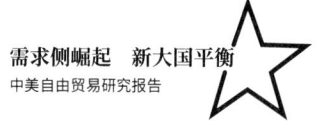

附表13 美国出口受限制高科技产品（HS 89）对中国和世界出口额占比

年份	中国 美国对中国受限制高科技产品出口额（亿美元）	中国 美国对中国出口总额（亿美元）	占比（%）	世界 美国对世界受限制高科技产品出口额（亿美元）	世界 美国对世界出口总额（亿美元）	占比（%）
1992	0.04	89.01	0.05	14.65	4 473.30	0.33
1993	0.88	106.87	0.82	9.96	4 647.57	0.21
1994	0.19	138.94	0.13	12.41	5 123.37	0.24
1995	0.31	161.18	0.19	12.44	5 829.65	0.21
1996	0.03	161.55	0.02	10.64	6 227.84	0.17
1997	0.02	163.02	0.01	14.03	6 875.33	0.20
1998	0.04	168.83	0.02	17.73	6 804.35	0.26
1999	0.05	194.87	0.02	16.72	6 927.84	0.24
2000	0.10	223.75	0.04	11.14	7 803.32	0.14
2001	0.10	262.17	0.04	18.99	7 310.06	0.26
2002	0.38	272.61	0.14	12.39	6 932.22	0.18
2003	0.26	339.44	0.08	13.35	7 236.09	0.18
2004	0.45	447.48	0.10	17.84	8 179.06	0.22
2005	0.25	487.41	0.05	19.94	9 043.39	0.22
2006	0.06	593.14	0.01	27.00	10 370.29	0.26
2007	0.20	695.48	0.03	31.60	11 625.38	0.27
2008	0.33	815.86	0.04	32.43	12 998.99	0.25
2009	0.09	777.55	0.01	20.42	10 567.12	0.19
2010	0.26	1 030.00	0.02	26.29	12 780.99	0.21
2011	0.46	1 230.00	0.04	26.03	14 816.82	0.18
2012	0.67	1 340.00	0.05	35.34	15 449.32	0.23
2013	0.63	1 530.00	0.04	26.78	15 775.87	0.17
2014	0.39	1 600.00	0.02	34.01	16 197.43	0.21
2015	0.54	1 490.00	0.04	31.33	15 018.46	0.21
2016	0.31	1 350.00	0.02	23.42	14 504.57	0.16

资料来源：UN Comtrade。

附表14 日本出口受限制高科技产品（HS 89）对中国和世界出口额占比

年份	中国			世界		
	日本对中国受限制高科技产品出口额（亿美元）	日本对中国出口总额（亿美元）	占比（%）	日本对世界受限制高科技产品出口额（亿美元）	日本对世界出口总额（亿美元）	占比（%）
1992	1.38	136.82	1.01	79.46	3 396.51	2.34
1993	2.78	232.89	1.20	101.88	3 609.11	2.82
1994	5.14	263.27	1.95	116.15	3 956.00	2.94
1995	0.70	290.04	0.24	109.32	4 429.37	2.47
1996	0.98	291.81	0.34	96.12	4 109.47	2.34
1997	0.56	289.95	0.19	98.52	4 210.53	2.34
1998	0.53	282.75	0.19	101.28	3 881.36	2.61
1999	1.08	337.63	0.32	99.46	4 176.10	2.38
2000	1.56	415.10	0.38	102.69	4 792.76	2.14
2001	1.98	427.87	0.46	84.50	4 033.44	2.10
2002	2.64	534.66	0.49	92.15	4 167.29	2.21
2003	2.99	741.48	0.40	98.08	4 720.07	2.08
2004	4.63	943.27	0.49	122.45	5 657.61	2.16
2005	2.06	1 004.08	0.20	118.02	5 949.41	1.98
2006	3.32	1 156.73	0.29	140.57	6 467.25	2.17
2007	5.73	1 339.51	0.43	155.23	7 143.27	2.17
2008	7.03	1 506.00	0.47	198.24	7 814.12	2.54
2009	10.61	1 309.38	0.81	221.91	5 807.19	3.82
2010	7.89	1 767.36	0.45	260.37	7 697.74	3.38
2011	7.65	1 945.68	0.39	260.55	8 231.84	3.17
2012	6.76	1 778.32	0.38	222.30	7 986.20	2.78
2013	5.85	1 622.46	0.36	153.84	7 150.97	2.15
2014	2.99	1 629.21	0.18	129.14	6 902.17	1.87
2015	3.23	1 429.03	0.23	114.07	6 248.74	1.83
2016	1.87	1 456.71	0.13	128.95	6 449.32	2.00

资料来源：UN Comtrade。

附表15　德国出口受限制高科技产品（HS 89）对中国和世界出口额占比

年份	中国			世界		
	德国对中国受限制高科技产品出口额（亿美元）	德国对中国出口总额（亿美元）	占比（%）	德国对世界受限制高科技产品出口额（亿美元）	德国对世界出口总额（亿美元）	占比（%）
1992	0.40	40.15	0.99	26.06	4 302.76	0.61
1993	0.64	60.41	1.06	22.81	3 800.75	0.60
1994	4.06	71.37	5.68	17.66	4 271.00	0.41
1995	3.27	80.38	4.07	25.92	5 236.97	0.49
1996	0.21	73.24	0.29	15.06	5 241.66	0.29
1997	0.10	61.81	0.16	14.20	5 124.40	0.28
1998	0.36	70.21	0.51	15.77	5 435.55	0.29
1999	0.40	83.35	0.48	24.98	5 428.36	0.46
2000	0.33	104.09	0.31	15.82	5 496.07	0.29
2001	0.13	137.72	0.09	32.64	5 714.27	0.57
2002	0.44	164.16	0.27	35.97	6 159.97	0.58
2003	0.35	242.92	0.14	29.76	7 485.31	0.40
2004	0.25	303.56	0.08	29.54	9 117.42	0.32
2005	0.30	307.23	0.10	20.35	9 771.32	0.21
2006	0.30	378.79	0.08	37.26	11 219.63	0.33
2007	0.10	453.84	0.02	49.15	13 288.41	0.37
2008	0.29	557.90	0.05	63.98	14 661.37	0.44
2009	0.50	557.64	0.09	31.41	11 278.40	0.28
2010	1.31	742.51	0.18	68.64	12 710.96	0.54
2011	0.55	927.26	0.06	42.43	14 822.02	0.29
2012	0.71	919.33	0.08	50.84	14 101.30	0.36
2013	0.64	941.57	0.07	46.42	14 509.51	0.32
2014	0.29	1 050.13	0.03	54.25	14 981.58	0.36
2015	0.51	876.23	0.06	57.50	13 285.49	0.43
2016	0.10	861.09	0.01	56.97	13 407.52	0.42

资料来源：UN Comtrade。

附表 16　　受限制高科技产品（HS 89）出口差额对比

年份	美国对中国、世界出口受限制高科技产品的差额（美国－中国）（亿美元）	美国和日本对中国出口受限制高科技产品的差额（美国－日本）（亿美元）	美国和德国对中国出口受限制高科技产品的差额（美国－德国）（亿美元）
1992	14.61	-1.34	-0.36
1993	9.08	-1.90	0.24
1994	12.22	-4.96	-3.87
1995	12.13	-0.39	-2.96
1996	10.60	-0.95	-0.18
1997	14.01	-0.54	-0.07
1998	17.69	-0.49	-0.32
1999	16.67	-1.04	-0.35
2000	11.04	-1.46	-0.23
2001	18.89	-1.88	-0.03
2002	12.01	-2.26	-0.06
2003	13.09	-2.73	-0.09
2004	17.39	-4.18	0.20
2005	19.69	-1.81	-0.05
2006	26.94	-3.27	-0.24
2007	31.41	-5.53	0.09
2008	32.09	-6.70	0.04
2009	20.33	-10.51	-0.41
2010	26.03	-7.63	-1.06
2011	25.57	-7.19	-0.09
2012	34.67	-6.09	-0.03
2013	26.14	-5.22	-0.01
2014	33.61	-2.59	0.11
2015	30.79	-2.69	0.03
2016	23.10	-1.56	0.22

资料来源：UN Comtrade。

附表 17　美国出口受限制高科技产品（HS 90）对中国和世界出口额占比

年份	中国 美国对中国受限制高科技产品出口额（亿美元）	中国 美国对中国出口总额（亿美元）	占比（%）	世界 美国对世界受限制高科技产品出口额（亿美元）	世界 美国对世界出口总额（亿美元）	占比（%）
1992	5.90	89.01	6.63	213.06	4 473.30	4.76
1993	6.52	106.87	6.10	223.76	4 647.57	4.81
1994	6.46	138.94	4.65	243.75	5 123.37	4.76
1995	7.76	161.18	4.82	274.31	5 829.65	4.71
1996	7.68	161.55	4.75	304.56	6 227.84	4.89
1997	7.76	163.02	4.76	348.47	6 875.33	5.07
1998	9.35	168.83	5.54	357.96	6 804.35	5.26
1999	12.16	194.87	6.24	380.12	6 927.84	5.49
2000	15.79	223.75	7.06	450.19	7 803.32	5.77
2001	24.32	262.17	9.28	442.24	7 310.06	6.05
2002	21.23	272.61	7.79	411.78	6 932.22	5.94
2003	28.09	339.44	8.28	440.32	7 236.09	6.09
2004	34.74	447.48	7.76	511.60	8 179.06	6.26
2005	38.14	487.41	7.82	552.65	9 043.39	6.11
2006	43.60	593.14	7.35	618.91	10 370.29	5.97
2007	48.88	695.48	7.03	662.75	11 625.38	5.70
2008	56.21	815.86	6.89	706.20	12 998.99	5.43
2009	57.01	777.55	7.33	650.76	10 567.12	6.16
2010	69.91	1 030.00	6.79	739.60	12 780.99	5.79
2011	83.27	1 230.00	6.77	793.84	14 816.82	5.36
2012	100.67	1 340.00	7.51	833.67	15 449.32	5.40
2013	109.78	1 530.00	7.18	843.53	15 775.87	5.35
2014	113.82	1 600.00	7.11	849.66	16 197.43	5.25
2015	113.16	1 490.00	7.59	834.45	15 018.46	5.56
2016	111.89	1 350.00	8.29	820.03	14 504.57	5.65

资料来源：UN Comtrade。

附表18　日本出口受限制高科技产品（HS 90）对中国和世界出口额占比

年份	中国			世界		
	日本对中国受限制高科技产品出口额（亿美元）	日本对中国出口总额（亿美元）	占比（%）	日本对世界受限制高科技产品出口额（亿美元）	日本对世界出口总额（亿美元）	占比（%）
1992	5.50	136.82	4.02	183.74	3 396.51	5.41
1993	6.96	232.89	2.99	196.89	3 609.11	5.46
1994	8.30	263.27	3.15	221.06	3 956.00	5.59
1995	11.30	290.04	3.90	259.55	4 429.37	5.86
1996	12.80	291.81	4.39	248.73	4 109.47	6.05
1997	13.69	289.95	4.72	260.32	4 210.53	6.18
1998	13.74	282.75	4.86	230.94	3 881.36	5.95
1999	16.54	337.63	4.90	269.26	4 176.10	6.45
2000	24.21	415.10	5.83	336.35	4 792.76	7.02
2001	25.21	427.87	5.89	276.97	4 033.44	6.87
2002	34.51	534.66	6.45	230.94	4 167.29	5.54
2003	59.45	741.48	8.02	275.76	4 720.07	5.84
2004	78.23	943.27	8.29	364.05	5 657.61	6.43
2005	87.02	1 004.08	8.67	359.16	5 949.41	6.04
2006	96.93	1 156.73	8.38	354.48	6 467.25	5.48
2007	105.87	1 339.51	7.90	326.32	7 143.27	4.57
2008	129.57	1 506.00	8.60	343.17	7 814.12	4.39
2009	107.42	1 309.38	8.20	286.38	5 807.19	4.93
2010	142.36	1 767.36	8.05	396.09	7 697.74	5.15
2011	162.28	1 945.68	8.34	455.65	8 231.84	5.54
2012	167.52	1 778.32	9.42	456.39	7 986.20	5.71
2013	163.05	1 622.46	10.05	401.14	7 150.97	5.61
2014	165.44	1 629.21	10.15	403.69	6 902.17	5.85
2015	144.64	1 429.03	10.12	357.42	6 248.74	5.72
2016	142.87	1 456.71	9.81	358.56	6 449.32	5.56

资料来源：UN Comtrade。

附表19 德国出口受限制高科技产品（HS 90）对中国和世界出口额占比

年份	中国			世界		
	德国对中国受限制高科技产品出口额（亿美元）	德国对中国出口总额（亿美元）	占比（%）	德国对世界受限制高科技产品出口额（亿美元）	德国对世界出口总额（亿美元）	占比（%）
1992	1.83	40.15	4.56	163.57	4 302.76	3.80
1993	2.34	60.41	3.87	147.25	3 800.75	3.87
1994	2.28	71.37	3.19	158.94	4 271.00	3.72
1995	2.72	80.38	3.39	189.95	5 236.97	3.63
1996	3.01	73.24	4.11	193.99	5 241.66	3.70
1997	2.58	61.81	4.17	188.16	5 124.40	3.67
1998	2.77	70.21	3.95	203.26	5 435.55	3.74
1999	4.14	83.35	4.97	206.64	5 428.36	3.81
2000	5.37	104.09	5.16	204.01	5 496.07	3.71
2001	8.22	137.72	5.97	224.82	5 714.27	3.93
2002	10.29	164.16	6.27	248.75	6 159.97	4.04
2003	15.12	242.92	6.23	288.64	7 485.31	3.86
2004	19.22	303.56	6.33	358.60	9 117.42	3.93
2005	20.38	307.23	6.63	407.26	9 771.32	4.17
2006	23.14	378.79	6.11	463.90	11 219.63	4.13
2007	30.14	453.84	6.64	515.83	13 288.41	3.88
2008	38.69	557.90	6.93	554.00	14 661.37	3.78
2009	37.71	557.64	6.76	491.40	11 278.40	4.36
2010	52.56	742.51	7.08	567.70	12 710.96	4.47
2011	71.84	927.26	7.75	662.67	14 822.02	4.47
2012	77.23	919.33	8.40	639.81	14 101.30	4.54
2013	80.34	941.57	8.53	672.17	14 509.51	4.63
2014	86.40	1 050.13	8.23	687.70	14 981.58	4.59
2015	77.98	876.23	8.90	623.74	13 285.49	4.69
2016	83.05	861.09	9.64	653.04	13 407.52	4.87

资料来源：UN Comtrade。

附表 20　　受限制高科技产品（HS 90）出口差额对比

年份	美国对中国、世界出口受限制高科技产品的差额（美国-中国）（亿美元）	美国和日本对中国出口受限制高科技产品的差额（美国-日本）（亿美元）	美国和德国对中国出口受限制高科技产品的差额（美国-德国）（亿美元）
1992	207.16	0.40	4.07
1993	217.24	-0.44	4.19
1994	237.28	-1.83	4.19
1995	266.55	-3.53	5.04
1996	296.88	-5.12	4.67
1997	340.71	-5.93	5.18
1998	348.61	-4.39	6.58
1999	367.96	-4.38	8.02
2000	434.41	-8.42	10.42
2001	417.92	-0.89	16.09
2002	390.54	-13.28	10.94
2003	412.23	-31.36	12.96
2004	476.86	-43.49	15.52
2005	514.52	-48.89	17.75
2006	575.31	-53.33	20.45
2007	613.87	-56.99	18.74
2008	649.99	-73.36	17.52
2009	593.75	-50.41	19.30
2010	669.69	-72.45	17.35
2011	710.57	-79.01	11.42
2012	733.00	-66.85	23.44
2013	733.75	-53.27	29.44
2014	735.84	-51.62	27.43
2015	721.29	-31.48	35.18
2016	708.14	-30.99	28.84

资料来源：UN Comtrade。

附表21 美国出口受限制高科技产品（HS 93）对中国和世界出口额占比

年份	中国 美国对中国受限制高科技产品出口额（亿美元）	中国 美国对中国出口总额（亿美元）	中国 占比（%）	世界 美国对世界受限制高科技产品出口额（亿美元）	世界 美国对世界出口总额（亿美元）	世界 占比（%）
1992	0.0002	89.01	0.0003	25.59	4 473.30	0.57
1993	0.0042	106.87	0.0040	23.92	4 647.57	0.51
1994	0.0020	138.94	0.0014	22.30	5 123.37	0.44
1995	0.0001	161.18	0.0001	26.89	5 829.65	0.46
1996	0.0031	161.55	0.0019	26.51	6 227.84	0.43
1997	0.0073	163.02	0.0045	24.31	6 875.33	0.35
1998	0.0138	168.83	0.0082	25.29	6 804.35	0.37
1999	0.0033	194.87	0.0017	21.79	6 927.84	0.31
2000	0.0003	223.75	0.0002	21.72	7 803.32	0.28
2001	0.0025	262.17	0.0010	21.68	7 310.06	0.30
2002	0.0001	272.61	0.0000	20.95	6 932.22	0.30
2003	0.0033	339.44	0.0010	17.85	7 236.09	0.25
2004	0.0036	447.48	0.0008	23.10	8 179.06	0.28
2005	0.0008	487.41	0.0002	22.61	9 043.39	0.25
2006	0.0027	593.14	0.0005	29.46	10 370.29	0.28
2007	0.0019	695.48	0.0003	32.09	11 625.38	0.28
2008	0.0019	815.86	0.0002	31.80	12 998.99	0.24
2009	0.0012	777.55	0.0002	34.34	10 567.12	0.32
2010	0.0053	1 030.00	0.0005	39.76	12 780.99	0.31
2011	0.0005	1 230.00	0.0000	39.36	14 816.82	0.27
2012	0.0020	1 340.00	0.0002	40.56	15 449.32	0.26
2013	0.0003	1 530.00	0.0000	46.35	15 775.87	0.29
2014	0.0053	1 600.00	0.0003	45.50	16 197.43	0.28
2015	0.0015	1 490.00	0.0001	50.26	15 018.46	0.33
2016	0.0101	1 350.00	0.0007	54.56	14 504.57	0.38

资料来源：UN Comtrade。

附表22 日本出口受限制高科技产品（HS 93）对中国和世界出口额占比

年份	中国 日本对中国受限制高科技产品出口额（亿美元）	中国 日本对中国出口总额（亿美元）	中国 占比（%）	世界 日本对世界受限制高科技产品出口额（亿美元）	世界 日本对世界出口总额（亿美元）	世界 占比（%）
1992	0.000121	136.82	0.000088	0.87	3 396.51	0.03
1993	0.000046	232.89	0.000020	0.91	3 609.11	0.03
1994	0.000033	263.27	0.000012	1.32	3 956.00	0.03
1995	0.000000	290.04	0.000000	0.90	4 429.37	0.02
1996	0.000000	291.81	0.000000	0.75	4 109.47	0.02
1997	0.000109	289.95	0.000037	0.58	4 210.53	0.01
1998	0.000039	282.75	0.000014	0.80	3 881.36	0.02
1999	0.000014	337.63	0.000004	1.43	4 176.10	0.03
2000	0.000093	415.10	0.000022	2.42	4 792.76	0.05
2001	0.000062	427.87	0.000015	1.19	4 033.44	0.03
2002	0.000338	534.66	0.000063	1.55	4 167.29	0.04
2003	0.000056	741.48	0.000008	0.75	4 720.07	0.02
2004	0.000091	943.27	0.000010	0.90	5 657.61	0.02
2005	0.000036	1 004.08	0.000004	0.88	5 949.41	0.01
2006	0.000000	1 156.73	0.000000	0.84	6 467.25	0.01
2007	0.000010	1 339.51	0.000001	0.92	7 143.27	0.01
2008	0.000000	1 506.00	0.000000	1.00	7 814.12	0.01
2009	0.000010	1 309.38	0.000001	2.73	5 807.19	0.05
2010	0.000006	1 767.36	0.000000	0.79	7 697.74	0.01
2011	0.000141	1 945.68	0.000007	0.87	8 231.84	0.01
2012	0.000008	1 778.32	0.000000	1.01	7 986.20	0.01
2013	0.000047	1 622.46	0.000003	2.28	7 150.97	0.03
2014	0.000000	1 629.21	0.000000	2.63	6 902.17	0.04
2015	0.000000	1 429.03	0.000000	0.95	6 248.74	0.02
2016	0.000000	1 456.71	0.000000	1.02	6 449.32	0.02

资料来源：UN Comtrade。

附表23　德国出口受限制高科技产品（HS 93）对中国和世界出口额占比

年份	中国 德国对中国受限制高科技产品出口额（亿美元）	德国对中国出口总额（亿美元）	占比（%）	世界 德国对世界受限制高科技产品出口额（亿美元）	德国对世界出口总额（亿美元）	占比（%）
1992	0.0086	40.15	0.0214	2.25	4 302.76	0.05
1993	0.0037	60.41	0.0062	2.29	3 800.75	0.06
1994	0.0008	71.37	0.0012	2.47	4 271.00	0.06
1995	0.0062	80.38	0.0077	2.72	5 236.97	0.05
1996	0.0072	73.24	0.0098	2.52	5 241.66	0.05
1997	0.0020	61.81	0.0032	2.05	5 124.40	0.04
1998	0.0032	70.21	0.0045	2.11	5 435.55	0.04
1999	0.0030	83.35	0.0036	2.13	5 428.36	0.04
2000	0.0039	104.09	0.0037	1.76	5 496.07	0.03
2001	0.0047	137.72	0.0034	1.67	5 714.27	0.03
2002	0.0094	164.16	0.0057	2.26	6 159.97	0.04
2003	0.0117	242.92	0.0048	2.53	7 485.31	0.03
2004	0.0150	303.56	0.0049	3.37	9 117.42	0.04
2005	0.0162	307.23	0.0053	3.66	9 771.32	0.04
2006	0.0080	378.79	0.0021	3.78	11 219.63	0.03
2007	0.0075	453.84	0.0017	4.58	13 288.41	0.03
2008	0.0161	557.90	0.0029	5.25	14 661.37	0.04
2009	0.0159	557.64	0.0029	5.54	11 278.40	0.05
2010	0.0113	742.51	0.0015	5.48	12 710.96	0.04
2011	0.0243	927.26	0.0026	5.57	14 822.02	0.04
2012	0.0280	919.33	0.0030	5.90	14 101.30	0.04
2013	0.0205	941.57	0.0022	6.88	14 509.51	0.05
2014	0.0153	1 050.13	0.0015	5.78	14 981.58	0.04
2015	0.0265	876.23	0.0030	5.01	13 285.49	0.04
2016	0.0275	861.09	0.0032	5.73	13 407.52	0.04

资料来源：UN Comtrade。

附表24　受限制高科技产品（HS 93）出口差额对比

年份	美国对中国、世界出口受限制高科技产品的差额（美国-中国）（亿美元）	美国和日本对中国出口受限制高科技产品的差额（美国-日本）（亿美元）	美国和德国对中国出口受限制高科技产品的差额（美国-德国）（亿美元）
1992	25.59	0.0001	-0.0084
1993	23.92	0.0042	0.0005
1994	22.30	0.0020	0.0012

续表

年份	美国对中国、世界出口受限制高科技产品的差额（美国-中国）（亿美元）	美国和日本对中国出口受限制高科技产品的差额（美国-日本）（亿美元）	美国和德国对中国出口受限制高科技产品的差额（美国-德国）（亿美元）
1995	26.89	0.0001	-0.0061
1996	26.50	0.0031	-0.0041
1997	24.30	0.0072	0.0053
1998	25.27	0.0138	0.0106
1999	21.79	0.0033	0.0003
2000	21.72	0.0003	-0.0036
2001	21.67	0.0024	-0.0022
2002	20.95	-0.0003	-0.0093
2003	17.85	0.0032	-0.0084
2004	23.10	0.0035	-0.0114
2005	22.61	0.0007	-0.0155
2006	29.46	0.0027	-0.0053
2007	32.08	0.0019	-0.0056
2008	31.80	0.0019	-0.0142
2009	34.34	0.0012	-0.0147
2010	39.76	0.0053	-0.0060
2011	39.36	0.0004	-0.0238
2012	40.55	0.0020	-0.0260
2013	46.35	0.0003	-0.0201
2014	45.50	0.0053	-0.0100
2015	50.26	0.0015	-0.0250
2016	54.55	0.0101	-0.0174

资料来源：UN Comtrade。

附表25　瓦森纳出口控制安排对进口国（地区）的分类（以高性能计算机为基础）

时间	一类	二类	三类	四类
1994~1995年	澳大利亚，比利时，加拿大，丹麦，法国，德国，希腊，意大利，日本，卢森堡，荷兰，挪威，葡萄牙，西班牙，土耳其，英国，美国	所有不包括在一类或三类的国家	阿尔巴尼亚，亚美尼亚，阿塞拜疆，白俄罗斯，保加利亚，捷克，爱沙尼亚，格鲁吉亚，匈牙利，哈萨克斯坦，吉尔吉斯斯坦，拉脱维亚，立陶宛，摩尔多瓦，波兰，罗马尼亚，俄罗斯，斯洛伐克，塔吉克斯坦，土库曼斯坦，乌克兰，乌兹别克斯坦，越南	伊朗，伊拉克，朝鲜，叙利亚，苏丹，古巴

续表

时间	一类	二类	三类	四类
1996~1999年	澳大利亚, 奥地利, 比利时, 加拿大, 丹麦, 芬兰, 法国, 德国, 希腊, 圣海, 冰岛, 爱尔兰, 意大利, 日本, 列支敦士登, 卢森堡, 墨西哥, 摩纳哥, 荷兰, 新西兰, 挪威, 葡萄牙, 圣马力诺, 瑞典, 瑞士, 土耳其, 英国	安提瓜和巴布达, 阿根廷, 巴哈马, 巴巴多斯, 孟加拉国, 贝利兹, 贝宁, 不丹, 玻利维亚, 博茨瓦纳, 巴西, 文莱, 布基纳法索, 布隆迪, 喀麦隆, 佛得角, 中非, 乍得, 智利, 哥伦比亚, 刚果, 哥斯达黎加, 科特迪瓦, 塞浦路斯, 捷克, 多米尼加共和国, 厄瓜多尔, 圣萨尔瓦多, 赤道几内亚, 厄立特里亚, 斐济, 加蓬, 冈比亚, 加纳, 格林纳德, 危地马拉, 几内亚, 几内亚比绍, 圭亚那, 海地, 洪都拉斯, 中国香港, 匈牙利, 印度尼西亚, 牙买加, 肯尼亚, 基里巴斯, 韩国, 莱索托, 利比里亚, 马达加斯加, 马拉维, 马来西亚, 马尔代夫, 马里, 马耳他, 毛里求斯, 密克罗尼西亚, 莫桑比克, 纳米比亚, 纳鲁, 尼泊尔, 尼加拉瓜, 尼日尔, 尼日利亚, 巴布亚新几内亚, 秘鲁, 巴拉圭, 菲律宾, 波兰, 卢旺达, 基茨和尼维斯, 圣卢西亚, 圣文森特和格林纳丁斯, 圣多美和普林西比, 塞内加尔, 萨拉利昂, 塞内加尔, 塞舌尔, 新加坡, 斯洛伐克, 斯洛维尼亚, 所罗门群岛, 索马里, 南非, 斯里兰卡, 苏里兰, 斯威士兰, 中国台湾, 坦桑尼亚, 多哥, 泰国, 特立尼达和多巴哥, 图卢娃图, 乌干达, 乌拉圭, 西撒哈拉, 扎伊尔, 赞比亚, 津巴布韦	阿富汗, 阿尔巴尼亚, 阿尔及利亚, 安道尔, 亚美尼亚, 阿塞拜疆, 巴林, 白俄罗斯, 黑山, 保加利亚, 柬埔寨, 中国, 喀麦隆, 克罗地亚, 吉布提, 埃及, 爱沙尼亚, 格鲁吉亚, 印度, 以色列, 约旦, 哈萨克斯坦, 科威特, 吉尔吉斯斯坦, 老挝, 拉脱维亚, 黎巴嫩, 立陶宛, 马其顿, 毛利坦尼亚, 摩尔多瓦, 蒙古国, 摩洛哥, 阿曼, 巴基斯坦, 卡塔尔, 罗马尼亚, 俄罗斯, 沙特, 塞尔维亚及黑山, 塔吉克斯坦, 突尼斯, 土库曼斯坦, 乌克兰, 阿联酋, 乌兹别克斯坦, 瓦鲁阿图, 越南, 也门	古巴, 伊朗, 伊拉克, 利比亚, 朝鲜, 苏丹, 叙利亚

续表

时间	一类	二类	三类	四类
2000年	（增加）阿根廷，巴西，捷克，匈牙利，波兰	（减去）阿根廷，巴西，捷克，波兰，中国澳门；（增加）爱沙尼亚，罗马尼亚	（减去）爱沙尼亚，罗马尼亚，（增加）中国澳门	同上
2001年	一类和二类合并（增加）立陶宛	（减去）阿根廷，巴西，捷克，匈牙利，波兰，中国澳门；（增加）爱沙尼亚，罗马尼亚	（减去）爱沙尼亚，罗马尼亚；（加上）中国澳门	同上
2002～2004年	（增加）拉脱维亚		（减去）拉脱维亚	同上

注：附表中对国家的分类以高性能计算机出口为基础，生物、化学剂相关设备和软件在管制中并不严格按照以上分类，但是附表中对进口国的分类与其他产品的政策基本相符。

附表26　　中国与他国（中国数字减去他国数字）从美国进口受限制高科技产品总额的差额　　单位：亿美元

国家	年份	进口84产品总额的差值	进口85产品总额的差值	进口88产品总额的差值	进口89产品总额的差值	进口90产品总额的差值	进口93产品总额的差值	各国进口限制品之和的差值	各国从美国进口总额差值	进口限制品与进口总额占比差值
法国	2010	108.8	131.7	-13.5	-0.7	46.3	-0.7	271.9	750.1	-0.116
	2011	127.7	117.9	-18.0	-0.2	59.9	-0.4	287.0	942.6	-0.156
	2012	119.2	122.7	-8.1	0.1	78.5	-0.8	311.7	1 018.4	-0.139
	2013	128.3	207.7	44.0	-0.1	87.3	-1.0	466.1	1 195.3	-0.074
	2014	139.7	194.5	68.3	-0.4	93.1	-0.5	494.7	1 276.2	-0.078
	2015	131.3	174.6	54.8	-0.2	94.2	-0.3	454.3	1 172.1	-0.133
	2016	118.5	136.1	10.3	-0.1	92.1	-0.8	356.0	1 025.0	-0.184
巴西	2010	64.4	108.8	14.0	-0.4	51.1	-0.2	237.8	673.2	-0.099
	2011	76.5	92.8	1.1	-0.4	62.7	-0.2	232.5	801.1	-0.116
	2012	69.7	95.5	15.1	-0.2	78.6	-0.1	258.7	899.9	-0.128
	2013	82.5	176.5	82.8	-0.1	86.9	-0.1	428.4	1 093.0	-0.047
	2014	102.5	171.6	106.8	-1.8	91.0	-0.2	469.9	1 176.4	-0.022
	2015	112.4	162.7	114.2	0.2	93.8	-0.1	483.3	1 170.4	-0.038
	2016	109.4	127.2	84.7	0.2	95.7	0.0	417.2	1 050.1	-0.030

续表

国家	年份	进口84产品总额的差值	进口85产品总额的差值	进口88产品总额的差值	进口89产品总额的差值	进口90产品总额的差值	进口93产品总额的差值	各国进口限制品之和差值	各国从美国进口总额差值	进口限制品与进口总额占比差值
印度	2010	109.3	138.0	46.0	0.2	59.1	0.0	352.5	834.9	0.073
	2011	126.6	123.8	47.2	0.4	71.4	0.0	369.4	1 015.8	0.054
	2012	120.5	129.2	62.2	0.5	88.3	-0.2	400.5	1 116.6	0.046
	2013	132.8	215.5	106.3	0.6	96.9	-0.3	551.9	1 315.8	0.051
	2014	146.7	201.5	125.5	0.3	101.2	-0.3	574.9	1 384.6	0.049
	2015	137.4	181.8	148.5	0.4	100.2	-0.1	568.2	1 272.4	0.138
	2016	125.1	146.4	122.5	-0.1	98.8	-1.2	491.5	1 134.7	0.143
日本	2010	84.1	108.3	7.7	0.0	-2.4	-4.9	192.7	422.6	0.035
	2011	98.3	89.2	6.3	0.0	5.9	-3.7	196.0	573.3	-0.009
	2012	91.9	88.1	-6.9	-0.1	19.1	-3.2	188.9	637.9	-0.049
	2013	97.3	179.5	65.2	0.0	30.0	-3.1	369.0	881.8	0.010
	2014	106.1	163.9	81.9	-0.2	39.8	-3.3	388.2	932.4	0.012
	2015	94.1	143.1	90.3	-0.1	42.2	-2.3	367.2	862.5	0.003
	2016	82.0	108.4	53.4	-0.4	43.3	-3.8	282.7	718.9	-0.014
巴基斯坦	2010	133.0	149.3	58.3	0.1	69.0	0.0	409.7	1 011.1	-0.012
	2011	152.5	138.1	54.2	0.5	82.0	0.0	427.2	1 213.7	-0.020
	2012	144.3	142.3	75.6	0.7	99.8	0.0	462.7	1 322.6	0.025
	2013	151.4	226.8	135.6	0.6	108.8	0.0	623.2	1 517.3	-0.010
	2014	163.7	214.4	153.9	0.4	112.6	-0.1	644.9	1 582.7	-0.007
	2015	155.0	194.2	160.0	0.5	112.0	0.0	621.6	1 467.8	0.017
	2016	140.1	157.3	132.6	0.3	110.6	0.0	540.9	1 331.1	0.031
英国	2010	-58.3	-33.8	-57.7	-0.4	-27.2	-2.8	-180.2	-483.3	-0.373
	2011	-58.7	-37.1	-67.8	-0.5	-28.1	-3.1	-195.3	-560.1	-0.349
	2012	-59.6	-37.0	-66.0	-0.5	-27.7	-3.8	-194.6	-548.5	-0.355
	2013	-55.0	-33.9	-83.8	-0.4	-27.3	-1.7	-202.0	-473.4	-0.427
	2014	-63.0	-37.9	-91.4	-0.5	-28.7	-1.4	-222.8	-538.1	-0.414
	2015	-61.3	-38.3	-96.8	-0.4	-28.3	-1.4	-226.6	-561.0	-0.404
	2016	-57.0	-38.6	-109.8	-0.6	-26.5	-1.4	-233.9	-552.8	-0.423

续表

国家	年份	进口84产品总额的差值	进口85产品总额的差值	进口88产品总额的差值	进口89产品总额的差值	进口90产品总额的差值	进口93产品总额的差值	各国进口限制品之和差值	各国从美国进口总额差值	进口限制品与进口总额占比差值
以色列	2010	126.5	141.3	56.3	0.2	65.2	0.0	389.4	960.3	0.001
	2011	142.0	125.7	51.9	0.3	77.3	0.0	397.1	1 144.2	-0.068
	2012	130.7	124.9	73.0	-1.3	95.1	0.0	422.3	1 243.7	-0.132
	2013	144.5	211.2	131.6	0.6	104.2	0.0	591.9	1 452.4	-0.059
	2014	156.7	197.5	149.3	0.3	108.5	0.0	612.3	1 515.0	-0.060
	2015	147.3	174.5	157.6	0.4	107.9	0.0	587.8	1 406.0	-0.091
	2016	131.0	142.4	127.4	0.2	106.3	0.0	507.2	1 270.2	-0.103

资料来源：UN Comtrade。

参考文献

[1] 海关总署关税征管司：《中华人民共和国海关进出口商品规范申报目录》，中国海关出版社2012年版。

[2] 鞠建东、马弘、魏自儒、钱颖一、刘庆：《中美贸易的反比较优势之谜》，载《经济学季刊》2012年第3期。

[3] 张燕生、刘旭、平新乔主编：《中美贸易顺差结构分析与对策》，中国财政经济出版社2006年版。

[4] Annual Policy Reports. *Bureau of Industry and Security* (Formerly Bureau of Export Administration). Washington.

[5] DeRosa, D. A. (2007). Impact of U.S. Economic Sanctions on Trade. *In Economic Sanctions Reconsidered*, 3rd edition, eds., Elliott et al. Washington: Peterson Institute for International Economics.

[6] EC (European Commission) (2011). The Dual-Use Export Control System of the European Union: Ensuring Security and Competitiveness in a Chan-

ging World. Brussels: CO 393 final, June 30. Available at http://trade.ec.europa.eu/doclib/docs/2011/june/tradoc.

[7] Grimmet, R. F. (2006). Military Technology and Conventional Weapons Export Controls: The Wassenaar Arrangement. Congressional Research Service, Library of Congress.

[8] Hsu, Nina (2010). Reforming US Export Controls. Available at http://www.amchamchina.org/article/6295.

[9] Li Bin and Yang Xiao (2013). Measuring Political Barriers in US Exports to China. *The Chinese Journal of International Politics*, Vol. 6, 2013, 133 – 158.

[10] McLoughlin, Glenn J. and Ian F. Fergusson (2005). High Performance Computers and Export Control Policy: Issues for Congress. CRS Report for Congress, CRS Web, Order Code RL31175. Available at http://www.fas.org/sgp/crs/natsec/RL31175.pdf (Accessed June 7, 2013).

[11] Richardson, J. D. (1993). Sizing Up US Export Disincentives. Washington: *Institute for International Economics*.

[12] Richardson, J. D. and A. Sundaram (2013). Sizing Up US Export Disincentives for a New Generation of National – Security Export Controls. PIIE Policy Brief 13 – 13. Washington: Peterson Institute for International Economics.

[13] Sundaram, Asha and J. David Richardson (2013). Peers and Tiers and US High – Tech Export Controls: A New Approach to Estimating Export Shortfalls. Working Paper Peterson Institute of International Economics.

中美 FTA 框架下生物医药问题研究

如果知识产权是美国贸易政策最关注的问题,那么生物制药则是重中之重,这一点可以在美国曾经参与的《跨太平洋伙伴关系协定》(TPP)谈判中显示出来。实际上,2016 年,美国生物制药直接产值不到 1 万亿美元,出口额仅为 524 亿美元。生物制药之所以引起美国的高度重视,一个重要的原因是来自美国利益集团的压力。在 TPP 谈判中,美国最关注的是原研生物药试验数据的保护期限,TPP 是美国签订的第一个包括生物试验数据的协议。美国国内的保护期限是 12 年,但是 TPP 远未达到这一目标,谈判的结果是各国做了两类承诺,一是给予试验数据 8 年的保护期,二是如果通过采取其他措施能兑现 8 年要实现的保护目标,协定成员可承诺 5 年的保护期。

目前,美国对华生物制药的出口并不多,2015 年仅为 20 亿美元。美国如此关心生物制药问题,一个重要原因是美国生物制药利益集团认为,中国是未来世界前景最看好的市场(如果长期这种愿望不能转变成为现实,就会产生反面的作用)。

中美关于生物制药的谈判将会超出 TPP 的范围,美国关注的问题不仅包括试验数据的保护期限,根据目前所出现的纠纷,还可能涉及以下方面。第一是药物审批拖延与歧视(忽视消费者利益,不公平竞争)。美方认为我国的审批过程缓慢阻碍了生物药品的进入,还有为国内生物制药企业提供机会之嫌。在审批程序上,美方还认为我国在实际操作上,优先考虑在国内设厂企业的产品,歧视进口药品(包括仿制药),这一体制具有

强制技术转让的效应。第二是使用补充数据能否获准在中国申请专利。美方认为，中国法律只保护在中国有实际销售产品的专利者的专利，同时还拒绝在其他国家已经获得专利保护的专利持有者使用补充数据在中国申请专利，这不符合国际上的一般做法，对美国企业的利益可能造成伤害。第三是各方面对《中国制造2025》的忧虑，担心中国药物管理部门偏离"安全、有效、质量"的药物评判标准，转向成为产业政策的工具，诸如以市场准入换取来华投资和技术转让等。第四个方面是我国假药管理上的体制缺陷。虽然近年来我国政府加大了对假药的惩处力度，但是美方认为惩罚的力度不够，接受处罚的门槛高，执法缓慢，并且有偏护国内企业的倾向。中国食品药品管理局只负责药品管理，其他用途（包括出口）和原料药则在管理权限之外。总体上，在生物制药上，美方对中国提出的要求仍属于管理体制的基础层面，涉及许多体制细节，核心目的是要通过简化审批，让中国扩大生物药品的市场准入，通过专利保护等措施，保护美国企业的利益。

我国生物制药正处在从生产仿制药和承接研发外包阶段向自主创新转型的时期。我国生物制药业增长源于四个方面的动力：（1）增长迅速和潜力巨大的国内市场；（2）政府的支持；（3）大量高层次海归人员的加入；（4）国外生物制药企业投资意愿上升。目前，我国是世界第二大医药市场。2015年医药销售收入2.6万亿元，其中生物制药3 161亿元，占医药行业收入12%。

在生物制药市场发展方面，我国存在的突出问题是提升疾病患者的福祉同发展民族自主生物制药产业的冲突。我国有13亿人口，其中低收入病患群体庞大。中国人口结构步入老龄化过程迅速，2016年，60岁以上人口已经超过2亿，预计2025年将达到3亿，2050年达到4亿，占人口总数额的1/4。目前，我国有1亿左右的人群是乙肝病毒携带者，慢性乙肝患者超过2 000万人。我国是世界糖尿病患者第一大国，2015年患病人数1.1

亿人，占全球的比例为27%，130万人死于糖尿病及其并发症。心血管病是我国死亡人数最多的疾病，我国的现患人数约2.9亿，其中农村人口因心血管而死亡的比率（45.01%）高于城市（42.61%）。我国癌症患者占全球的22%，2015年我国癌症患者超过400万，不论在发病率还是死亡率方面，农村人口比率都远高于城市人口（陈万青等，2015）。面对这样的国情，我国生物制药市场的发展目标必须以向疾病患者提供安全、有效、可支付的药品为核心目标。坚持这一核心目标意味着向患者提供的药品不仅安全有效，而且还要供给充裕，价格低廉，医疗保险资金基础雄厚。通过市场优胜劣汰和监管机构有效的监管将低质产品拒市场之外；鼓励公平竞争，消除生产和销售过程中的垄断；不以患者的福祉为代价，发展民族生物制药产业；消除由于"以药养医"等可能产生"道德风险"的体制。

在追求疾病患者福祉最大化的同时，我国的政策还追求以此目标可能产生冲突的目标，即发展具有世界水平的生物制药产业，其结果不可避免地会导致一个部门、一个政策同时要实现两个相互冲突的目标，即目标数量超过了手段数量。生物制药目前在我国仍是一个幼稚产业。该产业始于1989年，以首次生产重组人干扰素α1b为标志。但是与全球的1.1万亿美元收入相比，我国企业的收入规模只占约5%。研发投入占收入的比重仅为12.4%，低于美国2000～2012年平均19%的比例；2015年生物制药产业研发投入仅为74.88亿元，仅是同年美国制药研究和制造商协会（PhRMA）成员公司588亿美元投资的2%，甚至低于美国研发一个药品26亿美元的平均成本。截至2016年，我国市场约有96个生物制剂，国产生物药仅4个，即今又生、安柯瑞、利卡汀和康柏西普（俞德超，2016）。为发展我国自主生物制药产业，我国政府以重点突破为战略，2012年《"十二五"规划》将生物制药列入七大重点发展的战略新兴产业之中，并设立"蛋白类等生物药物和疫苗工程"专项进行支持；《中国制造2025》也将生物制药列入发展战略之中；《"十三五"规划》又进一步明确以重点突破，"推动生物医药行业跨越升级的目标"。由于政策追求两个冲突的目标，结果往往使政府陷入政策的困境。例如，如果政策定位是减少疾病患者的医药支出，政府对生物制药实行低价控制。但是由于低价无法调动企业研发和生产的积极性，结果导致供给短缺，受到打击的不仅是国内企业，也抑制了进口和外资的进入。又如，要提升疾病患者的福利水平，就需要开放市场，但是这可能会冲击国内企业的生产；如果目标定位在提升民族的自主创新能力，就要对国内的生物制药企业进行保护，但是结果会阻碍疾病患者福利最大化目标的实现。

鉴于当前我国生物制药存在严重的供给不足，每年存在巨大的贸易顺差，境外非法渠道采购猖獗，生物制药研发（R&D）投入和原研药与美国差距巨大，取消生物制药进口的限制一定是收益大于成本，带来社会福利水平的总体提升。例如，根据本文的初步测算，如果假设生物制药以零审批的方式进入中国，可以使我国生物制造业收入增加约160亿元，失业人数减少1 000人，分别占行业收入和就业人口比重的5.2%和0.28%。取消生物制药进口关税也是一个势在必行的改革措施。但是一些人认为，保持一定水平的关税可以吸引外资投资国内进行生产。这种以疾病患者利益换取外资进入的政策不可取。生物制药是一个全球化的从研发—中间品—终端药—销售的价值链，没有一个国家能够在整个价值链上都占据优势，必须找准自己的比较优势。巨大的国内市场赋予了我国其他国家无法替代的优势，所以，我国在生物制药全球价值链的比较优势是在下游，即最终品的生产和销售。这意味着只要我们继续维持原料和中间体的零关税，市场竞争将使我国生物制药企业在最终品的生产上建立起优势，国外投资者大量进入中国市场也就成为必然。按照这一思路，有人会担心中国在原药研发上将丧失优势。实际上，对于这一问题不必过度担心。医药的研发与所在市场的特征具有密切的联系，研发中国人用的药，国内企业最具有优势。所以，国内企业一定能在适合中国疾病患者药的研发上获得优势，为了获取全球价值链这一端的优势，外资的研发机构也会进入中国,接近市场进行研发。

总体上,我国的政策首先要依靠我国巨大的潜在市场优势。遵循准入和非歧视等基本市场规则。坚持我国生物制药全球价值链在下游(终端药和销售环节)的比较优势。以提升我国疾病患者福利为政府管理生物制药市场首要的目标定位,摒弃以牺牲疾病患者福利且无效地换取产业发展的做法。在与美国的生物制药谈判中,(1)承诺"零关税",并加入 WTO《药品贸易协定》;以"安全、有效、可支付"为标准,以服务疾病患者为唯一宗旨,简化审批,不以随意延长审批这一危害疾病患者利益且无效做法作为促进生物制药产业发展的工具。(2)强化知识产权保护,提高对侵权的惩罚力度,降低惩罚门槛,摒弃以仿冒他人知识产权来提升自主创新能力的错误思想,确保疾病患者生命安全,严惩制假造假行为。将体制机制改革(优胜劣汰)、行业收益的增加和会聚优秀人才作为提升创新能力的基本支柱。(3)取消政府对药品的价格控制,提升内外资企业生物制药的积极性;以我国巨大市场的优势,打击恶意性的垄断高价;以增加的行业税收支持国家对医保的补助。(4)充分发挥我国在仿制药和非处方药(OTC 药)上的竞争优势。鉴于中国市场巨大,在试验数据保护期限和专利链接上,要求美国必须给予中国优于其他一切国家的承诺。(5)杜绝在药物审批、外资准入、政府支持(如《中国制造 2025》)等程序上有强制投资、强制技术转让的倾向。依靠我国所拥有的全球价值链终端药和销售环节的比较优势,重点要求美国开放生物制药下游相关的知识产权,通过积极开放国内下游市场,吸引外资和技术的进入。

一、中美两国生物制药的生产与贸易现状

(一)关于生物制药和生物药

生物制药指的是利用生物技术,包括利用基因工程、蛋白质工程、重

组技术、基因治疗以及结合新兴科技如生物芯片和纳米技术开发、研制和生产生物制品的过程。生物制品涵盖很多种药物类型，如单克隆体、疫苗、干扰素、蛋白、多肽、酶、激素和细胞生长因子等。通俗来讲，就是利用生物活体生产药物（即生物药）的方法。

生物药与传统药（化工药）相比，其根本区别是在产生方式上，即大分子生物药通常是生物合成，小分子化学药一般则是化学合成。这个区别直接造成两类药物在结构、成分、生产方法和设备、知识产权、配方、保存方法、剂量、监管方式以及销售方式均有不同。简言之，生物药较传统药结构更为复杂、成分不稳定、生产条件苛刻、流通各个环节（如包装、运输等）对产品药效影响大、具有免疫原性①以及严监管下导致的生物仿制药成本较高②。

生物制药是知识密集、前景广阔的朝阳产业，是未来科技和经济竞争的战略制高点。2014 年全球生物制药收入首次突破 1 万亿美元（见图 1）。生物制药具有较长的产业链，强劲地带动经济发展。生物制药具有高技术、高投入、高风险、高收益特性。如吉利德公司 2013 年 12 月获批的丙肝治疗药物 Sovaldi 在 2014 年创造了 103 亿美元销售额，直逼全球第一销量的 Humira（阿达木单抗）125 亿美元。

从国内政策层面看，《中华人民共和国国民经济和社会发展第十三个五年规划纲要》（《"十三五"规划》）中提出，大力推进生物医药实现重点突破，推动生物医药行业跨越升级。2017 年政府工作报告明确提出，要加快培育壮大新兴产业，全面实施战略性新兴产业发展规划，加快新材料、新能源、人工智能、集成电路、生物制药、第五代移动通信等技术的研发和转化，做强做大产业集群。这是"生物制药"首次被写入政府工作

---

① 几乎所有的治疗性蛋白都会在人体内产生抗体，并通过中和内源性因子而降低活力甚至诱发严重的副作用。

② 欧美监管机构要求生物仿制药生产商提供足够的临床数据，导致生物仿制药在获批上市前的仿制成本通常比化学药高上百倍，而这也造成了生物原研药在专利过期后，其销量受仿制药的影响较小。

报告。党的十九大报告中指出,"中国特色社会主义进入新时代,我国社会主要矛盾已经转化为人民日益增长的美好生活需要和不平衡不充分的发展之间的矛盾"。发展生物制药作为高端产业用来满足人民群众新时代医疗需求的政策意义凸显。

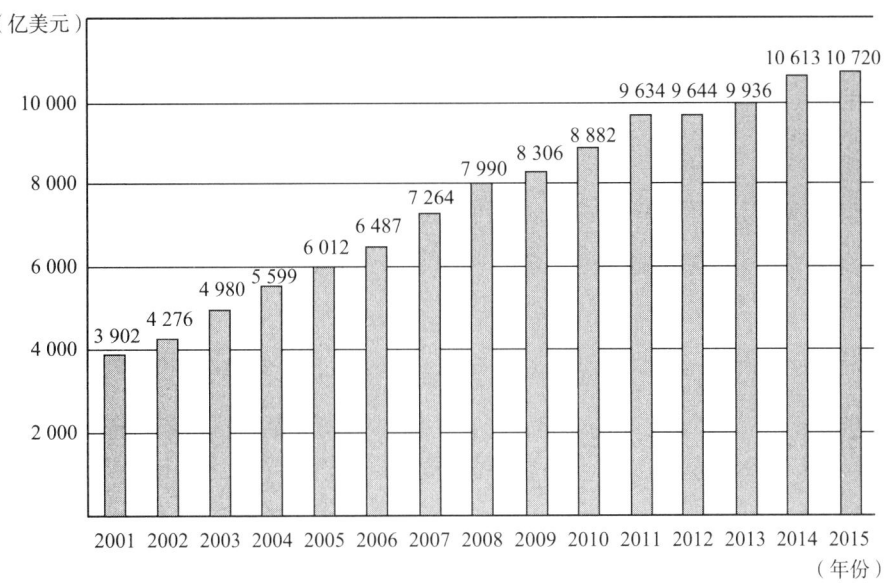

图1　2001~2015年全球生物制药收入

资料来源：根据网站 www.statistic.com 数据整理。

(二) 中国生物制药的生产与贸易现状

我国生物制药正处在从生产仿制药和承接研发外包阶段向自主创新转型的时期。我国生物制药业增长源于三个方面的动力：增长迅速和潜力巨大的国内市场、政府的支持，以及国外生物制药企业投资意愿上升。目前中国制药市场规模全球第二，2015年医药销售收入2.6万亿元，其中生物制药3 161亿元，占医药行业收入的12%。[①]

---

① 数据来源：笔者根据相关资料整理。

1. 总体生产情况

中国是世界第二大医药市场。2016年我国医药行业终端药品市场规模14 774亿元,增速已放缓至7.3%。在医保控费和政策趋严的情况下,医药行业增速进一步放缓。

自2015年以来,受大宗原料药价格上升的影响,化药制剂仍然是医药制造行业龙头,业绩逐渐提升。2016年化学药规模为7 535亿元,占比52%(见图2),增速达10.8%,利润增速达18%。随着仿制药一致性评价政策的推进,必然会促进我国医药产业升级和结构调整,通过优胜劣汰使得集中度进一步提升。中医药行业享受政策倾斜,预计未来生产、临床应用、医保等政策的放开将会推动中药配方颗粒行业快速增长,中药饮片行业则仍然保持较快增长。生物药品终端市场规模达到1 921亿元,占比13%,增速超过10%,利润增速下滑至不到6%;生物药研发投入占收入比例为2.37%,超过医药行业整体1.72%的水平,预计未来生物药终端产品利润会逐步释放。①

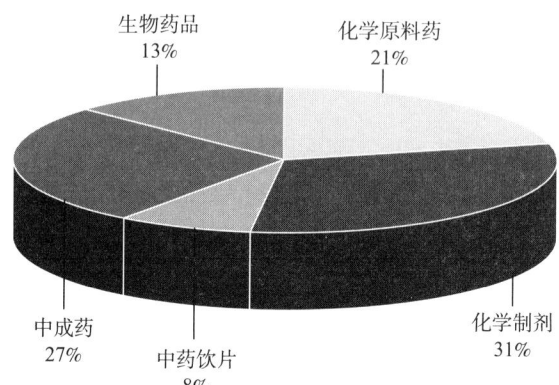

图2 2016年我国医药制造业主要行业收入占比

资料来源:南方医药产业经济研究所。

---

① 根据2016年《中国高新技术统计年鉴》数据,2015年医药制造业和生物药制造业收入分别为25 729.5亿元和3 160.9亿元,利润总额分别为2 717.3亿元和390.7亿元,利润率分别达到10.6%和12.4%,研发投入分别为441.46亿元和74.88亿元。

2. 对外贸易情况

2016 年，受外部需求不振，新兴市场增长动力不足，价格竞争趋于激烈等多重因素影响，中国医药外贸进出口低速增长，困难和挑战不断。同时，我国医药出口结构进一步优化，企业国际化步伐加快，新的发展动能逐步积累，外贸总体形势依然向好。

2016 年，我国医药保健进出口总额 1 034 亿美元，同比增长 0.73%。其中，出口 554 亿美元，下降 1.82%；进口 480 亿美元，增长 3.83%；对外贸易顺差 74 亿美元，下降 27.3%。若考虑排除汇率的影响，以人民币计价统计，2016 年我国医药外贸增长 7.12%，出口增长 4.41%，进口增长 10.42%，领先于我国外贸整体水平。2016 年，我国西药类产品进出口额 598.7 亿美元，同比增长 0.87%。其中，出口 314.8 亿美元，微降 0.05%；进口 283.9 亿美元，增长 1.92%。从子类上看，大宗原料药出口额 256.1 亿美元，与 2015 年基本持平，占西药出口额的 81.34%，占医药总体出口额的 45.21%。出口数量同比增长 13.04%，但在内外双重压力下，价格下跌达 11.59%，量增价跌成为 2016 年中国制造原料药的主要特征，体现出综合成本（环保、人力等成本）上升对作为低附加值产品的大宗原料药的利润空间的挤压，反映出价格优势渐微的趋势。制剂方面，2016 年西药制剂出口 31.9 亿美元，微降 0.24%，对欧盟、美国、日本三大规范市场出口额分别达到 4.36 亿美元、2.95 亿美元和 0.65 亿美元，其中，对美国市场制剂出口实现爆发式增长，增幅达 40%。中国医药外贸呈现出了诸多新特点：

（1）大宗出口洗牌加快，出口向规模企业集中。

多年来，抗生素、维生素等大宗出口品种国外市场趋于饱和，国内产能相对过剩，生产成本不断攀升，客户压价现象严重。大企业生产规模效应明显，资金、成本优于小企业，竞争形势的变化使得大宗出口逐渐向规模企业集中。部分产品（如维生素 B1、泛酸钙等）的主要生产企业已集中在三四家之内。

（2）西药产品出口结构优化，制剂出口表现出色。

西药制剂附加值高，净利润普遍在30%以上（大宗原料药出口平均净利率仅为2%～5%）。国内医药产业链也由上游中间体、原料药向下游制剂不断延伸，制剂出口成为医药产能向下游转移、优化出口结构的重要途径。

（3）2016年药品进口替代率继续提高，进口步伐放缓。

2016年，我国医药产品进口同比增长3.83%，其中，制剂产品进口同比增长6.70%，增长速度放缓。影响因素包括：一是药品定价机制的变化（如原研药单边定价改为市场定价，仿制药与跨国药企产品的招标价格竞争等），使得跨国药企优势削弱；二是国家对医疗产品的扶持政策的完善（如鼓励使用国产医疗设备等），使得国内医药企业获益；三是部分国产高端制剂产品的成熟，已趋于满足国内市场需求。

（4）制造业转移加快，服务贸易增长趋旺。

一方面，制造业向外转移步伐不断，2016年加工贸易出口98.31亿美元，占整体医药出口的17.7%，同比增长0.43%，增速约为四年前的1/10，来自欧美的医药加工贸易订单的不断减少印证了加工出口份额被越南、印度等低劳动力成本国家挤占的观点。另一方面，我国服务贸易表现突出，2016年中国医药研发合同外包服务（CRO）市场规模达420亿元人民币，2020年实际已达到960亿元人民币。①

（5）参与国际分工进程加快，自主研发出口生物药少。

面对欧美规范市场严格的技术壁垒及新兴市场多变的准入门槛，为开拓国内外市场和建立销售网络，国内医药企业积极与国外药企合作，参与国际认证，加快对外投资。中国自主研发生物药出口尚未突破（对美生物药出口均为获批仿制药），主要原因是自主创新能力不足，药品开发质量

---

① 《2020年全球及中国医药研发外包（CRO）市场规模、企业竞争格局现状分析》，产业信息网，http://www.chyxx.com/industry/202101/924911.html。

尚未达到国际标准等,潜在因素是生物制药产业规模较小。①

(6) 对华贸易救济案件频发,企业应诉积极。

国际贸易保护主义势头下,中国医药产品继续成为国外发起贸易救济措施的重点目标。2016年,我国医药产品共遭遇国外贸易救济案8起,涉案产品既包括优势原料药(如葡萄糖酸钠、酒石酸、双氯芬酸钠、阿莫西林等),也涉及部分做强的医疗器械(如睡眠呼吸治疗障碍系统等)。面对日益增加和手段多样的贸易救济案件,医保商会协同企业积极应对,实现一些成功的经典应诉案例(如2016年欧盟对华酒石酸反倾销案的应诉)。

(三) 美国生物制药的生产与贸易现状

全球列前十位的生物技术企业包括吉利德、安进、百健艾迪、赛尔基因、夏尔、CSL、基立福、再生元、安捷伦科技、亚力兄,这些公司以美国公司居多,占70%,爱尔兰、澳大利亚、西班牙各占10%(见表1)。

表1　　　　　全球顶尖生物技术企业2015年收入　　　　单位:亿美元

序号	公司	收入	简介
1	吉利德 (美国—加州)	326.4	成立于1987年,是一家致力于为患者提供更快更好的治疗方案的生化公司。其开发和销售的药物广泛应用在治疗病菌传染方面,包括病毒传染、真菌感染和细菌传染,公司还特别关注癌症的治疗。公司拥有liposomal药物专门对付技术,该技术的利用使药物对患者更加安全、简单和有效
2	安进 (美国—加州)	216.6	安进(Amgen)创立于1980年,是世界上最早也是目前最大的生物制药企业之一。安进公司的这两个全球商业化最为成功的生物技术药物EPO(商品名EPOGEN)和G-CSF(商品名NEUPOGEN),不仅造福了无数血液透析患者和癌症化疗患者,也为公司带来了巨额的利润,公司也据此迅速发展壮大。1992年安进公司首次跻身财富500强,当年公司产品销售首次突破10亿美元。2000年财富500强排名,安进公司排在455位

---

① 据中组部"千人计划"国家特聘专家俞德超称,截至2017年10月,美国批准的生物药303个;中国有100多个生物药,其中创新药4个,23个上市品种里有13个是进口的,中国制造10个,只有一个单克隆抗体是中国自主研发。

续表

序号	公司	收入	简介
3	百健艾迪 (美国—麻省)	107.6	百健艾迪利用尖端科学发现、开发、制造和销售重点用于治疗严重的神经系统疾病的生物制品。是世界上历史最悠久的独立生物技术公司和财富 500 强公司,收入超过 50 亿美元
4	赛尔基因 (美国—纽约州)	92.6	主要从事与发明、开发及商品化口服、小颗粒治疗癌症及免疫疾病的药物
5	夏尔 (爱尔兰—都柏林)	64.2	成立于 1986 年的欧洲企业,最初的产品是针对儿童多动症的药物
6	CSL (澳大利亚—墨尔本)	61.3	CSL Limited 是一家全球化的专业生物制药公司,致力于研发、生产和销售以蛋白质为基础的药物,以治疗和预防严重的人类疾病。在研发和生产疫苗和血浆蛋白生物治疗制剂方面,CSL 集团拥有 90 多年的技术经验
7	基立福 (西班牙—巴塞罗那)	41.7	基立福(Grifols)由血液学家 José A. Grifols Roigwas 于 1940 年成立,主要制造与血清相关的产品
8	再生元 (美国—纽约州)	41	再生元(Regeneron Pharmaceuticals)公司成立于 1988 年,从事研究、开发和销售治疗严重疾病的药物。
9	安捷伦科技 (美国—加州)	40.4	安捷伦科技(Agilent Technologies)是一家测试分析仪器生产商,专营制造生命科学仪器、半导体、光纤网络装置及测量仪器。
10	亚力兄 (美国—康涅狄格州)	26	亚力兄(Alexion Pharmaceuticals)致力于为罹患重症致命疾病的患者开发生产救命药物。Alexion 公司从事治疗药物的探索、开发和推广,这些药物用于治疗种类广泛的严重疾病,包括血液系统和肾脏疾病、移植、癌症和自身免疫疾病。

资料来源:根据 www.statistic.com 网站资料整理。

1. 行业概况

在美国的生物制药行业,有超过 803 000 人从事广泛的科学研究、技术支持和制造等职业,提供的平均工资远高于所有美国工人的平均水平。直接和间接地,该行业支持美国 470 多万个就业机会。该行业需要从行政级到包括博士学位的高技能和受过良好教育的员工。科学家和该行业 1/3

的工作属于关键的科学、技术、工程和数学（STEM）职业。生物制药行业的平均工资比私营部门的平均工资高出80%。自2000年以来，已经开发了超过500种获得FDA审批的新药。2015年，全球10家顶尖生物技术企业中，美国企业占据七席（见表2）。

表2　　　　　　　　　　2016年美国生物药市场的十强企业

公司	英文名	在美收入（亿美元）
吉利德科学	Gilead Science	260
辉瑞	Pfizer	234
强生	Johnson & Johnson	233
默克	Merck	221
安进	Amgen	211
梯瓦制药	Teva	210
艾伯维	AbbVie	206
赛诺菲	Sanofi	201
罗氏	Roche	195
诺华	Novartis	190

资料来源：根据www.statistic.com网站数据整理。

美国是生物制药的最大市场，占全球市场的1/3，是生物制药研发（R&D）的世界领先者。根据制药研究和制造商协会（PhRMA）的统计，美国公司在世界药品研发中占有一半以上，拥有大部分新药的知识产权。美国生物制药部门占美国企业资助的国内研发部门的17%，而美国PhRMA成员公司在2015年投资了588亿美元的生物制药研发，占美国生物制药研发开支的大部分。目前，已有7000种新药处于不同的发展阶段，其中3500种正在美国开发，是世界上最多的。美国临床试验中的1/4新药是生物药物，并且对生物制品的需求随着人口老龄化而加快。通用制造、3D打印（来自干细胞）和再生医学可能是未来的趋势。

从研发成本看，美国新药的平均研发成本由20世纪70年代的1.79亿美元，上升到20世纪末的10亿美元，并于2010年前后达到26亿美元（见图3）。一方面，不断攀升的研发投入下，严格知识产权的保护和愈发高昂的新药价格成为原研药企的自然诉求。另一方面，高昂的新药研发成本，使得投资收益比吸引力下降，不少企业甚至削减研发开支，或开发风险和成本相对较低的生物仿制药也成了越来越多企业的无奈选择。此外，近期生物仿制药火爆的另一个重要因素是，不少全球销量最大的生物原研药的专利已经或者不久将到期。

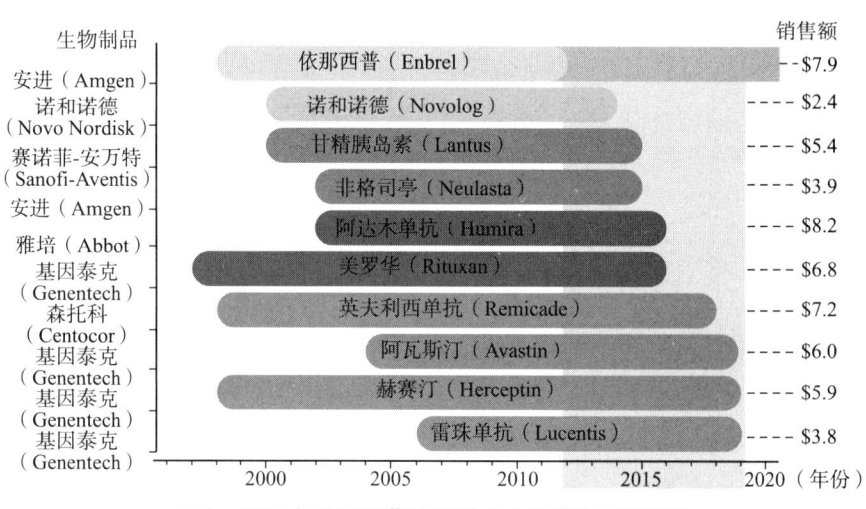

图3　2014年美国新药的研发成本及药物到期问题

注：Amgen（安进）；Novo Nordisk（诺和诺德）；Sanofi-Aventis（赛诺菲-安万特）；Abbot（雅培，现为AbbVie艾伯伟）；Genentech（基因泰克，现属罗氏）；Centocor：现为强生旗下的杨森生物科技。

资料来源：Hurtado, M., Universit, T. and Hurtado, M. (2015)。

2. 药品强保护传统

知识产权保护在美国有深远的历史根基。美国《宪法》第8条第1款明确承认专利在"促进科学和有用艺术进步"方面的作用。根据《宪法》权威，国会颁布了由托马斯·杰斐逊撰写的《1793年基本专利法》。半个世纪后,亚伯拉罕·林肯说,专利为"天才之火增添了利益之材"。

自成立以来,创新和创造力的法律保护一直是科技、艺术等重大进步的关键,这些科技和艺术产生了经济增长,使社会受益,并提高了所有美国人的生活质量。在医药方面,专利制度实现了在艾滋病、结核病以及众多衰弱或危及生命的疾病治疗和治愈方面取得突破的承诺。药物通常只受少数专利保护。相比之下,其他产品(如智能手机)通常受到数百项专利保护。对于生物制药,有效的专利寿命为 12 年。在其他行业,大约为 17 年。生物制药行业需要两倍于汽车行业的专利投资水平,是下一个最高的行业。新药的研发可能需要十多年。其他行业的一些产品有 9 个月以下的开发周期,不需要监管部门的批准。

3. 生产贸易状况

根据美国制药研究和制造商协会(PhRMA)的统计,2015 年生物药产业为全美提供超过 470 万的就业岗位、8 500 亿美元的价值增加(GDP)以及 1.3 万亿美元的产出。[①]

美国 2016 年药物产品消费排在前列的,包括糖尿病药物(515 亿美元)、肿瘤药物(455 亿美元)、自体免疫药物(372 亿美元)、呼吸类药物(260 亿美元)及疼痛治疗药物(197 亿美元)等。按化学性质划分,美国的生物技术药主要分为 9 个大类:单克隆抗体(mAbs),荷尔蒙(hormones),生长激素(growth factors),融合蛋白(fusion proteins),细胞因子(cytokines),治疗性蛋白酶(therapeutic enzymes),细胞因子(blood factors),重组疫苗(recombinant vaccines),抗凝剂(anti-coagulants)。其中,仅仅单克隆抗体和荷尔蒙两个类别就占美国生物药销售额的六成以上,是美国生物药市场上最为重要的两个类别,也是各大生物制药公司竞争的重点和焦点,这与全球生物制药市场的整体情况一致。

---

① 根据 2014 年和 2015 年 PhRMA 数据,预计 2016 年生物药为美国贡献经济增加值不足 1 万亿美元。

在美国消费的大部分成品大都是在当地生产的（特别是生物制剂等复杂产品）或从西欧国家进口，如爱尔兰、德国和瑞士。美国是药品生产的主要枢纽，因为进口只占市场的 1/4 左右。然而，美国市场规模庞大（2015 年的进口价值超过 860 亿美元），为世界上最大的药品进口商。

2015 年，在出口的 470 亿美元中，制药业成为美国知识产权密集型产业的最大出口部门之一。最大的出口市场包括比利时、荷兰、加拿大、英国和日本。展望未来，越来越多地利用低成本制造基地的外国衍生销售将抑制美国制造商的出口潜力，高价值出口产品面临的专利到期问题也对其产生负面影响。尽管存在上述压力，但高水平的研发仍将为长期的出口增长提供新的产品，同时对新兴市场的渗透也会增加（见表 3）。

表 3　　2015 年美国药品市场最大进口国和最大出口国　　单位：亿美元

序号	主要进口国	进口金额	主要出口国	出口金额
1	爱尔兰	152	比利时	64
2	德国	145	荷兰	42
3	瑞士	94	加拿大	38
4	以色列	60	英国	37
5	印度	60	日本	35

资料来源：美国经济调查局（BEA）网站。

美国生物制药对外贸易也长期保持增势，对外出口由 2002 年的 187 亿美元增至 2016 年的 524 亿美元。美国是药物生产出口大国，也是消费大国，名义药物支出总额由 2002 年的 1 950 亿美元增至 2016 年的 4 500 亿美元。美国对中国的药品出口在 2015 年达到了 20 亿美元，比 2010 年增加了 6.17 亿美元，过去五年的年增长率达到 26.6%。美国是中国药品进口的主要来源地，占总出口的 11%。

目前，美国生物药出口在产值的占比并不高（约为 5.4%），对中国生物药出口规模也不大，而生物药之所以获得美国贸易政策的高度关注，一个重要原因是美国生物制药相关利益集团也认为中国是未来最有前景的市场。

二、美国生物制药企业在华投资情况

(一) 美国生物制药企业在华投资现状

据商务部统计，2016年，在全球直接投资大幅下降的情况下，我国医药制造业吸收外资增长了55.8%，医疗设备领域增长了95%。具体到生物制药领域，人种差异和发病谱差异决定了跨国药企在华投资、开发中国生物药市场以研发环节"中国化"为主，投资主体主要包括跨国合同研究组织和大型跨国药企等。

1. 跨国合同研究组织（CRO）

在最早进入中国生物制药研发行列的公司中，许多都是合同研究组织，它们为需要削减成本的跨国制药公司提供外包服务。2003年的《药物临床试验质量管理规范》使得合同研究组织公司在新药研发中的作用和地位得到法律认可。同时，得益于国内巨大的药品市场及可观的成本优势，国际药品研发逐步向中国转移。美国的大型CRO跨国企业均在华设分支，如全球前几大CRO公司昆泰（Quintiles Transnational）、科文斯（Covance）、PPD、查尔斯河实验室（Charles Rivers Labs）、百瑞精鼎（Parexel）等，并凭借其资金实力、业务规模和项目经验等优势占据着我国CRO行业的顶尖位置。

我国CRO市场始于1996年凯维斯医药的建立，20年来发展迅猛，目前已有300多家CRO企业。市场规模在全球CRO占比为15%左右，而美国则达到45%以上。[①] 我国CRO领域仍具有较大的投资潜力：一是节约成

---

① 2015年全球CRO行业市场规模383亿美元，而我国CRO行业规模则为379亿元。

本和时间；二是人力资源库可观；三是患者库规模庞大；四是动物资源丰富；五是经济的高速发展。

未来CRO的发展依然面临各种挑战：首先，知识产权法的执行不力；其次，在聘任和留住在项目管理有经验的人才方面存在难度；最后，生产研发相对分散。近期出现各种新的趋势有助于解决上述问题，如出现的一站式解决从药物研发到注册再到上市的服务机构、首次公开募股（IPO）的实质注册制的政策红利、跨国公司在中国设立越来越多研发基地、药物和生物科技集聚区的出现、政府出台的各种激励项目等。

2. 大型跨国药企

作为最早引入外商投资的领域，大型跨国药企始终寻求适应和开拓中国市场。如2008年全球第一的生物制药公司瑞士的罗氏转而在中国开展药物发现项目。最初该公司广泛涉及多种疾病领域，但随后在2012年将侧重点缩小到乙型肝炎，由全球传染病部门负责。另一家瑞士大型药企诺华公司则选择专攻肿瘤方向。美国礼来公司则将其关注点放在糖尿病上。约有1.1亿中国成年人患有糖尿病，占全球糖尿病人的1/3，将近5亿中国人处于糖尿病前期。英国公司葛兰素史克则将其有关中枢神经系统的研究全部放在上海。

具体到美国跨国药企（见表4），其投资中国医药行业大致经历四个步骤：一是成立合资公司，如1985年成立的西安杨森是美国强生公司在华最大的子公司；二是生产基地落户中国，如2003~2007年美国礼来、辉瑞等在华建生产中心；三是利用中国研发资源、人才和成本优势，如默沙东[①]投资百济神州及在京设研发中心，礼来、辉瑞收购国内早期研发项目等；四是全面布局中国市场，通过收购在高端低端布局、由原研药转战仿制药、其他股权投资渠道等，如辉瑞牵手海正药业进入国内仿制药市场，向

---

① 默沙东在美国和加拿大被称为默克。

上海医药投资 5 000 万美元等。

表 4 　　　　　　　　2017 年美国生物科技医药公司排名　　　　　　单位：亿美元

序号	公司	英文名	收入
1	强生	Johnson & Johnson	725
2	辉瑞	Pfizer	524
3	默克	Merck	400
4	吉利德科学	Gilead Science	285
5	艾伯维	AbbVie	267
6	雅培	Abbott Laboratories	236
7	安进	Amgen	231
8	礼来	Eli Lilly	220
9	百时美施贵宝	Bristol－Myers Squibb	202
10	迈兰	Mylan	120

资料来源：www.statistic.com 网站。

(二) 美国生物制药企业在华投资存在的问题

中国生物制药行业的发展也经历了一系列初期问题，其中，许多问题都与国家相关部门的管理体系有关。直到最近，中国调研性新药申请的材料仍几乎与美国新药申请所需的材料一样烦琐。调研性新药申请需要经过两步审批程序，即省级和中央审查阶段。对本国和跨国公司实施不同的监管要求使得情况更加复杂化。这样的结果就是中国药物监管部门审批药物的时间往往要比其国际同行平均晚 7 年之久。

但是，国家相关部门已经对这一过时的体系进行了大修整。在过去几年里，创新药物的审查被放在优先位置，并且简化了审查步骤。为了处理积压的工作，该部门增加了人员编制。国家有关部门发布行政提案，加快对在中国之外开发的药物的审批，允许在全球 Ⅱ 期试验开始之前先在中国开始 Ⅰ 期临床试验。根据最高人民法院的立法解释，提交虚假临床试验数

据的研究人员将面临更长的刑期（甚至死刑）。① 当然，这些都是为了提高在中国进行的临床试验的可靠性。但是，临床试验"瓶颈"依然存在，相关监管事宜、临床试验设计与操作以及数据分析方面的专业人员数量不足，难以为公司想要进行的所有临床试验提供支持。

此外，美国在华投资还有对《中国制造2025》的忧虑，担心中国药物管理部门偏离"安全、有效、质量"的药物评判标准，转向成为产业政策的工具，诸如以市场准入换取来华投资和技术转让等。

药物公司在我国始终面临知识产权保护问题。在中国加入世界贸易组织前，生物药企业被迫宣称仅在知识产权不敏感领域进行研究。此类情况在加入WTO后有所改善，但在华兴建研发中心的投入成本正变得高昂，包括土地、人力等各个方面。而医药研发又是长期、重金投入的浩大工程，因此部分跨国药企的中国的研发团队由于研发成果尚未达到国际水准，被总部选择了放弃。②本土企业的迅猛发展，也对跨国企业研发中心人才流失形成压力。

鉴于生物药普遍的高昂价格，在生物药和小分子的性价选择问题上可予以关注。小分子药物，如格列卫、替诺福韦、DTG、索菲布等，目前药物纠纷较多，但适合低收入阶层的使用。由于制造成本低、存储方便、服用方便（一天口服一片药）等原因，小分子药物是解决低收入人群和第三世界国家人民看病最好的手段。在大量药企都将研发重点转向生物药的同时，也应对小分子药给予相应的重视。

（三）美国生物制药企业在华投资的发展趋势

居民人均收入上升、城市人口老龄化、国家医疗保健和医药监管改革

---

① 2017年4月10日，最高人民法院审议并原则通过的《最高人民法院、最高人民检察院关于办理药品、医疗器械注册申请数据造假刑事案件适用法律若干问题的解释》。

② 2017年9月7日，礼来制药正式宣布关闭其位于上海张江的中国研发中心。事实上，礼来也是继2017年8月GSK宣布关闭位于上海张江的神经疾病研究中心后，又一家选择在华"瘦身"研发中心的医药巨头。

的增加，是提高中国市场对跨国公司吸引力的关键因素。然而，物价压力的上升和经济增长的放缓将会阻碍近期的销售。此外，一些严重的监管问题仍然存在，包括中国药品注册和市场批准制度的缺陷。

系国家食品药品监督管理总局①（CFDA）简化了新药的注册流程，强化了专利保护，增加了准入和价格利好。在此背景下，资本领域对新药研发空前热情，部分领域的中国研发水平大有赶超欧美地区之势，众多海外做新药研发的高端人才纷纷回国。从数据来看，近几年中国的新药层出不穷。

在未来的发展过程中，生物制药行业继续在制药行业当中扮演重要的角色，并给制药行业带来根本性的变化，相应地，美国在华投资也将为适应我国生物药产业发展趋势而进行一定的调整。

第一，发展异常迅猛。

近些年来，我国生物制药企业不断出现，并且都得到了非常好的发展。早在20世纪末，我国生物制药企业就已经突破了200家，以深圳新科、天津泰达等优秀的生物制药企业为代表的生物制药业为我国经济的增长做出了卓越的贡献，同时这些企业自身也得到了较为迅速的发展。生物制药行业有效地满足了人们对生活质量不断提高的要求，这也在一定程度上保证了我国生物制药企业较快的增长速度，慢性病及肿瘤领域的创新药、生物药公司及化学药物研发平台都将成为适应这一需求的产业增长发力点。此外，我国有着较为丰富的药材资源，其中中药资源在国际市场上有独特的影响力。面对国际生物制药产业的发展趋势，充分发挥我国医药产业自身的优势，重点研究中药有效成分的提取挖掘。例如以天然植物、中草药等作为原材料进行生物制药的生产。在不久的将来，我国的生物制药产业会有大量的企业开始从事中草药相关的生物制

---

① 已于2018年撤销。

药技术研究。

第二，走集群产业化道路。

随着当前生物制药的不断发展，我国生物制药也在集群产业化道路上不断前进。依托不断输送高质量的生物制药人才的科研院校，大型企业加快探索新的产业化发展路径，形成了较为稳定的生产基地和研究基地。如在上海地区产业群，已经聚集了将近 500 家生物制药企业，并形成研究开发、创新孵化、培训教育、休闲投资以及专业服务等各个模块所组成的现代生物制药体系。

第三，研发外包化短期难以改变。

当前我国生物制药产业发展的重要模式之一就是研发的外包化，研发外包给中国生物制药产业的发展带来了广阔的商机。广大的医药消费市场、老龄化趋势及相对低廉的高素质医药人才，使得在中国投资合作研发对外国大型药商极具吸引力。当前我国生物制药企业研发外包规模已非常庞大，多个城市都已经把医药研发外包作为当地经济的新增长点。并且我国还拥有着大量的医药院校、研发机构以及学术人才，这些都为研发外包的顺利增长提供了支持。但出于知识产权等因素的考虑，这种合作模式的扩展有较大的难度，但与医药产业链的分工细化深度关联的合同研究组织/合同生产组织（CRO/CMO）仍是未来投资热点。

三、WTO 关于生物制药问题的规制

GATT、GATS 和 TRIPs 共同构成 WTO 规则体系的三大支柱，其中 GATT（General Agreement on Tariffs and Trade）为关税和贸易总协定，GATS（General Agreement on Trade in Services）为服务贸易总协定，TRIPs（Agreement on Trade – Related Aspects of Intellectual Property Rights）为与贸易相关的知识产权协定。我国于 2001 年底正式加入了世界贸易组织（WTO），并以

WTO 成员国的身份积极履行 WTO 中各项规则的要求，承担相应责任与义务；我国在《中国加入 WTO 议定书》中明确表示自加入之日起全面实施 TRIPs 协议。

（一）TRIPs 协议中对药品的数据保护问题

TRIPs 调整的是国家间与贸易有关的知识产权关系，除规范原知识产权关系外，货物贸易和服务贸易中涉及的知识产权问题也受其调整，其中包括药物知识产权保护的两类方式，即药品专利和数据保护问题。

TRIPs 协议对药品的保护期限为 20 年。药品专利保护期一般是从专利申请并批准日开始，而获得专利到该药品上市一般要 8~12 年的时间，所以一个新药上市之后的专利期实际只有 6~10 年。除了周期长外，新药研发还具有投资大、风险高的特点，目前一种新的化学药品开发要花费 8 亿~10 亿美元，而每上市 10 种新的药品，平均只有 3 种能够盈利，其中只有 1 种盈利较多。另外，激烈的市场竞争和药品市场巨大消费规模，导致大部分制药企业走上了仿制药品的生产线路。仿制药品以低成本和生产价格为优势，对原研药企业构成市场竞争，也会影响企业研发新药的积极性。可见，新药研发对专利权的依赖性高于其他行业。

药品数据保护要点 TRIPs 协议第 39 条第 3 项规定：当成员以要求提交未披露过的试验数据或其他数据作为批准使用了新的化合物实体的药品或农用化工产品上市的条件，如果该数据的原创活动包含了相当的努力，则该成员应对该数据提供保护，以防止不正当的商业使用。同时，除非出于保护公众的需要，或除非已采取措施保证对该数据的保护、防止不正当的商业使用，成员均应保护该数据以防其被泄露。

数据保护的重要原因是作为药品专利的后继保护，数据保护所涉及内容为在药物注册过程中由申请者呈交的未披露（主要涉及药品安全性和临床有效性）的数据，而申请者得到这些数据需要投入大量资

金和时间。因此，TRIPs 成员的药品主管部门有义务为申请者（通过自己努力获得）的数据予以保密，以保护药品生产研发企业的合法利益和研发积极性。

（二）WTO《药品贸易协定》（药品"零对零"倡议）的产生与现状

在世界贸易组织乌拉圭回合谈判期间，美国和其他几个主要贸易伙伴同意对药品和药品生产中使用的化学中间体实行"零对零"的零关税消除。在1995年世界贸易组织成立之后，约占全球药品生产总量的90%的制药生产国加入该协议。加拿大、欧盟及其28个成员国、日本、挪威、瑞士、美国和中国澳门签署了世界贸易组织药品协议（见表5）。

表5　　　　　　　　　签署《药品贸易协定》的国家（地区）

澳大利亚	奥地利（EU-28）	芬兰（EU-28）	拉脱维亚（EU-28）	罗马尼亚（EU-28）
加拿大	比利时（EU-28）	法国（EU-28）	立陶宛（EU-28）	斯洛伐克（EU-28）
日本	保加利亚（EU-28）	德国（EU-28）	卢森堡（EU-28）	斯洛文尼亚（EU-28）
挪威	塞浦路斯（EU-28）	希腊（EU-28）	马耳他（EU-28）	西班牙（EU-28）
瑞士	捷克共和国（EU-28）	匈牙利（EU-28）	荷兰（EU-28）	瑞典（EU-28）
美国	丹麦（EU-28）	爱尔兰（EU-28）	波兰（EU-28）	英国（EU-28）
中国澳门	爱沙尼亚（EU-28）	意大利（EU-28）	葡萄牙（EU-28）	克罗地亚（EU-28）

鉴于新药品和化学中间体的开发，"零对零"倡议成员同意定期更新清单以加入新的合格免税品，并于1996年（更新496项）、1998年（补充642项）、2006年（添入823项）和2010年（加入735项）对最初协议进行更新。最近的更新于2011年1月1日起生效，为符合免税待遇药品清单

增加了 735 项新物品。① 初始协议及其后续更新共包括 10 000 多种产品。

一方面，WTO 药物协定成员包括美国、欧盟、瑞士和日本这些全球药物市场的最大成员，这意味着全球药物贸易绝大部分是免税的。另一方面，不在该协议当中的既包括三个主要新兴药物生产国家（中国、印度和巴西），也有其他主要药物进口国，如俄罗斯、墨西哥和土耳其等。

经初步测算，中美生物制药贸易实现自由化，通过零审批可以为中国生物制造业注入活力，带来约 600 亿元的潜在收入增长以及 4 000 人就业下降，分别占行业收入和就业人口比重的 2.42% 和 0.17%；同时，将带来生物制药约 160 亿元潜在收入增长及 1 000 人规模的就业下降，分别占子行业收入和就业人口的 5.2% 和 0.48%。

全球药品贸易发展迅速，"金砖国家"里有三个不在 WTO 的药物协定之内（巴西、中国和印度），数据显示其进口中来自四个主要药品出口地区（美国、欧盟、瑞士和日本）的进口额都在增长，而来自欧盟的进口增速则明显高于美国和日本。

（三）对中美两国生物制药现行关税情况的评估

对药物实行关税其实具有累进性质（关税对穷人的负担较富人更重，因为占收入的比重更大）。中国加入世界贸易组织之初，对药物的平均从价关税率为 9.0%，而美国为 0，而关税细目分别为 70 项和 40 项；至 2011 年，中国对药物进口平均关税降至 4.5%，此后微升至 4.7%，而美国近 5 年的关税则稳定在 0.2%（主要针对 300691 和 300692 两类产品征税），而关税细目分别为 79 项和 43 项。中国对药物进口的关税降幅明显，但始终远高于美国的关税水平。值得注意的是，2017 年美国关税 HS6 位项目增加了 13 项，美国对药物的关税细目由此前的 43 项增长到 56 项，而药物平均关税变化尚不

---

① Office of the United States Trade Representative. Pharmaceuticals. https://ustr.gov/issue-areas/industry-manufacturing/industry-initiatives/pharmaceuticals.

明显。

事实上，中国生物药进口零关税的进程已经开启。自2018年1月1日起实施的《2018年关税调整方案》将涉及生物药的9个税则号列下的商品进口关税由3%调降至0。

四、中美两国生物制药管理体制比较

对于未来中美关于生物制药的谈判，美国关注的问题不仅包括试验数据保护期限，还将涉及补充数据对专利申请的适用、药物审批拖延与歧视（忽视消费者利益，不公平竞争）、药品定价谈判以及中方医药管理体制的问题等，美方谈判的诉求也将围绕扩大中国生物药品市场准入和通过专利保护等措施来保护美国企业的利益来展开。

（一）未披露试验数据保护问题

在2001年加入WTO时，中国同意提供6年的监管数据保护。在2012年的美中商贸联委会（JCCT）上，中国也承诺以符合国际研究和发展惯例的方式来实施监管数据保护。但由于在其药品登记制度中对"新化学实体"（NCE）缺乏明确的定义[①]，造成中国国内企业可能抢在美国企业将在中国境外获批或上市的新药带到中国市场之前，不公地使用该美国企业的药物数据。

从2001年开始，中国国家知识产权局（SIPO）不允许专利申请人提交补充数据，并开始拒绝在美国和其他地方获得专利的申请人的专利保护。中国专利审查委员会随后对这一变更进行了追溯性的修改，使得当允许补充数据时授予的现有药物专利无效。2013年12月，中国修改专利审

---

① 中国将这一承诺解释为只适用于药物"新"到世界，而不是"新"到监管当局。

查指南，允许专利申请者在提交申请后提交补充数据，并认定 2006 年版的专利审查指南不可回溯使用，但并未规定补充数据可被接受的具体时点。

（二）生物制药的审批程序及改进方向（包括辅助数据问题）

美国是全球生物药产业强国，对新生物制品和生物仿制药拥有严格和完善的申报审核机制。美国食品和药物管理局（FDA）规定的生物医药制品的市场准入要求及对生物制品的审批指标在一定程度上是对质量、安全及功效的最高标准。

（1）从审批类别上。

FDA 将人用药品分为处方药、非处方药、植物药和生物制品四类。生物制品是一类特殊的药品，根据 PHS Act 351 部分，美国各州销售生物制品，无论是原研药还是生物类似药，都须持有生物制品许可执照（Biological License），为获取该许可执照必须向 FDA 提交生物制品许可申请（Biological License Application，BLA）。[①]

生物制品按照类别的不同以及监管属性的不同，主要以处方药和生物制品两类途径进行上市申请。处方药分为创新药（new drug）和仿制药（generics）两大类，创新药需经过特定的 FDA 新药上市前审批，而仿制药的上市则采用《联邦食品、药品和化妆品法》（FD & C Act）505（j）规定的简化新药申请（ANDA）的批准程序。生物制品中的低风险类生物制品无须通过新药申请上市，生物仿制药（biosimilars）有其特殊的 351（k）申请途径，而治疗性新生物医药制品等一类具有较高风险的制品须经过新药审批后方可上市。

---

① 美国药品监管体系按照法案（Acts）、法规（Regulations）和指南（Guidances）的层级自上而下共同构成，其内容涵盖了药品研发到审批上市的各个环节。《联邦食品、药品和化妆品法案》（FDCA）和《公共健康服务法》（PHS Act）为美国生物类似药的注册监管提供了法律依据，《联邦法规》（Code of Federal Regulations，CFR）等则依据法律要求提出了更为细化的注册管理规定和执行程序。

（2）从申报流程上。

生物制品作为一类特殊的药品，其获取 FDA 的许可执照（license）必须满足《公共健康与服务法》（Public Health Service Act，PHS Act）第 351 部分（section 351）中关于生物机构和制品许可证颁发的要求，以及《联邦食品、药品和化妆品法》（The Federal Food, Drug and Cosmetic, FD&C Act）第 505 部分（section 505）"新药"的要求。

新药在通过审批最终成功面市的过程中，主要经过临床前研究、调研性新药申请（investigation new drug，IND）、临床研究、新药申请（new drug application，NDA）、审批以及上市后监管几个阶段。

大部分的生物医药制品通常都进行生物制品许可申请（Biologics License Application，BLA），只有少部分的生物制品（主要是重组荷尔蒙，如胰岛素、人体生长激素等）由于历史原因作为药物进行 NDA 的申请。因此，生物医药制品 BLA 与 NDA 为两个并列的阶段，申报者依据申报品的属性采用不同的申报途径。PHS Act 规定在美国各州销售生物制品者必须持有许可证。

当新药在三期临床试验结束之后，申请人可向 FDA 提出进行生物制剂许可申请（BLA）或新药申请（NDA），在充分证明了药品的安全性、疗效、质量达标后，可核发药品证书，药品才能进入新药申报审批阶段。新药申请和生物制剂许可申请的审评程序包括：申请书的受理、新药技术审评、现场考察、通知审评结果、双方交流（申请提交前会议、中期会议、审评终结会议和其他会议）等。

新药申请被批准后，为了持续保证药品的安全性和有效性，FDA 将对批准上市的药品进行上市后监管。上市后监管包括生物制品的批签发、上市后不良反应事件的通报、生物制品召回等。制造商被要求进行更多的额外临床实验，这被称为新药临床试验 IV 期（postmarketing clinical trials）。而药品制造商也必须及时审查并向 FDA 报告它所掌握的每一起药物不良反应事件。十分严重和致命的药物不良反应事件必须在 15 日内上报，其他事件则按季度上报。

（3）从评审类型上。

1992 年，根据《处方药用户付费法案》（Prescription Drug User Act, PDUFA），FDA 同意加快药物评审并且制定了标准评审（standard review）和优先评审（priority review）两种评审周期体系。其中，标准评审适用于那些比市售药品的疗效有少许提高和改进的大多数药物，2002 年修订的《处方药申报者付费法案》（PDUFA）规定新药申请的标准评审应在 10 个月时间期限内完成。优先评审适用于能够在治疗上比已上市的药品有显著改进，或提供了一种市面上并不存在的治疗方法的药品。优先评审使评审时间大为缩短，完成评审的目标期限为 6 个月。

（4）生物仿制药审批。

生物仿制药是指与已获批的生物制品（参照品/原研品）高度相似的生物制品。尽管在临床非活性成分上有细微差别，但是生物仿制药和已获批生物制品之间，两者在安全性、纯度及效力方面不存在具有临床意义的重大差别。

2010 年，《生物制品价格竞争和创新法案》（BPCI Act）作为医疗改革法案《保护患者与廉价医疗服务法案》（Affordable Care Act）的一部分正式生效，法案对 PHS Act 进行了修改并且制定了 351（k）节，授予了 FDA 批准生物仿制药的权利并且设立了生物仿制药简化申请途径。生物仿制药只要证明了与 FDA 已许可的生物制品具有生物相似性或可互换性后，即可通过申请。

据医疗改革法案中的规定，生物仿制药的申请人在新药获准销售的 4 年内不得向 FDA 提交生物仿制药的简化申请，而 FDA 不可在新药获准销售的 12 年内批准生物仿制药的简化申请，从而保证了新药的市场独占期最少为 12 年。

综上所述，FDA 生物药的注册审评监管体系已较为成熟，而中国国家食品药品监督管理总局（CFDA）在监管政策和技术指导原则上，较多借鉴和引入了美国 FDA 关于生物药准入和审批制度安排①，基本宗旨是：在保证上市生物药安全有效的前提下，鼓励生物制药企业的研发，提高我国生物药的可及性。

尽管如此，在跨国药企看来，制药产品的审批延迟已经成为其进入市场最紧迫的障碍，并为产品的推出创造了巨大的不确定性，削弱了多年的专利有效性。从 2011 年到 2014 年，CFDA 平均每年完成 5 000 份申请审查，但每年接受的申请数量在 7 000～9 000 份。为了解决申请过度累积和审批周期长的问题，CFDA 已经成功地阻止了大量来自不合格的国内制造商的缺陷申请，并雇用了更多的审查人员。之后审查效率确实得到提高。2015 年，CFDA 完成了 9 600 份申请的审查，2014 年为 5 260 份。

同时，中国按照 2014 年的美中贸易与贸易联合委员会（JCCT）上作出的精简批准流程的承诺，通过一系列项目和改革减少药物滞后性。但在美方看来，在改革中外国公司和进口产品受到的待遇与国内产品依旧有别。例如，在最近 CFDA 审查政策的变化中，中国本地生产的创新药物被授予了加速优先审查。来自外国公司的生物仿制药仍被禁止在多区域临床试验通道，在美国或欧盟获得批准后，只能在中国申请临床试验。这使得外国生物生产商与国内公司处于不利地位，并可能导致额外的 5 年或更长时间的市场准入延迟。

中国医药法规正加速与国际接轨，加速和简化药物监管审批流程的药品管理法（DAL）和药品注册管理办法（DRR）的修订在密集进行，以实现全球药物协同开发环境的改善，以及药物质量提升的推动。如 2017 年 3

---

① 如我国 2015 年出台的《生物类似药研发与评价技术指导原则（试行）》在药学（质量）对比和分析研究方面与美国指南并没有思路上的本质差别，但在临床和非临床方面的标准和要求较为严格复杂。

月 11 日，CFDA 发布了《关于调整进口药品注册管理有关事项的决定（征求意见稿）》，使得全球新药在中国同步上市成为可能：一方面，在中国进行的国际多中心药物临床试验，完成国际多中心药物临床试验后，可以直接提出药品上市注册申请；另一方面，对于申请治疗用生物制品创新药，取消应当获得境外制药厂商所在生产国家或者地区的上市许可的要求。又如 2017 年 5 月 11 日，CFDA 发布《关于鼓励药品医疗器械创新改革临床试验管理的相关政策》，实现境内外临床数据互通互用：申请人在欧洲药品管理局、美国和日本获准上市仿制药的生物等效性试验数据，符合中国药品注册相关要求的，经现场检查后可用于在中国申报仿制药注册。

（三）生物药品的定价及存在的问题

1. 生物药品定价情况

目前，中国卫生支出占国内生产总值（GDP）的 5.4%，约为 OECD 国家平均水平（9.3%）的一半，也低于"金砖国家"中除印度（4%）以外的三个国家。2000 年以来，药品支出总额（TDE）和卫生支出总额（THE）在快速增长的同时，TDE 占 THE 的比例由六成逐渐下降到四成，但仍高于印度（26%）；TDE 占 GDP 的比例（2.3%），大大高于 OECD 国家的平均水平（1.5%）。[①]

药品支出增长和占比虚高的原因可以从以下影响药品价格的三个因素来理解：一是我国药品六成以上在医院完成购买，而 15% 的药品加成政策在一定程度上推高药价，并可能导致过度开药；二是国内患者担心国产仿制药质量，会购买更加昂贵的专利国企原研药，从而抬高价格；三是国内药品制造和分销行业高度分散，导致难以被几个部门有效监管和流通环节的层层加价，而且药品质量也难以得到保证。

---

① Jia Hu, Elias Mossialos. 中国药品定价和补偿政策及其效果，载《中国卫生政策研究》2017 年第 2 期，第 5~15 页。

我国药品定价在从市场授权到患者使用的过程中，主要涉及三个环节。首先是各级招标谈判中的初次定价：药品价格很大程度上通过招标（针对非专利药品）或直接谈判（针对专利药品）确定。药品质量在定价过程中起到重要作用。其次是药厂到医院这条供应链上的二次议价，如果存在多家分销，层层加价，药价将进一步抬高。然后是医院加价15%出售给患者的制度性安排。对于生物药而言，其定价主要控制环节是在省级招标和国家药品价格谈判上。国家卫生和计划生育委员会①（NHFPC）主导的网络平台和全国集中招标采购在促进价格合理化方面发挥积极作用，国家发展和改革委员会正在制定的国家专利药品价格谈判指南也将为定价提供依据。

不难看出，中国生物药品定价是政府行为和市场调节共同作用的结果，在谈判涉及的基本药品目录和医保目录药品上，政府有较强的定价权，而其他药品则主要由企业自主定价。相比之下，美国药品则主要奉行自由定价原则，药企根据药品品种、成本、规格等自行定价，新研药还会比照患者医疗成本；此外，民间医疗保险公司和健康医疗团体（HMO）也会对药品价格发挥间接影响。例如，保险公司通过制定报销目录、要求回扣等方式，HMO通过制定《指定药物目录》，来避免将高价药品收载于指定药品目录中，抑制药品价格。

2. 存在的问题

中国方面，作为加入WTO的一部分，承诺在与WTO一致的模式下实施价格管控，一方面，兼顾出口WTO成员国的利益；另一方面，并没有限制或损害中国对商品和服务的市场准入承诺。尽管有此承诺，美国药品研究与制造商协会（PhRMA）还是担心中国政府主导的定价机制改革下的商业环境具有不确定性，可能进一步降低创新的回报，限制患者获得高质量的药物，从而破坏中国的医疗改革和创新政策目标。

---

① 已于2018年撤销。

美国方面，药品定价过高虽然是由科研驱动型的制度和市场共同决定，但也长期被国内和国际舆论所诟病。一方面，美国食品药品管理局（FDA）主要负责药品的安全性和有效性监管，除新药审批外，无其他管制手段直接影响药品价格。另一方面，前期研发的高投入要求相匹配的知识产权，从而造成了新药的先行垄断地位和初期高昂的药价；通过不断研发新药的高版本以延长知识产权期限（如 Gilead 公司的 Harvoni 是其丙肝药物 Solvaldi 的升级版本）成为新药维持其垄断地位和高药价的可行方式。在美国，"看不见的手"的市场识别定价匹配行为被认为比行政条例更能够有效调配国内资源。

（四）中美两国在报销管理制度和透明度方面的差异比较

1. 从报销审批制度上看

虽然我国官方主导报销药品目录更新较慢，但对特殊医疗诉求的支持逐步加强。相比之下，与我国实行的药品报销制度不同，美国并无全国统一的药品报销目录。处方药等报销需要按照患者所属的保险公司的规定。[①]

2017 年以前，我国国家报销药品清单（NRDL）只进行了两次实质性的更新（2004 年和 2009 年）。更新 NRDL 的漫长过程推迟了对创新药物的市场准入。构建透明的、可预测的、定期的报销审查制度，在显著提高患者获得创新药物机会的同时，也可为相关企业提供更稳定的商业环境。

2017 年、2019 年医保目录分别进行两次更新，分别新增药品 339 个、148 个，并将疗效确切的高价药品纳入拟谈判目录。2008 年以来我国批准的创新化药和生物制品中，绝大部分也被纳入 2017 年、2019 年版医保目录或谈判药品范围，预期未来具有较高临床价值和进入壁垒的创新药与高端仿制药品种将获得青睐。2017 年版医保目录对中成药、儿童药、创新药和大病种药物的鼓励和支持力度加大，对中药注射制剂等领域管控更严。

---

① 保险公司一般会在保单条款内注明保险的保障范围和免责范围，包括对处方药的报销规定。

2. 从报销管理程序上看

中美两国在管理制度上的差异主要表现在：一方面，美国药品福利管理模式（Pharmacy Benefit Management，PBM）的实现以"医药分开"为基础，而中国的医药分开目前仍处于探索阶段，"以药养医"的痼疾尚未从制度上根本解决；另一方面，美国的医保模式建立在成熟、高效的商业保险之上，商保的发展模式对推动 PBM 市场起到了重要作用，这与我国政府主导之下的基本医疗保险制度有很大差异。

美国的药品福利管理模式指专业化的第三方中介机构（Third Party Administrator，TPA）运用市场手段对药品费用支出进行管理，该模式最早发展于 20 世纪 60 年代末，是美国商业保险公司对医保基金控制的一种手段，以提高医保资金利用效率、控制医保费用为核心目标。

药品福利管理公司（Pharmacy Benefit Management Companies，PBMs）是 PBM 模式中的核心角色，拥有专业的自动审核平台，能够实现对药品费用报销过程高效、准确的控制。其本质为介于保险方（health insurers）、医疗服务支付方（payers）、药品制造商、医疗服务供应方（providers）之间的管理协调机构，是美国特有经济体制下产生的以市场需求为导向的营利性组织（见图4）。

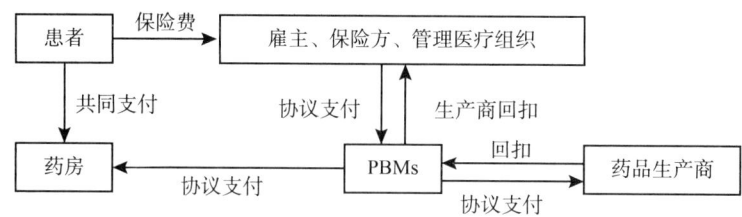

图 4 美国的药品福利管理模式

在美国的医疗体系下，完整的药品信息网络包括：（1）保险方即药品福利计划的委托方，如企业雇主、管理医疗组织等；（2）药品提供方，包括药品生产企业、批发商、社会零售药房等；(3) 被保险方，即患者。处方报销过程中 PBMs 和相关利益方之间的药品信息网络及网络中的信息流向如图 5 所示。

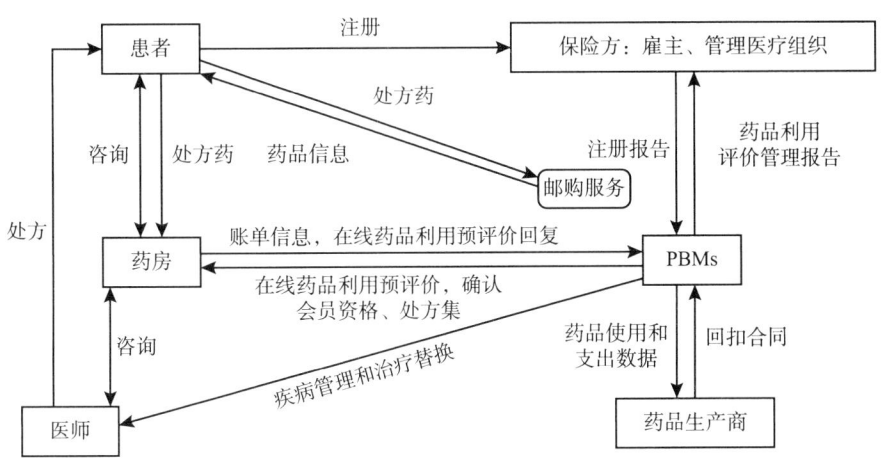

图 5　美国医疗体系下药品信息网络

资料来源：Grabowski H, Mullins C D. Pharmacy benefit management, cost-effectiveness analysis and drug formulary decisions. *Social Science & Medicine*, 1997, 45 (4): 535 – 544。

美国处方药的报销流程包括以下几个环节：

第一，数据标准化处理。当拥有会员资格的患者向 PBMs 网络内的药房提交了处方数据后，药房会收集、整合这些识别信息并向处方实时审核程序发起申请，申请将首先被数据标准化程序接收。数据标准化程序的作用不仅在于将药房系统和处方审核程序连接在一起，更重要的是它可以对数据进行标准化处理，使其符合美国处方药程序标准（National Council for Prescription Drug Programs，NCPDP）的格式。

第二，处方实时审核。符合要求的数据传送至处方实时审核程序后，该程序会将处方中的患者信息和事先已经导入系统中的数据进行比对，确定患者在 PBMs 中的会员资格以及所参加的保险计划。审核完成后，一方

面,程序会自动将审核结果(接受或者拒绝)传送回药房;另一方面,程序会将通过审核的处方报销申请记录下来,同时将其传递到下一个环节的处方报销程序中。

第三,处方报销。处方报销程序接到处方报销申请后,将自动记录处方中的药品信息。同时,程序会根据和支付方签订的协议支付条款,判断药品是否在报销范围内并计算患者自付金额和保险报销金额。计算结果将被实时传送给药房,药房有权向PBMs的报销管理系统收取药品报销费用,支付可能通过预支PBMs在银行或者其他金融机构的信用额度来完成。而保险支付方则应在收到PBMs的支付账单后,按期向提供信用额度的银行或其他金融机构支付款项。

(五) 中国在生物制药贸易与投资方面存在的问题

向中国进口药品依旧工序复杂。虽然国内制造商可以直接向消费者出售产品,并且医药改革"两票制"的实施压缩了药品加价的中间环节,但境外药品的国内总代理被视为生产企业的规定,使得进口药物在总药代和医院间仍存在其他代理经销环节,从而构成潜在加价空间。此外,各省区运输质量和规章各不相同,不同阶段的加价会推高产品的最终成本。

行业碎片化亟待解决。中国的仿制药市场由大量低成本的国内制造商主导。这个支离破碎的行业包括大约5 000家药品制造商,前100名仅占市场的1/3。展望未来,政府的政策旨在通过强制要求,中国食品和药品管理局(CFDA)估计将关闭数百家低于标准的小型制造商,以减少行业碎片化。

卫生保健行业,尤其是生物制药行业,已成为中国政府产业施政布局的优先领域,其目标是打造一系列国内领先企业。尽管这些趋势可能会改善市场准入和监管改革的某些方面,但政府政策目标可能会越来越多地倾向于国内企业而不是外国跨国公司。此外,对假药处罚力度不足、执法缓慢等管理体制问题还依然存在。

医药市场竞争环境中销售驱动的成分还较大。在中国，长期以来，美国公司一直依赖销售更昂贵、专利和品牌的仿制药。虽然病人主要在买药方面谨慎，但他们经常会要求购买外国品牌的产品，部分原因是他们对高质量的产品的偏好。此外，中国的医生有相当大的处方药选择权力。因此，公司严重依赖医疗专业人员的促销活动来推动销售。

五、中美生物制药谈判对中美的影响

（一）生物药数据保护的影响及对策

药品数据保护，一方面可以弥补用于生物药品研发的成本，以及创新药企将产品推向市场的高昂费用；另一方面也会产生垄断壁垒，限制其他生物制品参与竞争，扼制对生物仿制药投资，增加医疗成本。在美国，生物仿制药（biosimilars）的价格比对应的原研药的价格要低40%。

一旦美国将生物药品的数据保护制度通过区域自由贸易协定的方式推广至我国，无论这些药品是否在我国获得专利权，我国需要负担起对美欧等国的生物创新药给予数据保护期的义务。这将对未能拥有足够医药专利的我国带来极大的不利影响，过长数据保护也会限制药品资源的可得性。例如，中国以仿制药为主，国内医药市场八成以上为仿制药，如果产品实行TPP规格保护期延长，国内就无法对其进行仿制生产，仿制药的品种和行业将受重大打击，对医疗体制改革构成挑战。

投资方面，跨国药企在华策略也逐渐与其海外策略趋同：专利期内的高价药成为在中国的主要利润来源和推广重点，其他类直接投资可能会被削弱，如中国研发基地、低价或无专利保护药品、与本土企业合资公司等。生产方面，在与国际接轨的强监管、强保护的驱使下，我国国内医药

产业和商业企业数目进一步下降,产业集中度继续提升,未来几年并购会愈演愈烈。

相较于美国,我国对生物药数据保护还未拟订明确期限,但已做好制度铺垫。生物药品的数据保护制度已通过间接方式推广至我国,我国给予美欧等国的生物创新药数据保护期的义务已成为事实。因此,未来谈判将主要围绕数据保护时间进行。

TPP各国对生物药数据保护期从0~12年不等。美国是唯一提出12年的国家(仅针对生物药);除美国外,只有加拿大和日本对药品给予8年的数据保护期;其他成员大都不加区分地给予5年的数据保护期,仅文莱并未对生物制药特别保护。可以看出,TPP主要参与国对生物药品给予8年数据保护期已经是最大让步;考虑到中国现阶段生物药创研条件和发展水平,未来中美FTA谈判在药品数据保护期上,也可将8年作为重要的上限标准,具体见表6。

表6　　　　　　　　　　TPP成员药品数据保护情况

TPP成员	药品数据保护期(年)	生物药品数据保护期(年)
美国(已退出)	5	12
欧盟	10	10
加拿大	8	8
日本	8	8
澳大利亚	5	5
智利	5	5
马来西亚	5	5
墨西哥	5	5
新西兰	5	5
秘鲁	5	5
新加坡	5	5
越南	5	5
文莱	0	0

资料来源:美国商会全球知识产权中心(GIPC)。

此外，面对生物制药强劲发展潜力和保护趋势，我国应抓紧国内调整应对，平衡创新药产业、仿制药产业以及社会公众三方面的利益。首先，应尽快解决顶层设计问题，明确发展路线，制定与国际接轨的市场准入法规。其次，平衡国内生物仿制药产业与生物创新药产业之间的利益，既为生物创新药提供适合我国经济社会发展的知识产权保护模式，激励生物创新药产业发展，也为生物仿制药制定专门的快速审批通道，推动我国生物仿制药的发展。最后，重视有关中药的知识产权保护，探索合适的保护模式。

（二）TRIPs-Plus 框架下的谈判

所谓 TRIPs-Plus，是指限制 TRIPs 协议所允许的弹性条款或权利限制条款，提供比 TRIPs 协议更多、更宽的知识产权保护条款的总称。在知识产权条款上继承了美式 FTA 内容的 TPP 最终文本也具有明显的 TRIPs-Plus 性质。[①] 例如，TRIPs 协议对平行进口未加限制，但在 TRIPs-Plus 下，自由贸易协定（FTA）中将规定平行进口构成侵犯知识产权。以及 TRIPs 协议中未要求的成员方提供药品保护期延长，在 TRIPs-Plus 下所有 FTA 均有规定。TRIPs-Plus 还包括专利链接制度，导入我国将产生诸多无效专利保护的结果。

对于拒绝采用美国所希望推行的 TRIPs-Plus 的发展中国家，或者拟利用符合 TRIPs 协议弹性条款来促进药品获取的国家，美国常常将其纳入《特别 301 报告》不同观察国家名单之中。其中，数据保护或专利链接是其考虑将一个国家列入重点观察国家或观察国家的重要原因。而任何一个成功缔结的 FTA，将最终产生累积的效果，即当足够多的国家与美国签署 FTA 并接受高标准的知识产权保护规则时，根据国际法理论，这些保护规则就有可能成为国际惯例而对已有国际条约的解释产生影响。

---

① 2018 年 3 月 8 日，日本、加拿大等 11 国签署了不含美国的 TPP 协定，但新协定搁置了关于知识产权规则等 22 个项目。

TRIPs 协议第 4 条规定了最惠国待遇原则,这就意味着 WTO 成员与美国签署高标准的知识产权保护规则,将"立即且无条件"地将这些保护授予其他所有成员的国民。美国逐渐将这些条约作为知识产权保护的全球标准,而一旦时机成熟,美国就会从 FTA 的双边谈判迁移至 WTO、知识产权组织(WIPO)等多边谈判场合,以将这些规则作为国际标准引入。

面对上述谈判可能的趋势,我方应做足准备。首先,明确药品知识产权的保护应该对内实现两项基本目标,即激励研发投资创新行为,以及促进以合理价格获取药品。其次,加快健康网建设,完善医疗健康保险制度的同时,商定合理水平的药品保护制度标准。按照美国《药品价格竞争与专利保护期恢复法案》[①] 的主要起草者、国会议员亨利·韦克斯曼(Henry Waxman)的观点,在他国没有相应的安全完善的健康网络条件下,要求他国实施可能夺走成千上万救命药的药品保护制度,是不负责任的做法。最后,加强与其他国家的政策协调,争取更大的斡旋空间。一方面,欧盟等发达国家与发展中国家所缔结的 FTA 并不强求严格的药品数据保护和市场专有权,也完全不提及专利链接。另一方面,发展中国家内部应该采取合众连横的策略,形成共同的政治和经济"联盟"(如非政府组织、论坛等形式),要求实现将 TRIPs 协议的弹性规则和 TRIPs – Plus 本身的弹性规则纳入相关协议。

(三) 国家价格谈判重塑国内生物药生态格局

国家谈判价格可大幅度降低药品价格,实现提供安全、有效、可支付药品的核心目标,减轻病患负担、提升病患福祉。如 2016 年 5 月 17 日,国家卫生和计划生育委员会在官网公布了 3 种药品的国家谈判价格,较谈

---

① 1984 年《药品价格竞争与专利保护期恢复法案》,又称 Hatch – Waxman 法案。

判前价格降幅达到50%左右。①

谈判后的药品，会优先被政府纳入医保，甚至会在部分地区医院绩效考核时"特别对待"。考虑到相关部委和地方积极跟进的情况和中国生物药需求市场巨大，通过谈判的药品生产企业在获得可观的回报的同时，也会对其同类替代或仿制药物造成挤出效应。以癌症为例，中国癌症病例约占全球22%，肝癌和食管癌病例约为全球总数的一半。尽管无法对中国癌症新药设定与其在美国同样高昂的价格，但庞大的病人基数能够完全弥补价格压力。据估计，PD-1抑制剂对中国每年约300万新增癌症患者有效，但中国目前并没有相关免疫检查点抑制剂通过审批。就算这些病人中只有10%使用PD-1抑制剂，且价格为病人在美国所支付的1/3，年销售额仍能超过100亿美元；若价格降至香港价格的1/2，则年销售额和消费者福利将超过千亿人民币。②

可见，药品价格谈判将推动市场选择和政府引导的有效结合，低质产品将被拒市场之外，生产销售中的垄断被公平竞争替代，受冲击的民族生物制药产业发展也将更科学。

此外，药品价格谈判可以视为另一种形式的价格加成取消，对消除"以药养医"的体制现象有推动作用。利润急剧压缩不仅对药品供应链产生冲击，也对医院的药房维护和人工形成压力，而国有药企及医院周边大药房成为相应的接手方。截至2017年9月底，由于公立医院综合改革政策全面开展，全国所有公立医院取消药品加成，补偿渠道的改变使得医院药

---

① 3种药品中，一种是治疗艾滋病和乙肝的抗病毒药——韦瑞德，另外两个是治疗非小细胞肺癌的分子靶向药物——凯美纳、易瑞沙。谈判前，3种药物在各地药价大致为1 000元、2 750元、5 000元，而谈判后药价变为490元、1 399元、2 358元。

② 2017年12月13日，国家药监局受理了国产PD-1抑制剂——信迪单抗注X的上市申请。如果顺利获批，这将成为我国第一个上市的国产PD-1抑制剂。国内癌病患者前往香港购买PD-1抑制剂治疗的药费开支在100万元左右，而国产PD-1抑制剂则有望将此费用降为10万元上下，但5年生存期为30%~40%与前者60%~70%的差距还是颇为明显。

房由利润中心成为成本中心。

(四) 贸易限制取消的影响及对策

取消贸易限制有助于解决我国发展先进生物药产业与追求病患福祉最大化的矛盾。始于1989年的我国生物制药目前仍是一个幼稚产业。截至2016年，我国市场约有96个生物制剂，国产生物药仅4个，即今又生、安柯瑞、利卡汀和康柏西普。[①] 为发展我国自主生物制药产业，我国政府以重点突破为方略多策并举，如《"十二五"规划》将生物制药列入七大重点发展的战略新兴产业之中，《中国制造2025》《"十三五"规划》等均以加速发展生物药产业为目标。但这个目标与减少病患支出的福祉最大化目标相冲突，即低价的药品无法调动企业研发和生产积极性，导致的供给紧缺不利于满足病患需求。

鉴于当前我国生物制药存在严重的供给不足，每年存在巨大的贸易顺差，境外非法渠道采购猖獗，研发投入和原研药与美国差距巨大，取消生物制药进口的限制将收益大于成本，带来社会福利水平的总体提升。

生物制药也是一个全球化的从研发—中间品—终端药—销售的价值链，巨大的国内市场赋予了我国在生物药全球价值链的比较优势是在下游，即最终品的生产和销售上。而这意味着取消原料和中间品的贸易限制，市场竞争将使我国本土生物制药企业在最终品的生产上迅速形成优势，国外投资者大量进入中国市场也就成为必然。同时，由于医药的研发与所在市场的特征具有密切的联系，国内企业在研发中国人用药上也具有先天优势，外资的研发机构为获取这一优势也会进入中国，接近我国市场进行研发。

---

① 2016年，俞德超在第一届新药创始人俱乐部年会（苏州）上的发言。

总体上，在政策取向方面，主要是依靠我国巨大的潜在市场优势，遵循准入和非歧视等基本市场规则，抓住在生物制药全球价值链的比较优势（下游的终端药和销售环节），以提升国内疾病患者福利为政府管理生物制药市场为首要的目标定位，摒弃以牺牲疾病患者福利换取产业发展的做法。在对美谈判方面：（1）承诺"零关税"，并加入WTO《药品贸易协定》；以"安全、有效、可支付"为标准，以服务疾病患者为唯一宗旨，简化审批，不以随意延长审批这一危害疾病患者利益且无效做法作为促进生物制药产业发展的工具。（2）强化知识产权保护，提高对侵权的惩罚力度，降低惩罚门槛，摒弃以仿冒他人知识产权来提升自主创新能力的错误思想，确保疾病患者生命安全，严惩制假造假行为。将体制机制改革（优胜劣汰）、行业收益的增加和会聚优秀人才作为提升创新能力的基本支柱。（3）取消政府对药品的价格控制，提升内外资企业生物制药的积极性；以我国巨大市场的优势，打击恶意性的垄断高价；以增加的行业税收支持国家对医保的补助。（4）充分发挥我国在仿制药和OTC药上的竞争优势。鉴于中国市场巨大，在试验数据保护期限和专利链接上，要求美国必须给予中国优于其他一切国家的承诺。（5）杜绝在药物审批、外资准入、政府支持（如《中国制造2025》）等程序上有强制投资、强制技术转让的倾向。依靠我国所拥有的全球价值链终端药和销售环节的比较优势，重点要求美国开放生物制药下游相关的知识产权，通过积极开放国内下游市场，吸引外资和技术的进入。

参考文献

[1] 白婷、陈敬、史录文：《TRIPs协议中药品数据保护制度分析》，载《中国新药杂志》2009年第19期。

[2] 梁志文：《美国自由贸易协定中药品TRIPs–Plus保护》，载《比较法研究》2014年第1期。

［3］邵蓉、王梦媛、颜建周等：《我国网售处方药报销面临的问题及对策分析——基于美国药品福利管理模式》，载《中国卫生政策研究》2016年第4期。

［4］文淑美：《全球生物制药产业发展态势》，载《中国生物工程杂志》2006年第1期。

［5］中国商务年鉴编辑委员会：《中国商务年鉴》，中国商务出版社2017年版。

［6］吉倩筠、陈永法：《美国生物类似药注册监管对我国的启示》，载《中国处方药》2016年第10期。

［7］Jia Hu，Elias Mossialos：《中国药品定价和补偿政策及其效果》，载《中国卫生政策研究》2017年第2期。

［8］Banik, N. and Stevens, P. (2015). *Pharmaceutical Tariffs, Trade Flows and Emerging Economies*, (September), 1–13.

［9］Berndt E R, Newhouse J P. (2010). Pricing and Reimbursement in U. S. Pharmaceutical Markets. *Nber Working Papers*, 16297.

［10］Dixon, P. B., and Rimmer, M. T. (2016). Johansen's legacy to CGE modelling: Originator and guiding light for 50 years. *Journal of Policy Modeling*, 38 (3), 421–435. http://doi.org/10.1016/j.jpolmod.2016.02.009.

［11］Duggan, M., Garthwaite, C., and Goyal, A. (2016). The market impacts of pharmaceutical product patents in developing countries: Evidence from India. *American Economic Review*, 106 (1), 99–135. http://doi.org/10.1257/aer.20141301.

［12］Finn, M. (2016). ITA Top Markets Report Pharmaceuticals.

［13］Grabowski H, Mullins C D. (1997). Pharmacy benefit management, cost-effectiveness analysis and drug formulary decisions. *Social Science &*

Medicine, 45 (4): 535 – 544.

[14] Hurtado, M., Universit, T. and Hurtado, M. (2015). Biosimilars: Company Strategies to Capture Value from the Biologics Market, (December).

[15] Hu, Jia and Mossialos, Elias. (2016). Pharmaceutical pricing and reimbursement in China: When the whole is less than the sum of its parts. *Health Policy*. 120. 10. 1016/j. healthpol. 2016. 03. 014.

[16] International Trade Administration. (2016). Top Markets ReportPharmaceuticals: Country Case Study – China. *Top Markets*. http://doi.org/10. 5817/CP2013.

[17] PhRMA. (2014). Medicines in development. PhRMA's Communications & Public Affairs Department.

[18] PhRMA. (2015). Biopharmaceutical Research & Development: The Process Behind New Medicines. Retrieved from http://www.phrma.org/.

[19] Rader, R. (2005). What is a biopharmaceutical? Part 1: (Bio) Technology – Based Definitions. *BioExecutive International*, 60 – 65.

[20] Rader, B. R. and T. (2005). What is a Biopharmaceutical? Part 2: Company and Industry Definitions. BioExecutive International, 42 – 49.

[21] USTR: http://ustr.gov/issue-areas/industry-manufacturing/industry-initiatives/pharmaceuticals, http://doi.org/10. 3390/ph5121393.

[22] USITC. (2016). Trans – Pacific Partnership Agreement: Likely Impact on the U. S. Economy and on Specific Industry Sectors. US International Trade Commission (Vol. 4607).

[23] USTR. (2017). The 2017 National Trade Estimate Report on Foreign Trade Barriers. (Online). Retrieved from http://www.gks.ru/wps/wcm/connect/rosstat_main/rosstat/ru/statistics/ftrade/#.

[24] U. S. – China Economic and Security Review Commission (2016). US-

CC 2016 Annual Report. Retrieved from http：//origin. www. uscc. gov/sites/default/files/annual_reports/2016 Annual Report to Congress. pdf.

［25］ WTO. (2012). Trade Policy Review：China. Retrieved from http：//www. wto. org/english/tratop_e/tpr_e/tp364_e. htm.

Ⅳ 中美经贸政策建议篇

着眼"一带一路",放眼中美自贸

陈明键[*]

引言:中美"百日计划"能不能开启中美"百月合作",实现全球百年和平?全球在期待。特别是在由中国倡导的"一带一路"下新的全球化过程中,中国形成了以习近平同志为核心的领导层,美国出现了一位"不讲政治"的生意型总统,中美两国的社会精英特别是政治家、学者和企业家应该有了一个难得的机会,去超越意识形态之争,以避开政治制度障碍的胆识,在彼此尊重的基础上去探讨和构建一种前所未有的国家关系和商业关系。而中美自由贸易协定(Free Trade Agreement,FTA)的构想,通过深入发展两国经贸关系,跳出大国间全方位对抗的窠臼,彻底避免修昔底德陷阱。中美是中西方两大文化(culture2)的代表,以贸易深化合作带来持久和平,形成 C2 的全球治理语境,今天中美领袖之间的会晤就是 C2 新语境的开场白,其未来的预期是实现中美自贸区(Free Trade Area,FTA)。

一、构建中美自由贸易的意义

中美关系是当今世界主要矛盾的主要方面,而中美经贸关系是中美关系的基石,建立中美自由贸易协定(FTA)则是发展中美经贸关系的创造性安排,对中国来讲,具有重大而深远的战略意义:

---

[*] 中国民主建国会中央委员、民智国际研究院理事长。本文完成于 2017 年 7 月 17 日。

首先,中美自由贸易将为"一带一路"助力也注入活力。20世纪80年代中国的改革是面向欧美发达国家的,而"一带一路"是一个面向发展中国家开放的倡议。作为新型全球化的重要内容,很难想象"一带一路"撇开美国而能够达到预期效果,美国在最后一分钟参加北京"一带一路"会议,日本、韩国甚至朝鲜纷纷响应。如果在"一带一路"的框架中,加上美国元素,会使得"一带一路"倡议与中美自由贸易两者双轮驱动、相得益彰,从而使我国在全球开放中更加稳妥。

其次,进一步夯实中美经济合作"百日计划"成果。一举打破诸如《瓦森纳协议》、"世贸规定第十五条"等主要贸易障碍。无论是歧视和限制对中国出口管制政策的《瓦森纳协议》,还是针对中国产品出口采用反倾销措施的"世贸规定第十五条",都是影响中美经济合作"百日计划"成果的负面因素。关于前者,中国在经济技术等领域的成就,足以证明这种旨在对中国进行出口管制政策的失败,证明了维护这种管制既无意义,也无效果。关于后者,则是利用中国在加入世界贸易组织时期知识储备的不足和善意所制定的非善意条款,当西方世界利用如此条款旨在限制中国产品出口的时候,实际上是在伤害全球经济发展的引擎。

最后,中国的供给侧结构性改革需要多重效应聚集,才能更上一层楼。中国经过40来年的市场经济改革,已经取得了令世人瞩目的成就,中国在制造业和基础设施建设领域具有领先的优势,同时,中国的城市化进程还远远没有完成,毫无疑问,中国具有明显的巨国效应。而目前的美国,除了在人文社科领域的优势之外,还在创新、技术、产业等方面处于全球顶端。显然,中美两国具有明显的互相学习、互为利用、互为补充的空间。当今世界中美两个巨人的合作将产生经济发展的"乘数效应":我们搞"健康中国","一带一路"国家是没有新药研发优势的,没有细胞治疗、基因工程技术的,还是要和美国创新链条对接。

当然,促成中美自贸区的实现还有重要的工作要做,实现使美国感受到巨大的利益。具体讲，实现中美自贸区的关键是如何说服美国国会议员理解中美自贸对美国的意义，这不仅需要智慧，短期也要向美国出让实惠。

二、发展中美自由贸易的可行性

发展中美自由贸易是中美两国的战略刚需，它不仅仅是维护两国利益诉求的刚需，也是实现全球经济再平衡的刚需。

自由贸易概念内涵发生转变且日益丰富。近年来，自由贸易协定的含义由传统的缔约国之间相互取消货物贸易关税和非关税贸易壁垒，逐渐转变成为包括货物贸易自由化、服务贸易、投资、政府采购、知识产权保护、标准化等多领域的相互承诺。这一概念的转变，恰恰极好地体现出了中美之间的新型大国关系的特征。中美两国经济结构不同，差异显著，但互惠互补。

中美合作符合两国的根本利益，符合全世界爱好和平人民的利益。中美作为世界上最大的两个经济体，双方经贸关系之间的矛盾，已经成为制约全球经济的最后那只没有落地的靴子。2016年，美中两国的国内生产总值（GDP）分别为18万亿美元和11万亿美元，列世界第一、第二名，中美GDP之和占全球GDP总额的近40%。2016年中美两国间的贸易额已接近5 200亿美元。可见，中美经贸关系对世界经济影响巨大，中美两国之间的经济相互依存度也越来越高。"冷战"以后，似乎还没有过这种情况，这是在全球经济再平衡过程中，中美两国的社会精英和两国领导人必须思考的问题。

我认为，与其持续一场注定没有结论的意识形态之争，不如在彼此尊重的基础上，开启有利于人类福祉的经济合作，而中美自由贸易建设不失为理性和现实的选择，也是对人类发展负责的选择。

中美两国都可以借力"自由贸易"助力供给侧改革。特朗普政府释放

出了一个强烈信号：对于美国来说，放弃中国即意味着放弃亚洲，美国就如同放弃了一个强大的增长引擎。对于中国来说，"一带一路"倡议所涉及的国家中，中等以下收入国家占了62%，即便是高收入国家，也大多主要依靠能源出口，产业结构单一，虽然可以化解过剩产能拉动外需，但不能有效地促进中国供给侧改革。如果说美国是中国供给侧改革的动力，中国就是美国需求侧的引擎。从某种意义上说，在新的全球经济再平衡的过程中，中美两国都面临改革压力，而中美自由贸易的建立将缓解两国贸易冲突，为两国经济发展注入新的活力。"中美自由贸易"与"一带一路"兵分东西两路，分别形成互补的关系，进一步完善中国的全球战略布局。

三、构建中美自由贸易的路径与选择

中美自由贸易绝不仅仅涉及中美两国，由于中美两国的政治经济影响力，必然会涉及全球各国的切身利益，影响全球政治经济的走向，因而需要有大智慧。

从"星球大战"走向"星球尊重与星球和解"，进而实现这个星球的百年和平，这是前无古人的创举。中美自由贸易从设想到现实必将是一个漫长的过程，我们需要有诚意和耐心，在"中美自由贸易"建设中，尤其要让美国理解"自由贸易"给其带来的巨大实际利益。这既要从化解意识形态之争着手，又要从中美贸易争论视角入手，逐一化解。

第一，加强中美间的官方交流与民间的沟通交流。

在斯坦福大学做访问学者的一年中，我深感中美之间的社会精英彼此误读太多、太大，即便是睿智者如前国务卿赖斯博士，也是坚持意识形态不放。2017年6月下旬，中美经济学家进行了一次非常有意义的会面，中方有林毅夫教授和陈平教授等，美国有CATO基金会等民间智库的学者。从公开披露的信息看，中美两国的学者依然没有走出意识形态的迷局，纠

结于中国崛起的意图、人权、国企等问题，成见、猜忌和误读成为影响中美关系深入发展的重要原因。理念冲突是好东西，转变非常重要，通过沟通反而可以增进理解。

第二，着力解决中美贸易之间的问题，中美都要做出让步。不回避矛盾，直面冲突，心存善意，解决问题。

实现贸易的基本平衡，优势互补，实现双赢。客观讲，中国对美国的货物贸易经常是顺差，每年近 3 500 亿美元的逆差势必引起美国社会的普遍不满。中国应该至少每年从美国增加 2 000 亿～3 000 亿美元的进口数额，尤其是进一步放开农产品和服务贸易市场。猪不一定自己养，中国的耕地也需要适当轮休轮耕。WTO 的经验告诉我们，中国服务贸易也肯定会越战越勇。根据林桂军教授的研究，中国在光电设备、建筑业、航空运输、其他机器设备的竞争力在增强。美国竞争力则表现在公共管理、强制社保、设备租赁和其他商务服务，以及社会及个人服务和农业方面。

中国竞争力动态减弱的部分包含纺织业、皮革制鞋、餐饮住宿和零售。美国在批发零售上也有逐渐减弱的态势。因此，中国的产品结构在不断改善，传统产品竞争力减弱，机电产品竞争力不断增强。在原材料上，美国的竞争优势要大于中国。在中间品方面和最终品方面中国的竞争力则大于美国。

显而易见的是，美国有基础研究的优势，而中国有很强的规模优势，未来中美两国在经贸合作方面的理想模式是：美国提供基础品，由中国组装然后向全世界销售。理论和经验告诉我们，中美自由贸易势必扩展和稳定中美的贸易规模，如此中美之间维护"你中有我，我中有你"的良性战略关系。

第三，寻求产业政策的基本平衡。产业政策也是中美之间谈判的艰巨议题。对中国政府来说，产业政策是我们国家经济发展的重要组成部分。中国目前领先世界的产业，例如，高铁、大飞机、航天技术等都是由央企

来完成的。两百多年来美国的产业政策造就了美国的成就，但面对全新的世界经济秩序，美国在坚持传统的产业政策方面是不是也有可以反思的地方呢？比如中国的服务市场潜力巨大，值得中美联手开发，成为中美自贸区的亮点。

第四，适时解决关税问题。关税涉及主权且是"普惠"的，是一个非常重要的问题。据林桂军教授的研究，中国的贸易顺差有些是得益于关税保护。如果中国降低关税，产品竞争力是否还有优势，这是需要研究的问题。现在中国关税的总水平是9.6%，相较美国的3.5%，还是很高的。我们可以用解构的思维方式，分步骤解决问题。鉴于中美贸易的规模之大，降低关税首先是美国受益。

在中美贸易中，中国要找到解决关税问题的突破口，可能最具潜力的就是降低农业的进口关税。中国农业的低效率和环境污染严重，亟须养农。如果中国市场能够增加美国农产品的进口，确实能够给美国带来巨大收益，一定程度上，能够扭转中美之间的贸易失衡问题。这也是让美国社会立竿见影地感受到中美自由贸易带来的利益。

总之，中美自由贸易区（FTA）的建立，于中国来讲，不仅是实现中国"两个一百年"奋斗目标所依赖的重要条件，也是实现中国"和平崛起"的重要突破口。在中美两国实力均衡的条件下，把中美之间的贸易从5 000亿美元提升到50 000亿美元，才能最终避免超级大国之间的战争威胁，跳出修昔底德陷阱，成为全球经济再平衡的重要途径，是真正实现全球经济一体化、造福人类福祉的前无古人的伟业。作为中美携手合作的杰作，中美自由贸易建设一定能够在人类文明史上，书写出最美好的新篇章。

以特朗普访华为契机，推动构筑中美双边自贸协定

民智国际研究院[*]

2017年11月，美国总统特朗普携庞大商务代表团来华访问，意味着两国经贸合作进入关键时期，应以此为契机，推动构筑中美双边自贸协定。

陈明键认为，构筑中美双边自贸协定，有利于巩固中美经贸关系，进而稳定中美大国关系；有利于为"一带一路"注入活力，进而推动全球资源有效配置和国家间发展成果共享；有利于扫除"301条款"阴霾，进而夯实《中美经济合作百日计划早期收获》成果；有利于应对特朗普税改计划，进而减轻税改对中国企业的负面影响。

为推动中美双边自贸协定，可以从以下四个方面寻求突破：

一是努力实现双边贸易的基本平衡。中国应该至少每年从美国增加2 000亿~3 000亿美元的进口数额，尤其是进一步放开农产品、资源（包括能源）和服务贸易市场。猪不一定非要自己养，中国的耕地也需要适当轮休轮耕。

二是适度降低关税。2018年中国关税的总水平是7.5%，相较美国的3.5%，还是很高的。中国对美国有贸易顺差的产品一般进口关税水平均高于美国，鉴于中美贸易的规模之大，可考虑适当降低部分产品关税，解决关税问题的突破口，最具潜力的就是进一步开放农产品的进口。

---

[*] 本文完成于2017年11月9日。

三是增强国内知识产权保护意识。2017年7月，美国使用"301条款"发起对中国知识产权的调查，两国一度剑拔弩张，这可以说是中美经贸不平衡发展的第一个引爆点。故此，为了推动中美经贸发展，中国也应增强知识产权保护意识，规范法律法规，使知识产权保护方面的法律法规与WTO相关规定接轨，并完善执法程序，在知识产权领域得到国际社会的认可与信赖。

四是抓住美国迎来非传统时代的最佳契机。特朗普对于美国来说是一位非传统型总统，自他就任美国总统以来，美国政策开始从讲"理"转变为讲"利"，迎来非传统时代。对于进入新时代的中国来说，两国关系也由意识形态之争转变为追求实际利益的合作，逐渐放弃了对台湾、西藏以及人权等意识形态问题的争论，而更重视价值的交换。在此背景之下，特朗普很可能成为美国有史以来唯一一个与共产党国家签订自由贸易协定的总统。因此，我国应抓住此良机，机不可失，时不再来。

关于美国使用"301条款"对中国知识产权调查的应对建议

民智国际研究院[*]

2017年7月14日,美国使用"301条款"发起对中国知识产权的调查,2017年8月25日民智国际研究院就此特别举办了专题研讨会。10位相关学者和中国民主建国会专家与会,畅所欲言,提出了应对本次调查的一些看法和建议。现将主要情况反映如下:

一、基本判断

(一)中美最终发生贸易战的可能性不大

李明德[①]认为,中美间进行贸易战的可能性不大。他从法律层面指出原因,2001年12月,中国正式加入世界贸易组织(以下简称"世贸"),中美之间不再适用"301条款"或者"特别301条款"[②],中美之间的贸易

---

[*] 本文完成于2017年9月1日。

[①] 中国社会科学院知识产权研究中心主任,博士生导师。

[②] "特别301条款"的主要内容,是要求贸易代表确定那些未能对美国知识产权实施有效保护的国家,以及那些否定依赖于知识产权保护的美国产品公平进入其市场的国家,并对那些在知识产权方面存在严重问题的国家发起调查,直至诉诸贸易制裁。"特别301条款"的程序条款和"一般301条款"是一致的,根据规定,如某一国被确定为"重点国家",贸易代表就应当对该国发起调查,通过磋商和贸易制裁等手段迫使其改变知识产权制度及其市场准入方面有问题的法律、政策及做法。

争端,包括知识产权方面的争端,应当在世界贸易组织争端解决机制的框架内解决,相关的标准是 TRIPs 协议。世界贸易组织的争端解决机制适用于多边贸易协议、多种贸易协议、知识产权协议。争端解决机构所作出的建议和裁定,目的是就有关的争端达成一个积极的解决方案,制裁并非目的,所有成员都应当依据有关程序,真诚努力解决争端。美国之所以没有使用世贸规则,一来是对中国知识产权是否存在大问题心中没底,二来主要是施压。

(二) 美方敲山震虎,后面很可能有大招

李明德认为,"特别 301 条款"有两大作用:一是对其他国家进行施压;二是推广美国标准。陈凤英[1]指出,在特朗普政府 2017 年贸易政策议程中已经暗示着美国发起对中国侵害美国专利权调查是美国总统有意为之,这次调查是在中美战略谈判"破裂"之后发起的,意在迫使中国拿出降低 3 470 亿美元贸易逆差的具体措施,此计如果不成,后面可能还有更大的动作。周密[2]提出了对美方调查扩大化的担忧。毕竟,中美贸易之间的知识产权争端至少有 20 年历史,美国商务部长罗斯在一篇文章中指出,当前美国对中国知识产权的关注点包括三个方面:中国向美国出口的假货所导致的美国经济利益受损;中国通过行政命令"偷师"美国技术;中国对美国技术进行的变相收购。但在特朗普发起的这一次调查中,则结合了对美国企业知识产权与美国劳工的诺言,希望通过贸易惩罚来降低美方的贸易逆差。

二、采取反制措施

与会专家指出,针对此次"301 条款",中国要在反制措施方面做好充

---

[1] 中国现代国际研究院世界经济研究所原所长。
[2] 商务部国际贸易经济合作研究院美洲大洋洲研究所副所长。

分的准备。陈凤英认为，中国可以联合韩国对美国的专利权调查进行反制。庞正忠[①]指出，美国对于知识产权保护是非常立体的保护，这一做法有值得中国借鉴的地方。中国还有很多反制措施可以与美国进行贸易上的针锋相对。为此，中国应当按照法律的规定，各条战线要齐头并进，从外交、法律、外宣角度有力、有理、有节地进行斗争。陈凤英强调，国际舞台上也不能蛮干，希望能通过法律的手段，利用国际法，也利用美国已有的国内法来慎重应对。

三、太阳升起来　阴风自然散

当前中美知识产权争端问题是中美经贸不平衡发展的第一个引爆，而且后面会有更大的爆炸。只有积极推动实现自由贸易，才能走出美国对中国贸易调查等各种阴影。陈明键[②]表示，中美自由贸易达成，就是在中美之间升起不落的太阳。中美经贸关系不减少逆差，美国不会罢休。特朗普相比前任，是"最不讲政治"、重商主义的美国总统，可以把政治利益和经济利益捆绑在一起做买卖，甚至可以采用"买卖"原则，所以在特朗普当政时期，推动中美 FTA 是一个机不可失、时不再来的"窗口期"。

四、增强知识产权保护意识

关于当前中国在知识产权领域内存在的不足，各位专家也提出了自己的看法。李明德认为，我国知识产权保护的法律法规还没有与 WTO 相关规定完全接轨；同时，与当前法律法规的不完善相比，执法程序更是

---

① 北京律师协会副会长。
② 民智国际研究院院长。

我国亟待完善的领域。朱相远[①]表示，还是应从正面来看待"301条款"。像"301条款"这样的国际规则有不合理的地方，我们要尝试去改变。国外对我国知识产权保护的责难与纠结，实际上也会提升我们的知识产权保护意识，这对我们的创新驱动发展战略是有积极作用的。不尊重知识产权保护，是我国推动创新的最大障碍。李巍指出，美国对中国在知识产权领域造成的压力反而促进了中国知识产权保护的巨大进步。

---

① 中国民主建国会中央委员会原副主席。

关于特朗普减税计划的应对建议[*]

民智国际研究院

2017年11月初美国众议院公布税改法案后,民智国际研究院和清华大学全球化研究中心连续举办了三次特朗普税改专题交流会,美国布鲁金斯公共政策研究中心、胡佛研究所、斯坦福大学亚太中心等美国国际级智库学者参加了交流会。与会中外学者认为,特朗普税改计划是解决美国平庸增长、劳动力不足以及企业创新不足三大紧迫问题的重要手段,计划提出后,华尔街股市大涨,四大投行纷纷表示,充分显示了特朗普税改在美国深得华尔街之心。

美国税改对中国最大的挑战是对其国家治理能力的挑战,同时带来一些其他问题,如资本外流、来华外资减少、部分出口面临竞争、失业率增加、人民币贬值等。"曹德旺现象"不可避免会加剧,制造业争夺战势必打响。为应对美国税改带来的影响,提出以下建议:

1. 扩大开放市场准入

依法保护企业家合法权益,促进企业公平市场准入,是避免资本外流、财产转移的根本。在预防传统制造业大幅下调的过程中,一定要让来自传统制造业的资本积累,在金融、军工等混改领域中找到投资的机会,以新一轮全面开放应对美国单一减税。此外,发展好"一带一路"也是应对特朗普税改的重要措施。

---

[*] 本文完成于2017年11月2日。

2. 进一步推出减税措施

美国总税率为44%，我国为68%；美国的征管成本为0.35%，纳税便利度在全球主要经济体中排第8位，我国仅排第131位。根据美国财政部的估计，此次特朗普减税计划的推行，将扩大标准扣除、减少专项扣除、降低税率、减少级次，大大简化税制。建议我国制订一个严密的减税计划，如"中国减税五年计划"等，聚焦于以间接税和企业税收为主的减税，以稳定企业家预期。

3. 进一步降低和规范涉企收费

税费混在一起，导致减税的效果大打折扣。企业在纳税之外还要承担很多收费，造成企业整体负担较重。下一步应该继续坚持供给侧结构性改革，通过继续清理政府性基金、行政事业性收费等方式降低企业成本。应加快清费立税进程，切实将适合税收形式征缴的收费项目、基金项目改为税收。

此外，面对特朗普大刀阔斧的税改计划，既要看到其税改政策的偶然性和推行困境，也要由此反思我国的税收制度，迈出积极稳健的税改步伐。

三大结构性改革与中美经贸关系新飞跃

屠新泉　蔡中华　陈明健[*]

2018年初春，中美双方剑拔弩张，"贸易战"似乎将不可避免。屠新泉认为，有"战"必有"和"，但从"战"走向"和"后，如何谈判则应从问题根源着手，建立中美自由贸易区（FTA）或为其中的引爆点，也是世界贸易组织（WTO）后又一次中美经贸关系的飞跃。

一、特朗普挑起"贸易战"具有多重原因

（一）战术角度看，政治动机和抑制中国发展的意图明显

1. 政治动机明显，欲转移注意力并兑现竞选承诺

一方面，特朗普自上台以后，关于他的政治丑闻就没有间断，与此同时，2018年愈发迫近的中期选举也使他面临很大的压力，一定程度上，他需要转移注意力，缓解自身的政治压力。另一方面，特朗普在兑现竞选时对选民的承诺，同时也是在为自己的中期选举做铺垫。

2. 针对中国知识产权和高科技产品，抑制中国中高端产业发展

美国贸易代表办公室发布的《"301条款"调查报告》中，对中国做出的几方面的指控都表明了美国对中国实施制裁性关税主要意图是抑制中

---

[*] 屠新泉：对外经济贸易大学中国WTO研究院院长；蔡中华：北京化工大学经济管理学院教授；陈明健：中国民主建国会中央委员、民智国际研究院理事长。本文完成于2018年4月7日。

国中高端产业的发展。近年来，中国制造业大幅升级，美国因此感到威胁，担心中国的技术最终超越自己。

（二）战略角度看，政治和经济目标双落空，产生了对抗情绪

1. 政治、安全层面的和平演变目标落空

中美在安全方面的竞争问题是目前讨论较多的，这个问题其实比较严重。美国战略学界从2015年开始发起了对中国政策的反思，一个结论就是美国在过去三四十年对中国的接触战略是失败的，或者说他们和平演变中国的主要目的没有实现，基本应该已经绝望了。所以，从政治、安全层面来看，美国现在对中国的对抗情绪确实很强。

2. 经济层面上，试图改变的期望也落空

近年来，中国经济发展速度迅猛，基本接近美国。原本美国试图通过接触来改变中国的计划就此落空，这使得美国各界对中国的看法出现了全面恶化。目前，虽然美国在经济问题上对中国还没有达成共识，但也已增加了很多直接针对中国经济发展的抑制手段。

（三）个人角度看，特朗普个人性格和从业经历的推波助澜

1. 特朗普从业经历对其经济政策有一定影响

一方面，房地产行业从业经历的影响。在特朗普从事房地产行业的年代，行业规则并不完善，甚至相对混乱，所以这也导致他比较轻视规则，重视力量，同时比较好交易、好谈判。从国际政治角度看，他喜欢实力政治，而不喜欢国际制度。另一方面，特朗普没有任何政治从业经历，全球化程度又比较低，所以他对国际关系的看法比较淡薄。

2. 特朗普个人中心论演变为美国中心论

特朗普性格上的傲慢、个人中心论，演化为美国中心论，他认为美国是最伟大的并迷信美国的力量。另外，他对国际组织和国际制度非常不信

任,认为在国际组织、国际制度中美国吃了亏,或者弱国占了便宜。故此,他对美国提供所谓的国际公共产品没有任何兴趣并认为不值得。

二、"贸易战"终将走向和谈

(一) 美国国内对"贸易战"分歧很大,并未达成共识

1. 美国民众多半依旧支持全球化

2008年金融危机以后,美国确实出现了一股民粹主义,但就现在美国的诸多民调来看,半数以上美国人对中国持正面看法,对全球化的态度同样如此。由此可见,民粹主义、保护主义在美国总体还是少数。

2. 贸易政策的关键因素——美国商界,也多半支持全球化

特朗普的贸易政策并非在美国国内达成共识,与企业界也产生了很大的分歧。如美国40多个商会给特朗普写信反对他的贸易限制措施,但是他们同意美国对中国采取更强硬的措施。两者的区别不在于目的,而在于手段。故此,美国企业界追求的是更多全球化,主要目的还是希望通过继续推动中国经济体制改革和开放,扩大对他们的市场准入,让他们能够从中国快速增长的市场当中继续获利。

(二) 中国"贸易战"的筹码并不占优势

1. 从商品本身来讲,会牵扯更多中国人的生计问题

中国出口美国的商品主要是低端劳动力商品,也就是从业人数更多但利润很低,而美国恰好相反。也就是说,中国在同等额度的贸易商品上面,利润获得和人工付出要远多于美国,会牵扯更多人的生计。

2. 贸易逆差国的身份反而使美国拥有更多"贸易战"筹码

从中美之间的商品贸易额度来看,美国商务部统计的数据是,2017年

美国对中国贸易逆差为3 753亿美元。然而，中国认为美国将很多离岸和转运美国的中国货物也算在内，以便对更多的中国商品加征关税。但是，即便降低中国出口美国的商品总额，两国贸易逆差也在3 000多亿美元左右。所以，从政府角度而言，作为贸易逆差国的美国反而拥有更多"贸易战"筹码。

3. 国际在中国扩大市场准入的需求上已达成一致

如果"301谈判"发起，美国在谈判当中无论是提出对中国市场开放，还是经济体制改革的条件和要求，这些条件和要求同样反映了全世界大部分国家的要求。如面对这些问题，美国和欧盟就是站在同一立场下的，那么这时候，中国在这些方面就处于劣势了。

（三）中美贸易逆差并非是中美之间竞争的问题

1990年左右，日本在美国贸易逆差中占的份额最高点为65%以上。现在日本大概占10%，中国占50%，这就是一条生产网络升级、投资、全球价值链、供应链等转移的交叉线，意味着中国顶替了日本的位置，这是中日之间的竞争问题，并非中美之间的问题。早已将美国打败的是欧洲和日本，也并非是中国。

三、"贸易战"的破解之道

（一）扩大市场准入，降低关税

扩大市场准入，允许更多国外企业进入中国市场发展，对于消费者的补贴，国内外企业的商品都应享受同等的待遇。扩大服务贸易的开放，尤其是跨境服务的开放。跨境提供的服务贸易可以直接记到贸易账户上，体现到美国的服务贸易顺差上。此外，还可以降低关税。这个降低关税是基于最惠国待遇（MFN），是暂定关税下降，不是永久的。

（二）建立统一战线①

一方面，美国企业界是可以着力争取的。企业界抱怨的问题是很具体的，我们可以针对具体问题做出一些改变。跨国公司对中国所谓营商环境的抱怨，这些问题其实都适用于中国企业，这就是市场经济的问题。我们可以在产业补贴上对此问题进行调整。另一方面，可以争取欧盟为国际统一战线对象。在此时，尤其是借着"301条款"事件，我们要在WTO内，包括中国双边多采取一些积极的措施，并快马加鞭落实。可以在对国外的投资、收购方面放缓脚步，进行渐进式调整，这对于中国在国际中的形象和中国本身的发展来说都大有益处。

（三）建立中美自由贸易区（FTA），着手三大结构性改革②

1. 新旧动能转换，进行供给侧结构性改革

就现在我国产业结构来看，多为产业链上的苦活、技术活。由此，进行产能升级成为目前我国供给侧改革的首要任务之一。这一方面需要依靠新时代的内在动力；另一方面，则需依靠外来压力。美国阻挠我国钢、铁出口，正是我们压缩产能的方向，降低钢、铁的产量也利于我国减少一些消耗和污染。

2. 扩大对美国进口，进行中美经贸结构性改革

改变出口导向，缓解中美长期贸易逆差局面。扩大对美国的农业产品、医药、能源等的进口。农业方面，美国是世界上最大的农产品出口国，中国农业生产效率还比较落后，所以应推动中美农业贸易的发展，特别是粮食和肉类贸易；生物医药方面，2008~2018年，在美国FDA批准

---

① 北京化工大学教授蔡中华观点。
② 民智国际研究院院长陈明键观点。

的全球 54 款癌症新药中，中国大夫处方药进口的只有 5 个且全是 10 年前的老药，使得中国癌症病患经常错过最佳治疗期，如果能够进口更多美国新药，就能使患者多一线生的希望；能源方面，中美能源特别是中国在进口美国液化天然气方面有着巨大的市场与增值空间，有助于保障中国的能源安全以及减少中美贸易逆差。

3. 推动人民币国际化，进行国际货币关系结构性改革

特朗普奉行的"美国优先"政策，会让出一部分国际空间，恰好我们此时推出"一带一路"倡议，要极力推动人民币国际化，使人民币成为国际主要货币之一。如此，我国外贸有逆差也不会有太大影响，因为可以用人民币支付。同时，也可以用人民币来支付大部分国际义务，这样才有可能使我国掌握全球话语权并实现"人类命运共同体"的伟大目标。

中国的市场经济地位和 WTO 的未来*

屠新泉

一、中国的市场经济地位问题

关于中国的市场经济地位,我将从法律、经济、政治三个角度分析。

在 2016 年的时候,中国加入世界贸易组织(WTO)(以下简称"入世")15 年,当时大家普遍的认识是其他 WTO 成员应该承认中国的市场经济地位。但实际上到现在为止,仍然有很多国家并没有这么做。此外,2020 年 6 月,中国诉欧盟关于市场经济地位问题的争端解决案件已经终止,这是由中方主动要求终止的,原因为何?

1. 从法律的角度看"市场经济地位"

"市场经济地位"从美国、欧盟国家等的国内法来看,主要是在反倾销法律当中涉及的一个概念。

美国反倾销法在 1921 年就有了,但很长时间内并没有"市场经济地位"这个概念。直到 1955 年以后,当时的社会主义国家捷克斯洛伐克加入《1947 年关税与贸易总协定》,它在加入时主动提出,说自己"不是市场经济国家",或者自己是"国营贸易国家",在接受或者在被反倾销调查的时候应该考虑到价格可比性的特殊情况。所以后来在《关贸总协定》修

---

* 本文根据作者 2020 年 8 月 30 日在民智国际研究院民智讲坛"中国的市场经济和 WTO 的未来"上的演讲整理而成。

订当中，第 6 条第 1 款就增加了注释性条款。这个注释并没有大幅度的修改，只是添加了一条内容，表示存在一种特殊情况，即如果一个国家的贸易、价格都是由国家来确定，其他的国家对这个国家进行反倾销的时候会对价格可比性存在一定的困难，因为这个国家的价格不是市场价格。注释性条款并没有规定到底应该怎么做，它只是把这个情况点明出来。进口国在反倾销的时候可以根据自己的安排，或者自己国内的法律来决定到底怎样处理这种特殊性。而这种特殊性后来就演变成所谓的"替代国方法"。

美国在 1962 年开始真正采用"替代国方法"，例如美国在对捷克斯洛伐克进行反倾销的时候，由于捷克斯洛伐克的国内价格是由国家决定的，所以它不是一个市场价格，就用了所谓的替代国。即利用另外一个跟捷克斯洛伐克情况相近的市场经济国家的国内价格作为决定倾销幅度当中的比较基础，然后跟出口价格相比较，得出一个倾销幅度。其实，1962 年时还没有一个标签说捷克斯洛伐克是市场经济国家或者是非市场经济国家，而是用了所谓"国营贸易国家"。到 1966 年时，美国第一次正式提出"控制经济"的概念，即因为对象是一个控制经济的国家，所以国内价格不成立，需要借用替代国家。最初这只是一种行政操作规程，并不是法律。直到 1974 年时，才正式把这个方法写入法律。再到 1988 年时，正式在《综合贸易与竞争法》当中列明了所谓的"非市场经济国家"，而对非市场经济国家在反倾销的时候就可以采用替代国方法。所以可见其中的相关性：一个是反倾销，一个是非市场经济国家，一个是替代国，这三者是关联在一起的，并不是孤立的问题。

另外，其实法律里并没有规定哪些国家是非市场经济国家，那么到底由谁确定呢？

非市场经济国家并不是法律裁定，而是行政裁定，是由美国商务部根据法律所规定的六条标准来确定，但这六条标准全是弹性的，只讲程度。但程度也是没有规定的，所以实际全由商务部来定。并且由于它是一个综合考量，也没有权重分配，所以完全是主观判断。这也表示，美国商务部可以在任何时间、将任何国家列为非市场经济国家，除非其否定自己的判断。那什么时候否定呢？当非市场经济国家自己提出要求，拒绝再被认定为非市场经济时，商务部可以考虑这个要求，然后亲自进行审查。如果认为确实情况有变，就可以把这个国家从名单当中去除掉。特别需要强调的是，这个过程无须接受司法审查，就是行政终裁。美国这一国内法实际是来源于国际法，就是在《关贸总协定》当中的注释条款出现后，它相应修改了国内法。

一般提到中国非市场经济地位，主要是指《中国入世议定书》当中的第15条。但2001年入世以前，中国就一直被美国、欧盟、日本等国家在反倾销国内法中视为非市场经济国家，所以中国其实一直都被视为非市场经济国家。入世谈判过程中，我们当时是希望去除掉这样的做法，认为我们加入WTO后应该得到公平的对待，应该和大家一样，不应遭到歧视。但是由于各种各样的因素，这个目标最终没有成功。最后接受的条件是：我们接受这个歧视待遇继续存在15年，2016年之后就不应该再继续，而应该把中国当成普通的WTO成员，适用于普通的反倾销的做法。

当然，越南也是非市场经济国家，它也有类似的条款。这里提到的根据《关贸总协定》《反倾销协定》关于价格比较的特殊规定——使用接受调查产业的价格或成本，或者不依据使用，如何判断呢？主要是说：如果接受调查的生产者能够证明其生产制造的东西已经具备了市场经济条件，就可以使用中国的价格。如果不能证明那就不使用中国价格，用替代国家的价格。这里还有一个前提是，整体而言中国是一个非市场经济国家，但是个别产业可以证明自己是市场经济产业。即原则上是非市场经济国家，可以例外有市场经济产业。这是《中国入世议定书》第15条的a款中可以歧视中国的权利。当然，不是每个国家都要这个权利，有些国家没有要。但如果想继续歧视中国，就可以保留歧视性的做法。

另外一个关键条款是 d 款，其中提到，一旦中国根据该进口成员的国内法证实其是市场经济，这个歧视性条款就自动终止。如果国家自己愿意承认中国是市场经济当然最好，但如果不承认或认定中国达不到，根据此条规定，无论是否承认中国是市场经济，到 2016 年必须终止对中国反倾销调查当中的替代国做法。这是我们根据条文的普通的理解。最后还有一段关于部门的：如果承认一个部门是市场经济，那也可以单独对这个市场经济部门采取正常做法，而不采用替代国做法。直观理解上，就是说如果某国在 15 年当中或者 2016 年以前就已经认为中国是市场经济，那就取消替代国做法；到了 2016 年仍然认为中国不是市场经济，无论如何也得取消替代国做法。

此外，关于市场经济地位和替代国做法之间的关系，从 WTO 反倾销协议来看，并没有提到"市场经济"这个概念，只是规定一些国家可以采用特殊的价格比较方法，但是如何裁定？对某个国家是市场经济、控制经济或者垄断经济的判断，取决于各国自己的国内法。"市场经济地位"这个概念，或者美国等国家为了执行 WTO 规则而制定了国内法的概念，从而可以采用替代国的方法。所以，非市场经济国家认定，从国内法的角度来说，就是一种采用替代国方法的前置条件。

围绕第 15 条产生了法律解释的争议，主要的争议是第 15 条里提到的 d 款，该款规定，无论如何 a 款第二段都要在入世后 15 年终止，而没有提到第一段也应该终止。或者 a 款整段或者整款是否都应该终止，当时就没有写明。这就留了一些法律上的空隙，一些国家就认为第 15 条并不意味着自动承认或者自动取消替代国做法，因为第 15 条并没有明言第一段失效。虽然大部分人都认为这一条款就意味着自动终止，但该条的表述确实写得不够直截了当，有一些含糊的地方。

2. 从经济的角度看"市场经济地位"

从经济的角度来解释，其实市场经济地位条款对美国的经济价值并不是很大。虽然美国对中国反倾销很多，对中国的贸易逆差也很大，但实际上，从美国对外反倾销的情况来看，包括对中国和其他国家的情况，反倾销税普遍都很高。即使是市场经济国家，美国商务部确定的反倾销税也很高。美国自己的统计显示，其在发起反倾销过程中认定存在倾销的比例几乎是100%，美商务部对几乎所有的反倾销案件都认定为存在倾销，最后一些案子没能通过也主要是因为损害不存在。倾销存在是很容易实现的，实践操作过程中有非常多的漏洞和弹性可以掌握。从这个角度来看，非市场经济地位于美国对华反倾销而言不是那么重要，只是有这个条款就有一些便利。至于到底有多大的意义，有不同的计算方法。美国自己也曾经算过，对中国使用的反倾销税率大概还比市场经济国家高20%。但其实高20%没有太大用处，很多时候反倾销税都会超过100%，多20%的意义并不大。

3. 从政治的角度看"市场经济地位"

这个问题到现在更重要的是政治上的问题。

美国认为中国入世这么多年，美国未能成功改变中国。尤其是经济体制上，美国认为中国的社会主义市场经济不是一种真正的市场经济，而是其所谓的国家资本主义。虽然非市场经济地位是反倾销当中的技术问题，但美国觉得如果取消替代国做法，或者承认中国的市场经济地位，就意味着美国认可了中国的经济体制是一种市场经济。在这点上美国是不愿意的，包括欧盟在内也是这个想法。所以它们真正关心的，并不是反倾销当中能否使用替代国做法，而是其政策的调整可能给中国带来比较大的战略空间，它们不想让中国得到这种承认或者认可。这是美国之所以不愿意承认中国市场经济地位，甚至取消替代国做法的关键点。当然，2017年以来美国的这种态度变化体现得更为明显，美国现在已经不仅是针对中国的经济体制，而是直指政治体制。这种矛盾才是这个问题的关键因素。

我们当时对美方、欧盟的做法非常不满意，在2016年12月11日这个

条款到期之后的第二天,我们就在 WTO 提出了申诉,分别是对美国和欧盟。我们对欧盟的申诉要求成立专家组,不过由于一些技术原因对美国的申诉没有要求成立专家组。针对欧盟的案子在 2017 年 7 月份成立了专家组,但到 2019 年 5 月时,我们要求暂停专家组程序,6 月 14 日就暂停了。一年之后,中方没有要求恢复专家组程序,也就意味着这个案子终止了。终止就意味着没有结论,无法定论输赢。到底是欧盟做错了,还是中国仍然是对的,没有结论,是不确定的状态。

对于中国为什么要终止专家组程序有很多分析,当时媒体也有很多讨论,甚至有不少过度解读。

据我了解,专家组做出了对中方不利的初步裁决,这应该是事实。因为文件没有公开,所以我们不了解详细过程,但确实是不利的裁决。后来专家组组长到中国与中方专家交流时也披露过这个信息。暂停以后我们观望了一段时间,到了 2020 年 6 月为什么没有要求恢复?

首先,我们不是不可以要求恢复。原本如果专家组恢复,就算做出对我们不利的裁决,我们也可以进行上诉。但现在 WTO 的上诉机构已经没有了,那就是无法进行上诉程序,这个案件也就没有结论,专家组报告没有得到争端解决机构的通过。所以我们不要求恢复专家组并不完全是因为对我们有了不利裁决,更重要的一点是我们不希望与欧盟继续围绕这个问题发生冲突。现在 WTO 正处于改革当中,我们和美国之间的矛盾非常激烈,尤其是关于争端解决机制。美方提出要废除上诉机构,但是中国、欧盟支持恢复。现在有一个临时性的上诉仲裁机制,如果我们继续跟欧盟纠缠这个案件,这个案件很有可能就变成了首个诉诸临时仲裁的案件,但临时仲裁机制又是中国和欧盟牵头建立的,这样一来气氛就比较微妙。所以与欧盟合作是终止案件非常重要的原因。

其次,这个案件本身对我们的影响和意义并不是很大。至于市场经济地位的问题,欧盟现在已经修改了其反倾销条例,欧盟反倾销条例修改后不再把中国放在非市场经济国家清单当中，反倾销对欧盟来说已经不是对付中国的主要手段了。欧盟近两年对中国反倾销跟以往相比次数有所减少，2015~2016年，欧盟对中国发起贸易救济调查中反倾销调查11起，以钢铁、金属制品工业为主。2018~2019年反倾销调查下降至7起，以非金属制品工业为主。这与竞争的格局发生变化有关。中欧之间价格竞争的程度影响越来越小，反倾销也不再是欧盟最关心的手段。反补贴、国家安全、对中国投资的审查，才是欧盟关心的主要问题，而不再是从中国的进口。对中国来说，放弃这个案件，让欧盟继续用替代国做法对中国反倾销，对我们来说当然有损失，但影响不是太大。所以综合考虑后，我们最后决定放弃这个案件。

二、市场经济体制对 WTO 的影响

接下来谈谈宏观的问题，市场经济跟 WTO 到底是什么关系？或者市场导向跟 WTO 是什么关系？

经常有人说 WTO 是建立在市场经济体制的基础之上，这句话到底对不对？一般而言，WTO 成员似乎都是市场经济国家，WTO 自然就应该建立在市场经济基础上。但这种说法其实不太准确。

首先，《关贸总协定》也好，WTO 也好，全部法律文件中没有"市场经济"这个词，完全没有这个概念，更没有准确的定义。上述提到的《反倾销协议里》也没有。实际上，只有在《补贴与反补贴措施协议》提到过"market economy"，但它只表示一些国家是从计划经济向市场经济转型，用于修饰词，而不是作为概念来提。另外一点，美国总说 WTO 是市场导向，一定是以市场导向为基础的。它是以《马拉喀什宣言》前言里有一句话提到的"market orientated"一词为依据，但这个宣言并不是 WTO 法律文件的一部分。乌拉圭回合法律文本里没有这个宣言，这个宣言只是程序

性文件，而非法律文件。

在《关贸总协定》时期，有捷克、斯洛伐克、匈牙利、罗马尼亚等社会主义国家加入《关贸总协定》。当时这些国家都是作为计划经济国家加入的，它们从来没有说自己是市场经济，正因为它们是计划经济国家，所以才出现了《反倾销协议》当中的注释。但是《关贸总协定》并没有要求它们转型为市场经济，所以说这不是一个前置条件。市场经济国家不是加入多边贸易体制的前置条件，当然WTO也一样没有。如果有的话，中国当年也许无法加入WTO，2001年与现在相比，中国的市场化条件和程度肯定是更低的，为什么现在反而成了问题？因此，根据我的个人理解，市场经济并不必然是贸易自由化，贸易自由化并不必然是市场经济，这两者之间没有必然联系。市场经济国家一定是自由化的吗？其实也不全是，美国和其他的市场经济国家以前的贸易保护程度也很高。当然，贸易自由化也并不必然导致市场经济，例如一些社会主义国家加入《关贸总协定》后也并没有转型成市场经济，它们只是后来政治上发生了变化。所以这两者之间并不是必然联系的。

那为什么现在这个问题变得越来越重要？在我看来，其实贸易流动本身、商品流动本身对国内市场体制的要求不高。边境降低关税，贸易的流动与国内是否为市场体制没有绝对联系。计划经济国家和市场经济国家之间也可以实行贸易自由化。那在什么情况下对市场经济提出更高的要求？是更高水平的国际经济一体化，而不是贸易自由化。国际经济一体化最主要的是要素流动的自由化，这就要求各国体制上的趋同或融合。因为要素需要在国内的体制下运作、配置、组合，包括资本、技术、人员、数据等。现在的经济一体化已经不再是当年的贸易自由化，或者说，边境措施的自由化已经向边境后措施的一体化转向。所以开始对市场经济体制提出了更高的要求。

我的理解是，WTO基本上解决了自由化的问题，但没有解决市场化的问题，或者说 WTO 当年还没有想到要解决市场化的问题。

三、美国对 WTO 的改革主张

美国对 WTO 的改革主张可总结为以下四个方面。

1. 对多边谈判机制不满

美国认为多边谈判机制削弱了其自身的优势，所以现在喜欢双边，甚至是单边，希望发挥美国更大的优势。

2. 争端解决机制损害了美国国家主权

争端解决机制损害了美国国家主权，其实这只是一个说辞。最主要的一点就是损害了美国的自由权，美国想要采取单边措施的时候，受到了争端解决机制的约束。它希望行动自由，所以要废除上诉机构，恢复其行使单边措施的权力。

3. 特殊差别待遇

所谓发展中国家占了美国的便宜，这与中国密切相关，但不完全针对中国。这个说法也是不成立的，尤其是美国经常表示入世的时候从来没有承认过中国是发展中国家，那要求中国放弃什么呢？这是自相矛盾的提法。

4. 现 WTO 机制无法有效约束非市场经济国家

美国认为现在的 WTO 机制无法有效约束非市场经济国家，美国方面的《301 调查报告》《中国入世承诺履行报告》都专门强调这一点，强调现有 WTO 规则不足以、不够应对、约束非市场经济国家的非市场经济行为。这一条就完全是针对中国的。

这个问题并不完全是特朗普政府提出的，奥巴马在任时已经提出类似的一些问题，包括奥巴马在跨太平洋伙伴关系协定（TPP）里提到的国有企业条款等，其实已经开始针对中国，只是双方选择的路径不太一样。美国在关于WTO改革的官方声明里，第一条就表示WTO必须处理非市场经济体带来的出乎预期的挑战。称当年让中国入世的时候没有想到中国的体制会给WTO带来这么大的挑战，或者给美国带来这么大的挑战。其实也不是完全没有预料到，当时约翰·杰克逊（John Jackson）教授（享有世界声誉的美国WTO专家，并被称为"WTO之父"）等都提出过类似的问题。包括《中国入世议定书》《中国入世工作组报告书》在内，有相当一部分条款已经是在针对中国的经济体制。比如关于国有企业的经营方式，专门提到要"基于商业考虑"，这些内容都不是WTO规则里的。"商业考虑"在WTO文件里面是没有的，那为什么要写这条？就是因为中国非市场经济。但是当年对这些问题的重视程度没有那么高，这些都写在《工作组报告书》里，就说明这个问题不是太受重视。所以美国谈判代表后来就提到，称让中国加入WTO并没有错，但是错在当时把过多的精力放在了市场准入、边境措施上，而没有把主要的精力放在规则和边境后的措施上。这是美国自己的一个反思。而反思以后它就要采取措施来纠正错误，也就是我之前讲到的美国对WTO提出的要求。

2020年2月20日，美国自己单独在WTO提了一个所谓市场导向条件的提案，提出"市场导向条件是自由、公平、互惠的世界贸易体系的基础"。但是正如我前面解释的，这句话实际上是错的，至少WTO法律里没有这条。那怎么样算符合市场导向条件？列了以下8条：（1）企业决策要反映市场信号；（2）投资决策要反映市场信号；（3）资本要素价格要反映市场信号；（4）企业要自由决定企业的资本配置；（5）企业要接受国际公约的会计准则；（6）企业受到市场导向有效的《公司法》《破产法》《竞争法》《私有财产法》等法的约束；（7）公正的法律程序；（8）企业可自由获得其商业决策所需的信息，特别强调信息，这跟互联网开放有关；（9）企业的决策无政府的重大干预。其实这有些重复，既然自由，当然是没有政府干预的，但又专门增加了一条："这个国家企业和政府的关系达到这些条件，才是真正市场导向条件。"上面这些条件并不要求100%，但到底需要达到什么程度又没有准确定量，所以实际上都取决于主观判断，并不清晰明了。

美国除了自己单干以外，还联合欧盟、日本三方联合声明，搞三方部长会议，尤其是2020年1月14日这次，重点是针对补贴问题。补贴是政府针对企业的另外一种政策，前面更多的是干预性的政策，而补贴是一种支持性的政策。一是要增加禁止性补贴，以前禁止性补贴只包括出口补贴和进口替代补贴，现在要增加无限担保、破产企业补贴、产能过剩补贴、债务直接免除。第二是有害补贴举证责任倒置，如果实施有害补贴，得自己证明有害补贴没有产生害处，是要补贴给予方举证。三是扭曲产能的补贴也被认为严重侵害，严重侵害不再限于补贴对贸易的影响，而包括补贴对生产的影响，这又是扩大了范围。另外，反向通报必须要举证责任倒置。国内市场扭曲可以采取外部基准。四是公共机构的认定不需要证明企业或者公共机构是拥有、行使或被授予政府权力，而需要证明它有正确权力。这是补贴规则的修改，当然也是跟市场经济直接相关的。

总结起来有三个方面：一是企业经营的自主，包括国有企业，当然也包括私营企业。要通过各种各样的形式，减少甚至切断政府对企业的直接干预，比如价格、生产决策、投资决策等。二是市场运行的自主，不能干预市场信号，尤其是价格、信息等。政府不得干预司法，确保司法独立。三是政府补贴，政府对企业的支持性干预，扩大禁止性补贴、有害补贴，不局限于对贸易的影响。公共机构主要是国有企业的问题。这是发达国家关于市场经济问题的一些核心诉求，但实际上可能还会超出目前它们已经列出来的要求。

结合起来看，市场经济地位从过去反倾销当中的技术性问题，转变成了一个WTO规则未来导向的基础性、决定性的问题。性质发生了变化，过去反倾销里的替代国做法是一个被夸大的问题，但现在它是重大的方向

上的调整，尤其是对中国来说。

四、WTO未来将怎样发展？

未来WTO到底怎么改？到底往哪个方向走？对中国来说又意味着什么？这确实是我们现在面临的非常迫切的问题。

当然从现在来看，WTO的改革严格来说还没有开始。现在都是在讨论和对话，连谈判都没有开始。但现在围绕市场导向、市场经济的问题有两个方向，并不完全清晰明朗。

一个是要寻求更高程度的经济一体化，这是美欧日，尤其是美国提出来的要求。包括在TPP里的条款，虽然美国后来退出，但条款是美国写的。以及《美国—墨西哥—加拿大协议》（USMCA）里也提到了国有企业的问题，所谓非商业援助，就是补贴的问题，都已经提出了更高的要求，关注点从自由化转向市场化，从边境措施转向边境后措施。要求体制的融合、趋同，甚至一定程度上直接建立一套相同的规则，比如说知识产权越来越趋同。有的国家则直接把国际规则当成国内法用。

但与此同时，近几年，尤其是2017年以后，不要说经济一体化，贸易自由化都在倒退。美国频繁实施贸易限制措施，对众多国家施加关税。甚至USMCA签了没有几天，又对加拿大施加关税。这是逆全球化的行为。按理说，经济一体化是在贸易自由化程度上的更高进步，但实际上贸易自由化就在倒退，这个方向是逆反的。

另一个就是中美贸易战导致供应链的收缩。降低对外依赖是特朗普作为竞选纲领的重要内容，新冠肺炎疫情对全球供应链的影响也很重要。现在很多国家都要制定产业政策，要提高自我供应能力，不仅是美国，欧盟、日本都在要求产业链回流和关键产品的自我供应。还有出口限制，因为新冠肺炎疫情的影响，出口限制越来越严格，尤其是以国家安全名义，实际上却跟国家安全完全没什么关系的对贸易的限制。现在很多国家对中国的投资有限制，甚至对外投资也在限制。特朗普不断强调不让美国企业对外投资，包括 USMCA 修改的原产地规则，都是为了限制美国企业的对外投资。欧盟现在也在做类似的政策调整，要减少企业投资的外流，减少要素的外流。这是很矛盾的。

坦白讲，现在还无法下结论。大多数人认为经济全球化是大势所趋，浩浩荡荡，势不可当。也许从长周期来说是这样，但短周期内不好判断。从现在来看，内卷化的趋势可能要持续一段时间。相应的体现在规则、贸易治理方向上就比较矛盾，美国总强调中国需要市场化，需要减少政府干预，但美国现在做的事情恰恰是相反的。美国在人工智能（AI）等方面都要大力度进行政府投资和补贴，减少对中国的依赖，与中国竞争。可见美国虽然在不断批评中国，但其做法都是在向中国学习。

五、中国未来将面临怎样的压力？

对中国而言，一方面是面临来自第一个方向的巨大压力，就是要求中国融入所谓的市场经济体制，改革自己的体制，向西方的市场经济体制靠拢。另一方面，压力又有所缓解，因为其他国也在向我们学习，在向我们靠拢。这就使我们受到的压力相对小一点。所以我个人理解，在一定的时期内，中国和西方的经济体制是否存在相向而行的可能性？找到一种体制相融的交集，至少是一定程度的交集。完全融合是不可能的，因为这是不现实的。就算是美国跟欧洲也不可能完全一样，跨大西洋贸易与投资伙伴协议（TTIP）不成功就是因为美国跟欧洲的市场体制也不同。中国的社会主义市场经济肯定不可能完全和美国一样，但是有办法使交集扩大。或者说，过去这些年来我们一直都在增加跟它的交集，它一直不满意只是觉得中国的速度不够快，利用中国国内非市场化的体制优势占了国际市场自由

化的便宜，这是美国最不满意的一点。所以中国不能往后退，一定要接着向其靠拢。至少经济层面是这样，但中美之间的战略层面则是另外一回事。

从中国自己的情况来说，党的十八届三中全会里面有一句关键的话："经济体制改革……核心问题是处理好政府和市场的关系，使市场在资源配置中起决定性作用和更好地发挥政府作用。"对此有无数的解释，但到底谁来处理政府和市场的关系？谁来决定政府和市场起多大作用？主语是谁，是很值得思考的问题。如果主语应该是政府，这里就存在矛盾，政府自己来处理自己和市场的关系。以开放促改革仍然是不可替代的作用，因为外部压力可以推动政府更好地处理政府和市场的关系。这是国际贸易、国际规则非常强调的一点。因为完全靠政府自己的主动来处理政府和市场的关系时，要放弃自己的权力总是很困难的。有一定的外部压力可以推动这个进程。

关于补贴问题，我个人觉得相对有寻找共识的空间。中国和西方之间的交集是存在的，从目前来看，有补贴的不只是中国，所有国家都有。美国、欧盟都有类似的补贴，差别只在于规模，并不在于做法。美国地方政府补贴有的时候也很厉害，富士康的案例中有数十亿美元，也是免费的土地，与我们的地方政府区别不大。欧盟自己也有很多类似的补贴，各成员国、欧盟层面都有。另外，现在大家发现补贴好用，发现中国的做法管用，所以都想跟中国学习使用补贴，那么或许在此有交集和空间。此外，从中国自己的角度来说，补贴政策需要调整。一方面是外部压力现在非常大，另一方面是针对补贴的效果大家有不同的看法。部分看法认为补贴的效果在某些行业不是很好，包括对破产企业、产能过剩、企业发展支持所产生的效果，比如新能源汽车，花了高价但似乎效果并不是很好。总之，有改革的内在动力，当然也有外在的压力，同时也有外部寻找交集的空间。

六、中国应该怎么办？

1. 产业补贴转向

例如，产业补贴政策的转向，从差异化、选择性转向普惠化、功能性。尤其是功能性，我认为是很有必要的，我们现在补贴跟着项目走，只看项目规模，只看项目定性，这个项目是环保的，是技术进步的，然后就给钱。但是不看效果，不看实际产生的减排效果，不看实际产生的创新的效果。这是很粗糙的一种管理方式，是一种产业发展导向的补贴，而不是真正的弥补市场失灵的补贴，这是很重要的一个方面。

2. 弥补市场失灵

重点在于弥补市场失灵，而不在于促进产业发展。当然还要一视同仁，补贴不能总是优惠给国有企业，尤其是科研领域，国有企业的创新能力是比较差的，所以方向应该有所调整。

3. 总量控制

现在财政吃紧，不能补贴太多，要尽可能退出一般性竞争领域。还要加强绩效审查。我们现在只有预算审查，很少看效果。

4. 严格约束地方政府的补贴行为

严格约束地方政府的补贴行为。地方政府的补贴最重要的一个问题是导致国内市场的不公平竞争。我们现在以国内大循环为主体，国内大循环最主要的阻力就是地方保护。地方政府补贴是地方保护的最主要方式之一。对地方政府补贴的审查机制或者公平竞争审查机制应该更加严格，审查部门的级别、授权应该进一步提高。

5. 国有企业竞争

国有企业竞争中性，这个原则我们并没有完全接受。从其他国家对国有企业的一些要求来看，在国有企业的问题上，我们最需要做的一条就是

切实履行入世承诺当中的国有企业的商业行为应该遵循商业考虑。这条规定在我们国内法里是没有执行机制的，但我们得把这条落实，至于是否竞争中性还很难说，也并非所有国家都接受这个概念。但是，"商业考虑"这个概念至少是应该做到的，或者分类为竞争性的国有企业买卖行为应该遵循商业考虑，但是我们目前也没有机制落实这条规定。我个人认为，中国已经切实履行入世承诺，但并不代表100%落实入世承诺，这一点很重要。无论WTO有没有改革，无论其他国家有没有给我们施加压力，我们自己该做的就应该做。

"大重置"在新一轮全球化的地平线上升起*

李 永

一、贸易保护主义贯穿了美国大部分的历史

特朗普到处挥舞关税"大棒",成了美国单边主义、保护主义和反全球化的极致代表,这背后是有历史背景的。事实上,美国在历史上大部分的时间都是贸易保护主义者。保护关税是美国把英国从世界经济领导地位拉下来的重要因素。

美国第 25 任总统威廉·麦金莱(William Mckinley)在 1890 曾经说过,美国在农业、矿业和制造业领先于所有其他国家是因为实行了 29 年的保护关税。

英国在退居"老二"前,一直是自由贸易的倡导者。而其他欧洲国家,比如意大利、德国,当时也是实施高关税的贸易保护主义。

美国贸易保护主义到 1930 年通过并实施"斯姆特 – 霍利关税法"(The Smoot – Hawley Tariff Act)达到高峰。

直到"二战"之后,美国才主张自由贸易,这和美国当时在全球经济的地位有关系,美国需要全球市场,利用自由贸易获得最大的利润。

为什么现在又退回来了?最主要的原因就是碰到了中国。中国通过美

---

* 本文根据作者 2020 年 6 月 28 日下午在民智国际研究院研讨会"经济大脱钩与全球化的哀歌"上的演讲整理而成。

国建立的自由贸易体系，获得了进入全球市场的机会，同时分享了美国利用自由贸易所获得的利益，并发展起来挑战美国的经济霸主地位，这点是特朗普回归到所谓贸易保护主义的主要考量。

二、经济全球化的格局变化与脱钩时间的维度

短期看，全球化格局变化和以下几个因素有关。第一是与国际贸易利益分配有关。美国在全球化过程中的利益发生了变化，在经济全球化过程中，开放自由的贸易关系使美国经济被掏空，这是其在全球范围发起贸易摩擦的主要原因。第二是与经济全球化使参与国的经济地位发生变化有关。中国的崛起，收益于全球化，从速度和体量都直逼美国的领导者地位，美国必须回归到经济民族主义。第三是与美国建立的自由贸易体系不再对美国有利有关。这解释了美国对 WTO 施压、按照美国方式改革的初衷。

现在全球化的走向，我个人认为还掺杂着地缘政治因素，复杂的政治考量发挥的作用要超过全球化本身可能存在的问题的考量。

核心其实就是中国和美国在经济全球化问题上的较量，也就是大家关注的"脱钩"问题。新冠肺炎疫情爆发，及疫情导致的供应链中断，促使逆全球化思潮走得更远，增加了更多的"恐惧"元素，触发了短期重新整合供应链的冲动。核心也是围绕着中国在全球供应链的地位，也就是与中国经济的"脱钩"。

如果美国在推动另一个版本的多边体系的话，中国应该怎么办？这种脱钩冲动从短期上来说，是由于政治上的驱动，以及新冠肺炎疫情的影响。疫情其实使各国的治理制度，尤其是经济治理，暴露出很多问题。南开大学有一位老师说要准备好没有美国的多边体系。那面临美国推动下的"脱钩"操作，我们是不是也要准备好应对"去中国

化"的新一轮多边体系？

回头再看中国在全球供应链、价值链里扮演的角色时，所谓的国家安全、制度差异、贸易不公平等，都会变成短期供应链、产业链、价值链发生变化、发生扭曲的驱动力。有两个可能发生的转变，一是出于政治因素考量的供应链回归，这是美国主导的"脱钩"的主要动力。二是寻求供应链稳定性的多元化配置，一方面向区域价值链发展的同时，另一方面在"去中国化"的框架下减少供应链的不稳定性，考虑供应链的弹性。但由于中国市场的引力，实际实施中也面临选择困境。

从长期看，究竟这种脱钩会不会成为一个趋势？我个人觉得科技进步也蕴育着改变经济全球化格局的趋势，信息技术、人工智能等颠覆性科技的应用，正在改变着人类的需求和供给关系，进而重构技术分布关系，重塑产业链、供应链和价值链关系，全球化格局也会随之发生变化。如果从长远来看各国能够回归到政治理性，那么技术角度的进步能够良性推动或者重塑全球产业结构和价值链的关系。但长期地缘政治关系的互动和演化，可能会对新的全球化格局产生扭曲。

三、逆全球化催生新的经济理论和新的全球化话语

诺贝尔经济学奖得主斯蒂格利兹认为，减税、自由化、金融全球化、贸易自由化可促进经济更快增长，并增加每个人的福祉，这些经济理论框架是错误的。他甚至认为发展经济并不是每个人都可以从中受益，对"只要发展经济，每个人就会受益"这样最基础的经济逻辑关系提出质疑。进而质疑全球化本身会促进经济增长，每个人都能得到好处的推论。他把美国中产阶级的收入下降作为质疑的现象依据，认为全球化没有发挥应有作用的原因之一，是治理全球化的规则是为了公司的利益而制定。我们需要重写全球化规则，例如全球贸易的规则，使之有利于公民。

斯蒂格利兹也在挑战萨缪尔森的一些定理，他认为有一些定理使用了简单化的模型。我在大学学习经济学，就是萨缪尔森的课本，记得有这样一个原理，市场追求效率就可能牺牲公平，要获得公平就可能牺牲效率，其实这就是资本主义的一个悖论。想把两者平衡好，这恐怕不能很好地在现实中实现。所以，在全球化没有给美国创造最大化利益时，斯蒂格利兹要做理论反思。

斯蒂格利茨的观点，似乎在为全球化寻找新的药方，其他一些经济学家的分析中也有类似分析和回应，感觉经济学界在重构经济理论以作为新的经济政策依据。

四、美国金融投资界预言全球经济"大重置"

有一位著名投资分析家，叫约翰·摩尔丁。他几年前提出全球要经历"大重置"（Great Reset），进入"大变革时代"（Age of Transformation）。我觉得他是很有远见的。

2019年1月，约翰·摩尔丁写了一篇文章预测2020年美国经济可能会出现问题，当然没有预测到新冠肺炎疫情。他的观点是，过去能够实现经济业绩的东西在未来是不可能复制的，因此如今的整个全球经济环境，包括经济全球化都完全没有意义了。从现在经济治理和操作的方式上，包括银行，包括现代货币理论（MMT），他认为都走到了尽头，会发生质的变化。"这是依赖历史先例进行投资规划超级困难的时代"①（an extraordinarily difficult period for those relying on historical precedent）。他甚至引用了英国一位统计学家的一句话：所有的统计模型都是错误的，但是有一些还是有用的。他做了一定修改，就算所有的历史模型都是错的，也有一些可

---

① John Mauldin. How should we then invest? https://www.mauldineconomics.com/frontlinethoughts/how-should-we-then-invest, Jan 25, 2019.

能会是有用的。他认为未来的全球化也好，或者世界经济格局也好，是和过去完全不一样的。

同时，他也关注到地缘政治上的变化，他认为：在很长一段时间里，政治对于市场的影响有短期意义，但在长期却是使经济不断向"半自由、半资本主义"的方向发展的驱动因素。他还认为中美发生热战的可能性是存在的。

我看完这个以后有个感受。虽然我们在研究中美可能进入新的"冷战"，但对热战，大部分学者都认为不会发生。但是我们必须注意到美国采取的方式就是要制造与中国的对抗（最好自己不参加，靠周边和中国关系不好的邻国，或者靠国内的反动力量）。美国通过代理人的方式，在背后通过各种方式支持这些代理人与中国发生武力摩擦。不可掉以轻心。

我们要思考，如果热战一旦发生，哪怕是小规模的，对经济全球化，对中国作为世界工厂会产生怎样的影响，中国的地位会发生什么样的变化，假如这种事情发生过后，如何恢复中国在世界经济的地位等。

投资界的分析和判断，或许为我们理解和认识全球化趋势提供了一个新的视角。

五、"大重置"在新一轮全球化的地平线上升起

2020年6月3日达沃斯世界经济论坛召开了会议，第一件事情就是确认2021年1月世界经济论坛将会继续召开。但同时也把"大重置"正式提到议事日程当中来，作为下一届论坛的主题（作者注：国内报道把"Great Reset"译成"世界的复兴"）。

"大重置"的核心要义是：政策目标不是增加财富的再分配，而是要全面"翻新"（overhaul）世界现有的结构和制度。基础视角是不要关注通过税收实现财富再分配，而是要寻求公平。"大重置"从学术讨论到业界

的现实考量，再到成为世界经济论坛层面的全球议题，反映了世界对全球化的反思和检讨。虽然未来全球化能否"大重置"仍然是个未知数，但"大重置"的思潮将会对全球经济、各国经济政策以及国与国间的经济互动产生变革式的影响。

克劳斯·施瓦布认为新冠肺炎疫情给世界经济"大重置"创造了机会。有几个有意思的观点。他认为老旧体系不能够包容不同立场人的观点，老旧的体系引发了环境的破坏，没有持续性，不合时宜，需要重新考虑以民众幸福为中心的经济。他还认为资本主义的表述已不再恰当，货币宽松导致资金充斥，资本的意义降低，如今推动创新创业者精神和人才发展反而是有希望的。施瓦布引入了人才主义（talentism）这个词。我不知道"人才主义"放在世界经济论坛和未来的经济全球化的构架里将扮演什么样的角色，但我能够感受到的是，包括我前面提到的专家（斯蒂格利茨、摩尔丁）分析，他们都认为公司所主导的经济政策和全球追求利润，可能会发生根本变化。

施瓦布还提出来政府要重视环境、社会、治理（ESG）。ESG作为绿色投资和新的企业社会责任理念已经存在一段时间了，2019年就有人预测ESG将成为2020年的主流话题。这让我想起1994年我在北京组织的中国第一次"企业负责任的关怀"（Responsible Care）研讨会，当时跨国公司提出化工企业应该负责任地进行化工生产，逐渐成为化工企业的行为准则。到2007年、2008年欧盟推出化学品注册、评估、许可和限制法规，包括最近欧盟非常强调气候变化的问题，特朗普认为气候变化是个骗局，但是未来的"大重置"也许会回归到气候问题以及ESG。也就是说，未来的全球经济化的价值链关系、产业链关系、供应链关系可能会在新的全球共识和企业道德高点上重构，会形成新的行为准则和标准，这会对中国的产业提出新的要求，形成一种压力和重构驱动力。

ESG的另外一个制高点叫做可持续性。不仅是环境可持续性，也是经济发展对人民生活，对教育、对社会公平的可持续问题，更是政治的可持续性、商业的可持续性。

这个"大重置"议题得到了联合国秘书长的关注，国际货币基金组织（IMF）总裁也参加了此次达沃斯世界经济论坛会议，参加的还有美国前副总统戈尔，以及跨国公司的首席执行官（CEO）、非营利组织、商界、学界、劳工组织等。

"大重置"是个新的动向，我们应该认真研究这些新的动态，研究中国应该做什么来回应新的趋势变化和要求，包括中国的主张。仅仅开放行不行？我们要考虑在制度上和机制上中国和世界应该做些什么样的准备？我们除了需要一些比较明确的姿态，表达中国对全球化的政治上的善意、民心上的善意、商业环境上的善意外，同时还要围绕这些新的角度，营造更具有亲和力的营商环境，包括制度环境，作为下一轮经济全球化的积极参与者。

跋

创新发展　较量美国

朱相远[*]

中美两个大国之间的关系错综复杂，也是全世界的焦点。中国需要看清楚一点：40多年来，中国通过改革开放取得的成果与进入全球化息息相关，更与全球化规则的制定者——美国密切相关。所以，中美两国的博弈既要保持竞争关系又要做到不对抗，把两国之间的摩擦掌握在可控范围之内，做到互利双赢。

美国人提出两国集团（G2），想将原来一权独霸的G1变成中美两国集团的G2。但是，这并不符合我国国家战略，我国主张Gn，提倡世界的多极化，G20就是Gn的一个模式。

我主张把中美G2改成C2，C代表culture（文化）。事实上，21世纪领导全球的是C2，不再是G2、Gn。C2即文化，是指西方和东方两种文化，前者活跃，后者稳定。21世纪就是这两种文化融合所领导的，中美两个大国的关系也只有放到C2里才能看得清楚，应从C2的角度研究，然后看中美之间的布局、两个文化之间互补，来解决人类未来面临的困难。英国历史学家汤恩比就曾指出，中国所代表的稳定和西方国家所代表的活

---

[*] 民建中央原副主席、北京市政协原副主席。本文完成于2018年5月4日。

力，如果把这两个形成一个合力合在一起，就是中国对全世界最大的礼物。

美国有两种思潮，一种是理想主义，另一种是实用主义。总统特朗普是商人出身，不按"规矩"出牌，是典型的实用主义者。但是，特朗普上台反映的并不是美国实用主义抬头，而是美国现在经济、就业率等方面遇到了很多困难，因此，是时代造就了特朗普。中国现在完全可以利用自己的智慧，与美国打太极，同时抓住特朗普商人的特点，讲结果、求共赢。因此，我们在中美贸易上也做了一定程度的让步。

2017年5月，我国举办"一带一路"会议，本来预案里是没有美国参会，但是美国突然通知与会，随之日本、朝鲜也来了，这就说明中国"一带一路"是领导世界全球化的路。中国需要抓住农业方面的机遇，将和美国之间的利差补起来。

当前，中国面临的最大问题是人才问题，如果能把全世界最优秀的人才都吸引到中国来，通过科技创新发展，美国自然而然会主动与我们维持好关系。不能只在13亿人口中找人才，要在全世界70亿人口中找人才。因此，只有真正做到把世界上最优秀的人才吸引到中国来创新，推动国内市场发展，才能真正与美国较量。

致　　谢

感谢清华大学社科学院全球化研究中心与民智国际研究院的支持。